论文写作不求人

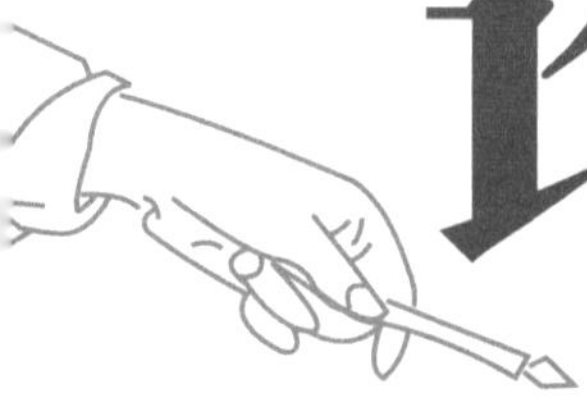

张伟豪　卓英洁　苏荣海
编著

SPSS数据分析指南

中国石化出版社

内容提要

本书融合统计原理、SPSS软件操作和论文写作编写而成，内容深入浅出，风格简洁明快。全书共分5篇，以量化论文写作的思路为主线，详细介绍了论文的写作范式及方法、问卷设计原则及注意事项、SPSS软件操作相关步骤等内容。

本书可供高等院校本科生、硕士研究生、博士研究生及青年科研工作者阅读参考。

图书在版编目（CIP）数据

论文写作不求人：SPSS数据分析指南 / 张伟豪，卓英洁，苏荣海编著. —北京：中国石化出版社，2021.1（2025.4重印）

ISBN 978-7-5114-6094-3

Ⅰ.①论…　Ⅱ.①张…　②卓…　③苏…　Ⅲ.①论文—写作—统计分析—软件包—指南　Ⅳ.①H152.3-39

中国版本图书馆CIP数据核字（2020）第258705号

中国石化出版社出版发行

地址：北京市东城区安定门外大街58号

邮编：100011　电话：(010)57512500

发行部电话：(010)57512575

http://www.sinopec-press.com

E-mail：press@sinopec.com

北京捷迅佳彩印刷有限公司印刷

全国各地新华书店经销

*

710×1000毫米　16开本　13.25印张　195千字

2021年2月第1版　2025年4月第4次印刷

定价：49.80元

前言

SPSS是量化研究中最基础的入门操作软件，您越了解它，越可以驾驭它，它不是您的阻碍，而是您的最佳研究伙伴。

从事SPSS统计教学多年，深知每位学生在进入量化研究领域时心里的不安与困惑。因此，在撰写本书时，希望能够将艰深的统计名词或方法，以深入浅出的方式，让读者理解其中的本质意义，并列举一些日常生活的例子，以增加读者对SPSS统计技术的亲切感，进而提升对量化研究的兴趣。

本书的撰写方式以论文写作的思路与技术为主线，从数据分析的实际需求和案例出发，阐述了SPSS数据分析在论文写作应用过程中的核心技术和解决相关学术问题的具体操作步骤，从而使读者能够快速掌握量化论文写作中必备的统计概念、数据分析操作以及结果展示等诀窍。本书与一般软件操作书籍不同之处，在于本书提供了论文写作的范式，让您在熟悉统计操作步骤后，就能藉由本书的导引轻松下笔，日进有功，真正达到量化论文写作不求人的境界。此外，为使读者在撰写论文时对于每种数据的标准能够有所依循，本书也提供了相关文献出处，让读者在引用之时能更有效率。

如果您想随即成功地写出一篇量化论文，建议您从第三篇的问卷开发开始阅读，按照本书的指引设计好一份问卷后，进行问卷的发放与回收，在等待问卷的回收的过程中，再去阅读前两篇，奠定好的统计基础。一旦问卷回收后，便可开始依照后两篇的步骤撰写论文，如此便能大大缩短写作时间，达到事半功倍的效果。

本书的完成要感谢参加过我们培训课程的学生，让我们得以在培训的过程中不断精进。此外，特别感谢MBA中国网副总裁张普胜先生的指导。没有你们，此书不会如此快速付梓。本书虽然经过悉心撰写及校稿，疏漏之处在所难免，还望各位读者能不吝指正。

目录

第一篇

在量化研究之前，浅谈统计

您曾有过阅读量化研究论文时赞叹作者数据分析之精妙而又畏惧复杂统计公式的窘境吗？您是否因数学成绩平平而对量化研究论文望而却步？不必担心。阅读完本篇，您会发现，原来统计分析也可以如此“平易近人”。

第一章
什么是统计

不懂乐理难道就不能唱歌吗？不懂汽车引擎难道就不能开车吗？学统计真的要懂其背后繁复的运算公式吗？

没有必要！其实，研究者关注的重点应该在于如何选用适当的统计方法、如何将数据正确地录入软件以及如何解读报表。至于中间的执行过程以及结果是如何运算出来的，则交由软件去处理。这就如同当您想制作香肠时，只需把猪肉放入机器，加入佐料和配料，便可以静待机器做出香肠。同理，当您想知道统计结果时，只需把数据录入软件，并设定统计分析方法后，便可以等待软件将结果呈现出来。上述即为应用统计的范围。统计之所以被认为难懂，是因为数理统计部分较为复杂，但我们所讨论的应用统计就简单许多。大数据分析相当热门，听起来好像很高深，实际上也是运用数据，挖掘并解读数据分析结果，最终制定有效决策的过程。

1.1　何谓统计学

何谓统计学？统计学是一门收集、整理、分析数据，并根据分析结果对研究问题进行推断的综合性科学。在统计分析中，常见的一个英文单词“estimate”，中文翻译为“估计”。例如：我请您猜我身高多少？您猜我的身高是178厘米。请问178厘米是乱猜的吗？如果您有看到我，那么您的猜测是有根据的，倘若您没看到我，您肯定是乱猜的，而乱猜是否会猜中？有可能！但看到本人后再猜，一般会更准确一些。因此，简单来说，“统计学是一门有根据的猜测学”。

1.2 常用统计名词

接下来，我们来介绍统计学中常用的名词。

[总体（Population）] 总体是指所有的调查对象，可视为调查对象的全部集合。基本单位数量一般用字母N代表。例如：调查某百货公司的顾客满意度，那么莅临该百货公司的所有顾客，则为该研究的总体。

[样本（Sample）] 样本是总体的一部分，在抽样调查中，仅搜集及分析样本数据，再根据样本信息来了解总体的情况，故样本必须具有代表性。例如，一叶知秋或见微知著，看到小的情境（样本）推论到大的情境。抽样不当则如瞎子摸象或坐井观天，利用不恰当的信息就可能做出错误的推估。样本的基本单位数量一般以字母n代表。例如：调查某百货公司的顾客满意度，抽取某一天的顾客进行调查，这一天所搜集到的顾客量则为该研究的样本。

[参数（Parameter）] 研究中最重要的就是参数，参数就是想要知道的数值。参数需要满足两个条件：未知与待解。未知即不知道，待解则是想知道。如果不知道，也不想知道，则无法构成参数的条件；如果不知道，但想知道，寻求解答，则构成参数的条件。例如，想在班级成立一个拔河队，所以想知道同学们的体重，因为要找出最重的几位去参加拔河比赛，体重就是一个参数。倘若不参加拔河比赛，就没需要知道同学们的体重，此时体重就不是参数。

[平均值（Mean）] 平均值代表整体的水平。为何要计算平均值呢？例如：请n个人猜测我的身高，有的人会猜的比我实际身高高，即所谓高估；有的人会猜的比我实际的身高低，即所谓低估。估计的值虽然不尽相同，但基本上八九不离十。虽不中亦不远矣！假设有一位猜测者猜测的数值离正确数值非常远，称之为异常值（Outlier），在做统计分析时，需排除异常数值，将剩余数值加总除以n，所得的数值即为平均值。平均值是统计学中最具代表性的数值，最接近实际数值。

[众数（Mode）] 一组数据中出现次数最多的数值就是众数。一般运用于复选题，例如，调查大家对水果的喜好，结果选橘子有20人次、苹果30人次、梨子12人次，其中出现次数最多的为苹果，达30人次，所以众数为30。

[方差（Variance）] 没有方差就没有研究，每个变量（x）都会有一个方差

（s^2）。计算公式为$s^2=\sum(x-\bar{x})^2/(n-1)$。例如：请$n$个人猜我的身高？每个人都猜测170厘米，那么（$\bar{x}$为样本均值，$n$为样本数）平均值为170厘米，方差为$\sum(170-170)^2/(n-1)=0$。方差代表个体的差异，方差越大代表差异越大或意见分歧越大。再举一个例子，第一组中两位学生的考试成绩分别为40分与60分，第二组中两位学生的考试成绩分别为0分与100分。以平均值计算两组皆为50分，反映两组学生成绩的整体程度是一样。若以方差计算，第一组为$(40-50)^2/(2-1)+(60-50)^2/(2-1)=200$，第二组为$(0-50)^2/(2-1)+(100-50)^2/(2-1)=5000$。由方差越大代表变量之间差异越大可知，第二组学生考试成绩的变动性远大于第一组学生考试成绩的变动性。因此，如果只计算平均值就无法了解事情的全貌，必须辅以方差。平均值是样本整体集中的程度，方差是样本个体分散的程度。

方差分为可解释方差（explained variance）及不可解释方差（unexplained variance），不可解释方差又称为残差。一般来说，研究中的数据分析结果都会进行标准化处理，标准化方差R^2=可解释方差/（可解释方差+不可解释方差）。R^2为决定系数，代表解释能力，R^2越接近1，表示解释能力越高，研究的预测变量选择得越好。例如：预测一个人的高考成绩，可以根据他的家庭年收入、智商、努力程度三个变量来测量，如果$R^2=0.5$，表示这三个变量用来预测高考成绩是不错的选择。

[标准差（Standard Deviation）] 方差的算术平方根称之为标准差，标准差一定为正值。标准差用于反映样本数据相对于其平均值的离散程度。标准差越大，代表样本数据与其平均值之间差异越大；标准差越小，代表差异越小。

[标准误（Standard Error）] 标准差与标准误有何不同？例如：想知道某所学校学生的平均身高，最准确的方式是用普查的方式，将所有学生集合，测量完身高后，加总平均。但缺点是相当费时。折中的方式是先抽取第一组10位学生，身高分别为A_1、A_2、A_3、…、A_{10}，加总后除以$n=10$，可以得到平均值M_1，再计算方差$S_1=\sum[(A_1-M_1)^2+(A_2-M_1)^2+(A_3-M_1)^2+\cdots+(A_{10}-M_1)^2]/10$，$S_1$的算术平方根为标准差$SD_1$。再抽取第二组10位学生，身高分别为$B_1$、$B_2$、$B_3\cdots B_{10}$，加总后除以10，可以得到平均值$M_2$，如此反复抽取100次，可得到$M_1$、$M_2$、$M_3\cdots M_{100}$，然后把$(M_1+M_2+M_3\cdots+M_{100})/100$，可得平均值M，再计算方差$S_{100}=\sum[(M_1-M)^2+(M_2-M)^2+(M_3-M)^2+\cdots+$

$(M_{100}-M)^2]/99$。S_{100}的算术平方根为SD_{100}。此时的SD_{100}称为标准误。其实标准误也是重复抽样的标准差，但两者差别在哪呢？答案很简单，标准差只做一次抽样，标准误是做多次抽样。因此，多次抽样情况下所得平均值更接近总体数据的平均值。

通常研究只做一次，所以一般的研究只有标准差，而不会有标准误。但计算机系统分析所得的值都是标准误，这是因为计算机重复抽样得出的结果。标准误一定比标准差小很多，是多次抽样中样本平均值间的离散程度，反映了样本平均值对总体平均值的代表性，标准误=标准差/$\sqrt{n}$。

一般统计显著性的估计是用估计值/标准误所得。为何要除以标准误？而不是除以标准差？因为标准差仅为抽取一次的结果，而标准误为抽取多次的结果，更加可信。例如，某公司招聘员工，录取者为某大学的毕业学生，他在工作上的表现很优秀，请问能否推论此大学的毕业生都会如此优秀？当然不能如此推论，因为只抽取一次的结果是不够准确的。倘若此大学的员工数达到较高比例，且平均表现都很优秀，如此就能得到一个结论，此大学所培育出来的学生是优秀的。这也就是标准误比标准差更精准的原因了。

[协方差（Covariance）] 协方差是指两个变量之间的关系特征，其目的在于检验显著性及方向性。协方差为0时，表示两个变量相互独立。协方差绝对值越大，代表两个变量对彼此的影响越大；反之越小。

[相关系数（Correlation）] 相关系数是研究变量之间线性相关程度的量，一般用字母r表示，又称积差相关系数。按相关的程度可分为：完全相关、不完全相关和不相关；按相关性质可分为：正相关和负相关；按相关形式可分为：线性相关和非线性相关；按影响因素可分为：单相关和复相关。相关系数取值范围是$-1\sim+1$，即$-1\leqslant r\leqslant 1$。当$r>0$时，表示变量x与变量y正相关，当$r<0$时，x与y负相关；当$|r|=1$时，x与y完全相关，即两变量是函数关系；当$|r|=0$时，x与y不相关；当$|r|<0.3$时，低度线性相关；当$0.3\leqslant|r|<0.7$时，中度线性相关；当$0.7\leqslant|r|<0.85$时，高度线性相关；当$|r|\geqslant 0.85$时，极高度线性相关。一般谈到相关系数指的都是线性相关，相关系数为0表示没有线性相关，仍可能有非线性相关，如曲线相关等。

[误差和残差（Error and Residual）] 误差是指测量值和真实值间的差别，而

残差是指测量值和拟合值间的差别。误差与残差，这两个概念在某程度上具有很大的相似性，都是衡量不确定性的指标，两者又存在区别。

误差与测量有关，误差大小可以衡量测量的准确性，误差越大则表示测量越不准确。误差分为系统误差与随机误差。系统误差有多种来源，如共同方法偏误、测量工具偏误等，一般与测量方式有关，虽有部分方法可以克服，但终究无法完全避免，只有尽可能利用一些统计方法进行修正。随机误差与观测者、被观测物体的性质以及抽样有关。随机误差可以藉由严谨的抽样过程、扩大样本数来减少误差，但终究也无法避免其存在。误差是总体层面的概念，由于总体的真实值在实际中无法获得，因此需要借用样本来估计总体。残差是样本层面的概念，是样本实际观察值与估计值（拟合值）之间的差。

[回归分析（Regression）] 回归分析是确定两种或两种以上研究变量间定量关系的一种统计分析方法。一般来说，回归分析是通过感兴趣的因变量和自变量来确定变量之间的因果关系，建立回归模型，并根据实测数据求解模型的各参数，然后评价回归模型是否能够很好地拟合实测数据。如果能够很好地拟合，则可以根据自变量做进一步预测。

相关分析研究的是现象之间是否相关、相关的方向和密切程度，一般不区别自变量、因变量。而回归分析则要分析现象之间相关的具体形式，确定其因果关系，并用数学模型来表现其具体关系。如$Y = a + bX + \varepsilon$，X是自变量，Y是因变量，ε是随机误差。

[统计估计（Statistical Estimation）] 估计是猜测的过程。一般而言，估计可以分为点估计、左尾估计、右尾估计和区间估计。

日常的生活中也不乏估计的例子，例如：我问您现在几点？您说11:15左右，“11:15”代表点估计，“左右”代表区间估计。再例如：咱俩约吃饭，但由于我路上塞车，于是我打电话给您，可能会有以下四种对话，估计类型见图1.1：

①我大概在10分钟内到，“10分钟内”就是“左尾估计”。

②我至少需要30分钟，“至少30分钟”就是“右尾估计”。

③我10～30分钟会到，“10～30分钟”就是“区间估计”。

④我20分钟准时到，“20分钟”这就是“点估计”。

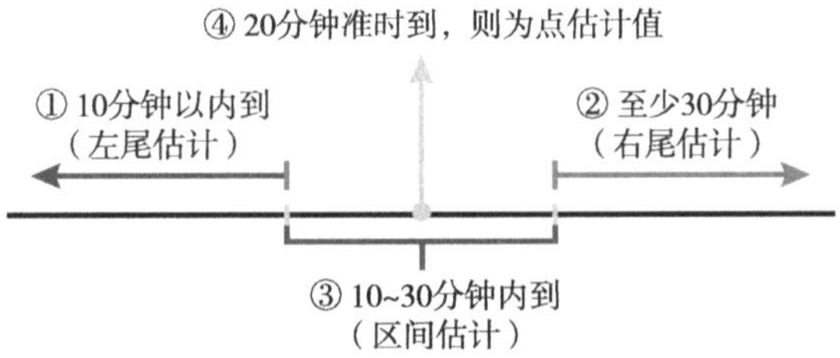

图 1.1　估计类型

以情况①而言，H_0：我10分钟内会到，H_0即为我的虚无假设。虚无假设也称零假设或原假设，指进行统计检验时预先建立的假设。当我在8分钟的时候到达，那么这个时候就是实际值包含在假设值之内，因此可以认为H_0成立即接受H_0；如果我过了半小时才到达，那么此时就是实际值不包含在假设值之内，因此就会拒绝H_0。

例如询问孩子的考试成绩，孩子若回答："考试太难了，我可能考了不到60分。"这就是左尾估计。若回答："考试太简单了，我至少考90分"这就是右尾估计。若回答："我这次成绩在80分左右。""80分"代表点估计，"左右"代表区间估计。若回答："我大概考0～100分之间吧！"这种说法区间太大，估计就没有意义。因此需要注意的是"区间估计"中区间不可太大，否则估计就没有任何意义。

［统计检验（Statistical Test）］ 统计检验也称"假设检验"。根据抽样结果，在一定可靠性程度上对一个或多个总体分布的虚无假设作出拒绝还是予以不拒绝结论的程序。决定常取决于样本统计量的数值与所假设的总体参数是否有显著差异，多数情况下是检验样本与总体的平均值或斜率是否有差异，一般统计上采用p值（p-value）进行判定。一般p值设定为0.05，若$p < 0.05$就拒绝H_0，$p > 0.05$就不拒绝（Not reject）H_0。例如：我跟您说，我是个篮球"神投手"。研究假设为：

H_0：我不是篮球"神投手"；

H_1：我是篮球"神投手"。

如果投一球进了，就代表我是"神投手"吗？当然不是，只进一球不足以证明我是"神投手"，可能是运气好。若我投了20球，19球投进，1球没投进，那么代表我不是神投手的概率仅有5%（1/20），而95%的概率代表我是"神投手"。

第二章

统计分析基本假设

运用一定的统计方法进行数据分析时，常常要求数据或样本满足一定的条件，如正态性、同质性与独立性等。

[正态性（Normality）] 正态性指变量的数据布局需符合钟形分布（正态分布）。正态分布的这种统计特性使得我们的研究问题变得相对简单，任何具有正态分布的变量，都可以进行高精度的预测。SPSS软件中检验正态性的方法很多，例如直方图分布形态判断法（SPSS→菜单→图形→直方图）、描述探索法（SPSS→菜单→分析→描述→探索→图→含检验的正态图）、非参数法（SPSS→菜单→非参数→单个样本K-S检验）等，后文会有详细介绍。

正是因为数据分布符合正态分布，所以会用正态分布的公式进行估算，结果就会比较准确，正态分布准则如图2.1所示。一般准则为：

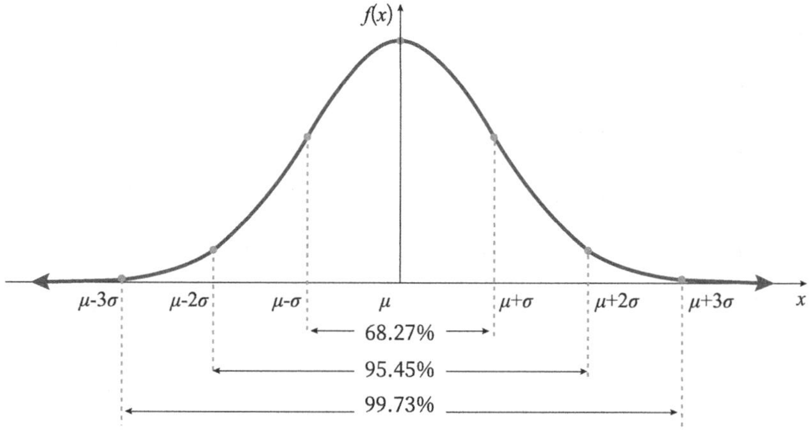

图 2.1　正态分布估计准则

①平均值加减1个标准差，大概会有将近68%的样本会被包含在内。

②平均值加减2个标准差，大概会有将近95%的样本会被包含在内。

③平均值加减3个标准差，大概会有将近99%的样本会被包含在内。

例如：假设100个人的平均身高为170cm，标准差是3cm。①如果是1个标准差，那么可以保证100个人中有68个人身高会在167～173cm，如果身高符合正态分布，那么这样的猜测会很准确；②如果是2个标准差，那么可以保证100个人中有95个人的身高会在164～176cm；③如果是3个标准差，那么可以保证100个人中有99个人的身高会在161～179cm。正态分布的奇妙之处就在于它是自然分布，任何看似没有规律可循的随机事件多数能服从正态分布，不受人为影响。因此，大多数的数据之间的运算公式都是基于数据符合正态分布的假设计算而来，如果数据符合正态分布，结果就比较准确，如果数据不符合正态分布的话，那么估计出来的值就不准了。

[同质性（Homogeneity）] 同质性是指样本和数据必须具有某种共同的属性或标志数值，这样数据才具有可比性、可计算。比如一棵树+一个人等于什么呢？显然违犯了样本的同质性，忽视了数学计算的科学基础。统计分析避免不了做加减乘除，我们潜意识里默认计算的数据具有同质性，不需要特意去检验，但一旦数据或样本违犯了同质性要求，得出的结果就没有意义，很难得到解释了。

[独立性（Independence）] 独立性指的不是变量独立而是样本独立，也就是样本间无相互影响。例如，夫妻就不具有独立性，他们常年生活在一起，观念可能雷同，因此他们填写问卷的意见可能相似。另外，使用政府部门的次级数据时，有的人会取年鉴中连续某几年的GDP数据作研究样本，其实这样的做法是不对的，因为连续每年的GDP资料不是相互独立的，今年的GDP资料跟去年的GDP一定是有关系的，这样违反了统计独立性的基本假设。因此，如果使用这类型的数据需要采用特定的方法进行分析，而不能使用SPSS进行分析。

第二篇

拉开写作序幕，掌握范式

论文写作被很多人认为是西西弗斯式的攀登，如何摆脱西西弗斯式困境呢？这就要求在论文写作时一定要在正确的道路上前行。

第三章
量化研究核心概念

3.1 研究的分类

一般而言，研究可大致分为两类，一是质性研究（Qualitative Research），属于建立理论（Theory）的研究，强调有计划地采集大量的经验性资料，包括个体体验、反思、访谈、生活故事、历史事件描述以及交互的视听觉文本等。质性研究需要归纳分析大量的经验性资料并建立理论，除强调研究过程的严谨性外，还强调知识结构的完整性和研究经验的成熟性。研究者若无充分的知识与研究经验，是无法归纳出有效结论的。因此，质性研究较不适合研究的初学者完成。二是量化研究（Quantitative Research），侧重于对研究现象的测量与计算，立足于收集客观事实，强调研究结果的可推广性与可重复性。通过调查样本去推论研究对象的行为，其分析是靠计算机进行的，相较于质性研究，对知识与研究经验累积的要求较少，更注重于对结果的解释分析。一般而言，量化研究是论文写作基本的训练，较适于研究的初学者完成。量化研究与质性研究的区别见表3.1。

表 3.1　量化与质性研究的比较

	量化研究	质性研究
主题的观点（科学角度）	推论，特定变量的证明及操作型定义	归纳，观察社会环境的脉络，进而得出特定的解释
研究者的角色	客观的，利用观察变量及恰当的统计技术衡量资料	主观的，与研究者的专业、经验、智慧有关

续表

	量化研究	质性研究
数据形式	数字化，可用数值大小解释特定变量间的关系强度	文字化，描述行动及脉络中与样本有关的意义
理论基础	规范性，根据假设设定并解释变量之间的关系	解释性，提供对个人意义的本质及社会脉络的洞识
理论测试	从实验设计或根据理论演绎来进行特定的假设检验	将研究者的看法与其他相关案例及观察资料加以配合验证
数 据 源	问卷与实验设计	深度访谈或田野调查
结　果	归纳性推理（Inductive Reasoning），由个别到一般的推理	演绎推理（Deductive Reasoning），由一般到特殊的推理
操　作	一般运用统计方法得到客观的分析结果并解读	一般靠研究者脑力激荡来自圆其说

3.2　量化研究常用专有名词

量化研究中有一些专有名词是研究者必须熟知的，它们之间的关系见图3.1。

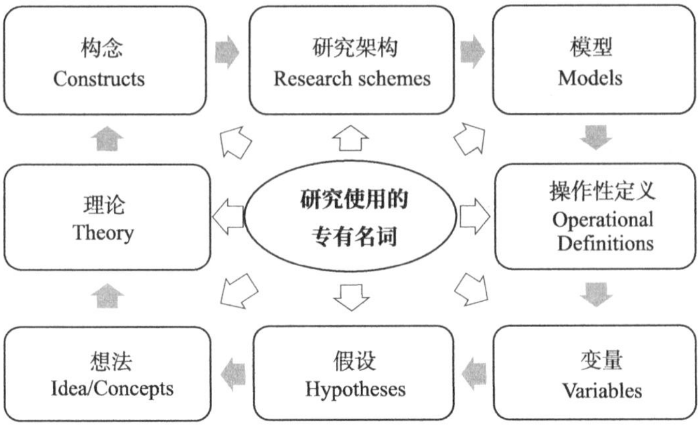

图3.1　量化研究专有名词间关系示意图

[想法（Idea/Concepts）] 想法就是研究的点子，也就是想研究的主题或内容。例如：想了解有钱人是否比较快乐，这就是研究的想法。

[理论（Theory）] 当有了研究的想法后，接下来就是考虑这个想法是否有理论的支持，例如：快乐如何衡量，是否有理论的基础。

[构念（Constructs）] 构念为一抽象名词，又称构面、因子（素）、维度、潜

在变量或不可观察变量。构念是为了特定的科学目的而有意识地发明或采用的概念，是研究的基础。举例来说，快乐程度、组织承诺或工作满意度等都称为构念。

[研究架构（Research Schemes）] 研究架构就是研究者针对研究主题，根据文献综述或专家访谈所得到的完整思考架构。它不是研究流程，而是所有构念之间关系的陈述。

[模型（Models）] 将研究架构画成图，就是研究模型，有图有真相，帮助阅读者更容易理解研究内容。

[操作性定义（Operational Definitions）] 操作性定义就是将抽象概念转化形成具体、可观察及可测量的定义，以了解构念的数量特征。操作性定义需满足：一是可观测、可重复及可直接操作的；二是测量或操作必须可行；三是定义的指标成分应分解到能直接观测为止；四是可用多种方法形成操作性定义，既可以从操作入手，也可以从测量入手。例如：调查儿童的智力，智力是一个构念，如果用魏氏儿童智力量表的分数来代表智力，那么要如何设定这些测量题目呢？经过调查了解到儿童智力的衡量包括空间、数学、语文等多项能力的组合。

[变量（Variables）] 变量是量化研究方法中的基本组件，目的是将构念变得可操作。通常一个研究中至少要有两个及以上的变量存在，这样才可以研究变量与变量之间的关系。如请几个人猜测某人的身高和体重，会发现每个人给出的值不尽相同，此时身高和体重就是变量。

[假设（Hypotheses）] 假设是指各变量之间的对应关系，是研究问题的暂时性答案，只有经过统计分析、检验后，才能判定其真实性。在量化研究中，通过假设阐述某些现象成立。验证假设一般会通过样本数据调查的方式，进行统计分析来达成。要注意区分命题与假设，见表3.2。

表 3.2　命题与假设的区别

	特点	举例
命题	描述关系的存在，理论性陈述	我认为金钱会影响生活的幸福感
假设	证明关系的存在，检验性陈述	金钱会正向影响生活的幸福感

一般而言，在量化研究中不写命题，而写假设，假设是要检验的部分。在研究假设中，有虚无假设（Null hypothesis，H_0）与对立假设（Alternative hypothesis，H_1）

之分。

虚无假设（H_0）通常设置两个变量之间没有显著相关、没有显著影响或没有显著差异。例如：服务品质与满意度没有显著相关；广告费用对销售量没有显著影响；男性与女性的业绩量没有显著差异，这些都是虚无假设的陈述。

对立假设（H_1）通常设置两个变量之间有显著相关、有显著影响或有显著差异。例如：服务品质与满意度有显著正相关；广告费用对销售量有显著正向影响；男性与女性的业绩量有显著差异，这些都是对立假设的陈述。

量化研究一般是要证明变量之间有显著相关、有显著影响或有显著差异，因此，通常希望拒绝虚无假设（H_0），得到对立假设（H_1），这就是前面讲到的统计检验。

第四章 研究中的变量类型

研究变量是指在质或量上可以变化的概念或属性，即会变化的、有差异的因素。变量是相对于常量而言的，是研究者所需要的研究与测量的随条件变化而变化的因素。变量主要包括5种类型，分别是：自变量、因变量、中介变量、调节变量和控制变量。

［自变量（Independent Variable）］ 自变量可分为解释变量、外生变量或前置变量等，为研究者可操控的变量，一个研究中可以有多个自变量。例如：压力、家族遗传、经济、人际关系均会影响忧郁症，则压力、家族遗传、经济、人际关系就称自变量。

目前筛选自变量比较常见的方法有四种，一是因果关系法，也称为理论分析法，那根据相关文献判断变量之间的因果关系，进而筛选出自变量。二是效应差值法，根据新纳入的自变量对目标变量（因研究目的而设置的自变量）的影响效应值是否足够大进行筛选。当一个自变量纳入回归模型后，对目标变量影响效应值的改变不到10%，就可以不将其纳入模型。三是单因素—多因素法，将自变量先逐一做单因素回归，再将P值较小（$P<0.05$）的自变量统一纳入多因素回归模型。四是逐步回归法，将自变量按照对结果变量影响程度的大小逐一引入模型，当先引入的自变量与后引入的自变量相比变得不再显著时，则将其删除，以确保每次引入新的自变量之前回归模型中只包含显著性变量。

在研究多个自变量对结果变量的影响时，可以先后采用因果关系法、单因素–多因素法以及逐步回归法；在研究目标变量对结果变量的影响时，通常要控制混杂变量，则可以先后采用因果关系法和效应差值法。

[因变量（Dependent Variable）] 因变量可分为被解释变量、内生变量、结果变量等，为研究者预测的结果变量。例如：压力、家族遗传、经济能力、人际关系影响忧郁症，忧郁症为因变量。忧郁症模型图见图4.1。

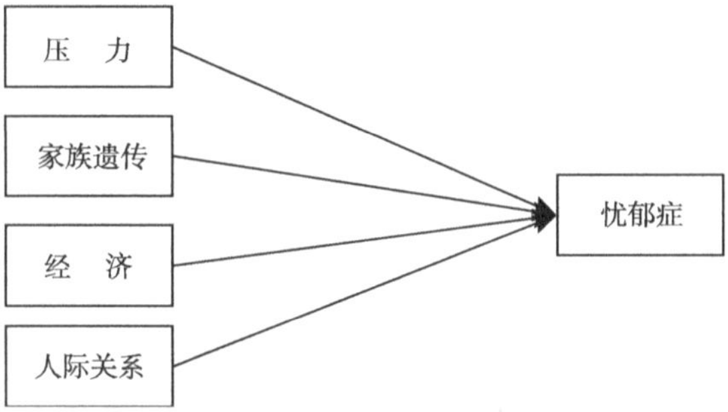

图4.1　忧郁症模型图

自变量与因变量并不是绝对的，如何判别是自变量还是因变量呢？例如：若一个家庭是男主内女主外，老公为一家之“煮”，当老婆回家时，开始询问老公饭煮了没？衣服晒了没？地板拖了没？老公就需要赶快完成老婆的每个指令。此时，老婆为自变量，老公则为因变量，因为自变量影响因变量，老公是被影响的那一位。反之，若是男主外女主内，老公为一家之主，当老公回家时，开始“命令”老婆泡茶、煮饭，此时，老公为自变量，老婆则为因变量，因为自变量影响因变量，老婆是被影响的。因此，自变量与因变量，是根据研究目的与研究对象而确定的。

忧郁症模型中只有前置变量与结果变量，其目的是为了了解前置变量（压力、家族遗传、经济能力、人际关系）对结果变量（忧郁症）的影响。诸如忧郁症模型这种只包括自变量和因变量的回归模型，一般运用多元回归分析（Multiple Regression Analysis）来评估两种变量类型之间的直接效果，但其缺点是无法了解前置变量为何或如何影响结果变量的。要了解“为何”与“如何”就要进一步了解中介变量与调节变量。自变量与因变量的对应表见表4.1。

表4.1　自变量与因变量对应表

自变量		因变量
独立变量（Independent）	→	因变量（Dependent）
预测变量（Predictor）	→	准则变量（Criterion）

续表

自变量		因变量
原因变量（Cause）	→	效果变量（Effect）
前置变量（Antecedent）	→	结果变量（Consequence）
外生变量（Exogenous）	→	内生变量（Endogenous）
刺激变量（Stimulus）	→	反应变量（Response）
预测变量（Predictor）	→	反应变量（Response）
控制变量（Manipulated）	→	反应变量（Response）
解释变量（Explanatory）	→	被解释变量（Explained）

[中介变量（Mediator Variable）] 研究模型中要了解自变量（X）对因变量（Y）的影响，如果X通过影响变量Me进而影响Y，则Me称为中介变量。因此探讨中介效果的模型中至少会有三个变量：自变量、中介变量（注意中介变量本身也是一个自变量）及因变量。生活上常有中介变量的例子。例如：房东常常会通过房屋租赁公司出租自己的房子给租户，房屋租赁公司就是中介变量，在房东（自变量）与租户（因变量）之间建立联系。中介变量适用于X影响Y的关系较强时使用。例如，发现压力越大的人越可能得忧郁症，而想进一步了解压力为何会导致忧郁症，探讨是否是因为人际关系这个中介变量所造成的，就会使用中介模型来进行分析，见图4.2。

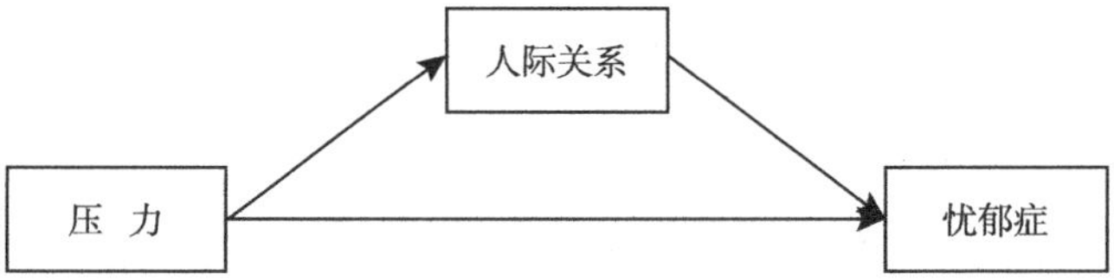

图 4.2 压力对忧郁症以人际关系为中介效果图

再举一个例子，图4.1的研究模型加入中介变量后成为图4.3，可以研究前置变量是通过什么原因影响结果变量，压力、家族遗传、经济能力、人际关系等都是造成忧郁症的因素，但这是什么原因造成的呢？答案是“想太多”这个中介变量，有些人因为工作压力大，常常容易想太多，觉得上司不喜欢自己，同事排挤自己，造成工作容易犯错，回家睡不好、吃不好，而有了忧郁倾向。

当找到了有效的中介变量后，就可以探寻缓解忧郁症的方法，即不要让患者胡思乱想，因此可以通过药物来控制脑部的活动力或设计一些活动转移注意力等，这就是找出中介变量的价值所在。

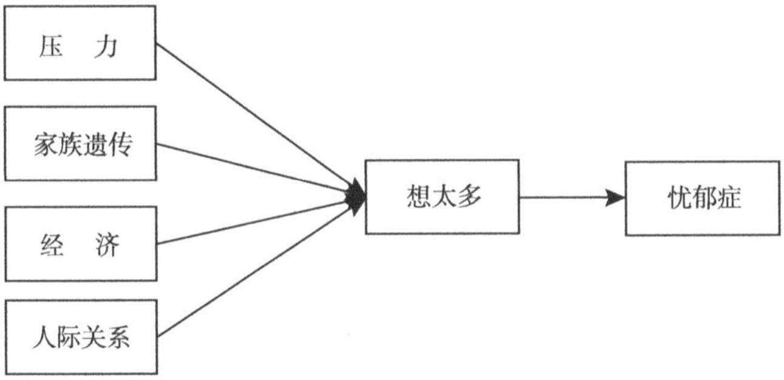

图 4.3　忧郁症模型的中介变量图

在日常生活中，相关例子还有很多。例如：为了保护眼睛，医生会建议多吃玉米、芥菜、菠菜、柳橙汁等食物，为什么要吃这些食物呢？因为这些食物中含有叶黄素，因此叶黄素就是一个中介变量。当找到这个中介变量后，就可以开发含叶黄素的产品，消费者食用后一样可以达到保护眼睛的效果如图4.4所示。

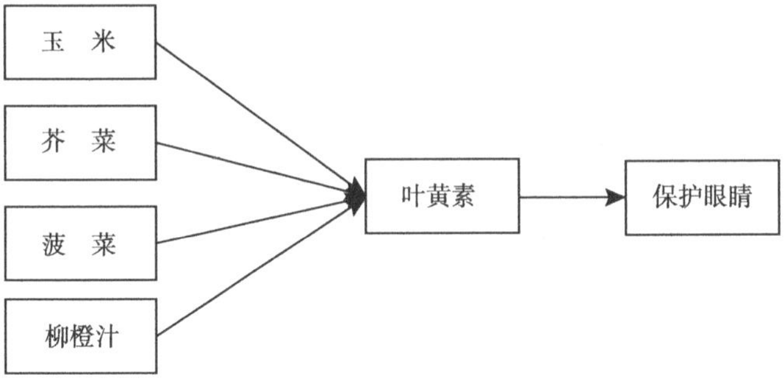

图 4.4　保护眼睛模型的中介变量图

［调节变量（Moderator Variable）］ 调节变量又可称为干扰变量，研究模型中可以了解不同情境下，自变量（X）是如何影响因变量（Y）的。调节变量适用于X对Y的影响关系较弱或不一致的时候。

研究中加入调节变量可以了解在不同情境下自变量对因变量的影响有何不同，调节变量取值的不同可对情境做出更改。因此探讨调节效果的模型至少需要三个变量：自变量、调节变量（调节变量本身也是一个自变量）、因变量，一般利用阶层式回归（Hierarchical regression）来分析调节模型。阶层回归也称层次回归，简单来说就是对两个或多个回归模型进行 R^2 差异比较。

例如，学生学习成效和老师教学能力的关系，往往也受到学生参与的影响。老师教学能力一定的前提下，学生参与度的高低会影响学习成效的高低，因而学生参与是调节变量。因为在不同程度的学生参与度（调节变量）下，教学能力（X）对学习成效（Y）的影响会不一样。学习成效模型的调节变量图见图4.5。

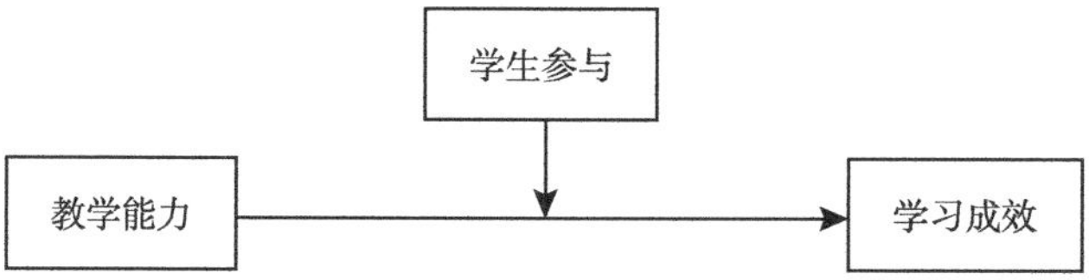

图 4.5 学习成效模型的调节变量图

在图4.1的研究模型中，加入调节变量后见图4.6，可以了解自变量（压力、家族遗传、经济、人际关系等）在不同家庭支持的情境下对因变量（忧郁症倾向）的影响有何不同。

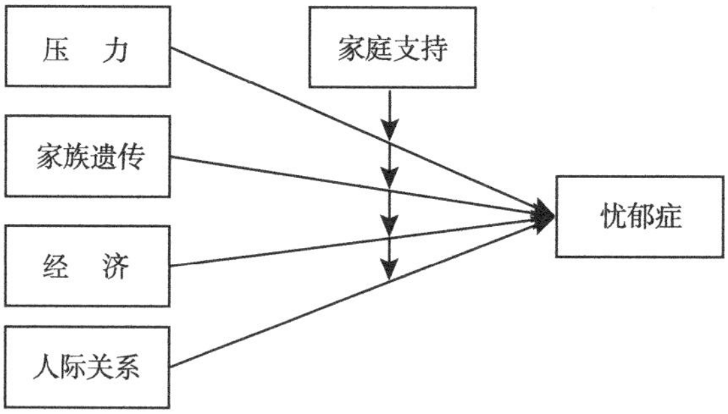

图 4.6 忧郁症模型的调节变量图

[控制变量（Control Variable/Covariate Variable）] 现实研究中，一个问题往往与多种因素有关。但在研究中很难能考虑到所有可能影响研究结果的变量，往往只会关注一个或几个研究变量。这就留下一个问题：可能存在其他因素影响研究结果。为了排除其他因素的影响，使分析结果更加科学，便需要引入控制变量。控制变量就是一个已知对因变量会有影响的自变量，而这个自变量又不是本研究的重点，即控制变量本身对于因变量必须有证据证明存在显著影响。例如，研究者想了

解学生努力程度对成绩的影响。理论上越努力用功的学生学习成绩会越好，但实际上老师对学生关注程度的高低对学生的学习成绩也会有所影响，此不是本研究的重点，即为控制变量。因此，在研究中，应排除老师对学生关注度高低这一因素对学生学习成绩的影响，研究结果才会较为准确。

图4.7的研究模型中，控制变量应如何解释，答案是将控制变量置入回归模型后就可解释为：模型中在其他自变量控制不变的情境下，程序正义每增加一个单位，组织承诺会增加一个单位。控制变量的结果一定要显著，因为控制变量于分析前就被确认是对因变量有影响的变量。

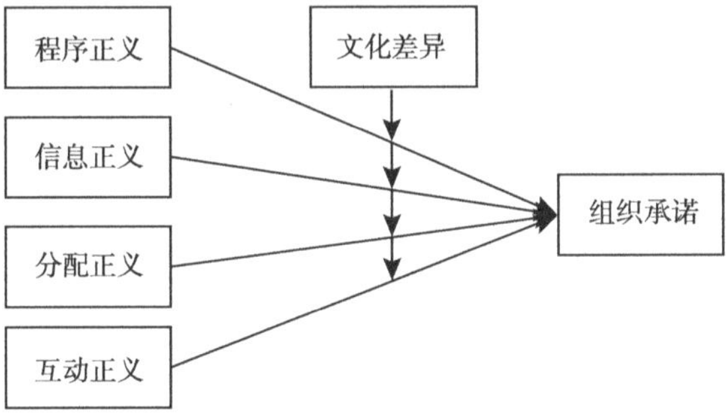

图 4.7　组织承诺模型的控制变量图

综合上述，研究变量的分类见表4.2。

表 4.2　研究变量分类表

自变量		因变量	
纯自变量	纯粹当作解释变量，为模型的一部分	纯因变量	纯粹当作被解释变量，通常是研究的核心变量
调节变量	外来变量，非模型的一部分，只有在证明调节效果时才会引入	中介变量	用来解释自变量到因变量变化的过程
控制变量	为模型的一部分，主要目的是使研究结果更准确		

自变量、中介变量、因变量、调节变量及控制变量间的关系见图4.8。

①自变量与控制变量从开始到结束都在研究模型中。

②自变量对因变量有研究假设，而控制变量对因变量不需要有研究假设。

③控制变量对因变量有显著控制作用，表示已排除了控制变量的作用。

④调节变量在模型验证调节效果时才出现。

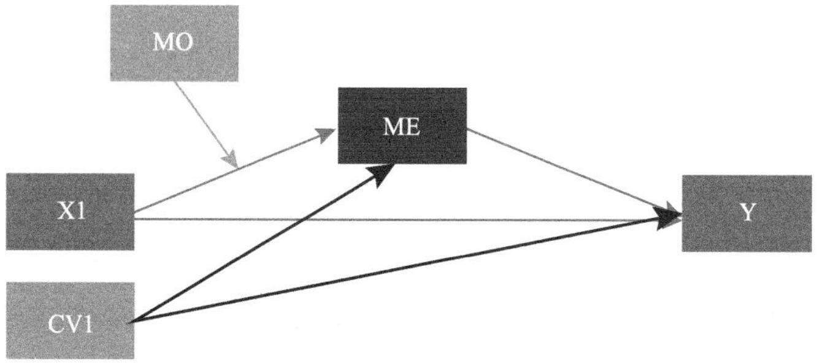

图 4.8　五大变量模型图

X1：自变量；ME：中介变量；Y：因变量；MO：调节变量；CV1：控制变量

第五章
量化论文写作范式

了解了量化研究后，接下来介绍量化论文的写作范式，也就是ITSMART模型，见图5.1。如果您经常阅读SSCI（Social Science Citation Index）论文，可能会发现很多论文大致遵循这样的写作范式。

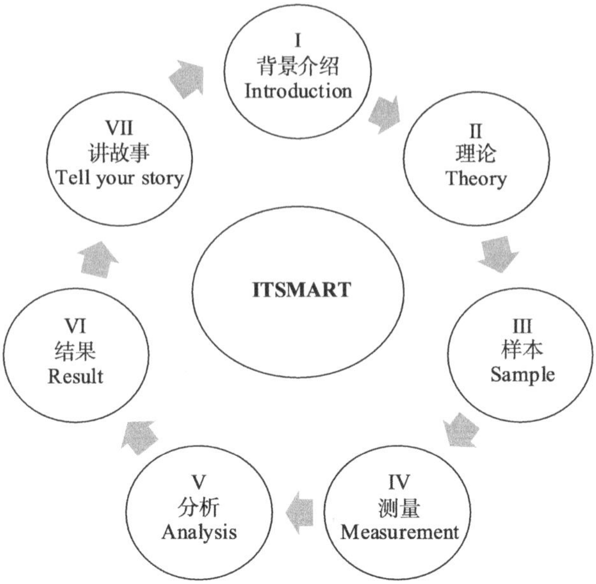

图 5.1　ITSMART 模型图

[I：背景介绍（Introduction）] 背景介绍是指研究的起心动念，即研究动机与研究目的，换言之就是为什么要做这个研究。通常研究者的目的是了解、解释或回答某个研究问题。什么叫作研究问题？研究问题就是期望与实际的差距。例如：

您很想追某位女生，这表示您期望她能够成为您的女朋友，但目前追到了吗？还没有！这是实际现况。实际与期望之间所衍生出来的“怎么追”就是研究问题。

［T：理论（Theory）］ 理论是指文献综述，即查阅之前学者做过的相关研究，总结归纳这些研究得到的哪些结论是值得参考的。那怎么追女生呢？于是您开始想办法，想办法的过程就是解决问题的过程。可以咨询情感专家、阅读相关书籍，最后归纳一套适用自己的方法。比如如何培养自己的魅力，如何送礼物等，这就相当于做文献综述。换言之，就是运用他人的经验为自己的研究提供方向，这就是做文献综述的精髓。

其实平常做文献综述的机会还有很多。例如：搜集有效抗衰老方法、如何预防癌症等。无论是请教他人、查找文章还是阅读专栏，都是在做文献综述。运用在学术上就是搜集过去有没有人做过相似的研究？已有文章的脉络如何？文献中是否有未被注意到的重点？自己的研究补充了已有研究的哪些部分？

研究可能因文化差异、研究时间、地点或对象不同而产生差异。因此，研究是永远做不完的，而做好文献综述，就可能发现以往研究中有某个缺口可以切入继续新的研究，这个缺口就可能让您有机会写出一篇小而美的论文了。如果您想做的研究之前没有人做过，怎么办呢？那么您可以访谈专家对研究变量关系的看法，集合专家们的意见纳入研究之中形成理论，然后再去验证理论是否存在。做好文献综述后，就可以产生研究架构。

［S：样本（Sample）］ 样本是指研究对象中所抽样本数。许多研究不太可能对总体进行普查，通常以抽样的方式来进行。例如：炖了一只鸡，要试试看鸡肉够不够软烂，最精准的方式是把所有鸡肉吃完，才知道整只鸡肉质是不是都够软。但现实生活中不会有人这么做，除非他想假借“普查之名，行独享美食之实”。一般人们会随便夹一块肉试吃，就会推测整只鸡肉质的口感。这种任意夹起一块肉试吃的方式，就是“随机抽样”，而特别要试吃鸡的某个部位，就是“立意抽样”。

至于决定抽多少样本，是可以由公式计算出来的，但这不是本书讨论的重点。一般而言，您会看到不少的意见调查会用1067或1068个样本，其实就是用公式计算出来的。也就是，如果抽了1067或1068的样本，那么所测出来的结果，有95%的机会落在估计值 ±3%的误差范围内。

抽样的方式。抽样方式可大致分成随机抽样与非随机抽样。随机抽样包含简单随机抽样、系统抽样、分层抽样和群集抽样。非随机抽样包含便利抽样、立意抽样和滚雪球抽样。

随机抽样

①简单随机抽样（Simple Random Sampling）是指总体中的每个个体被选中的概率是相同的。通常有抽签法、乱数表法和电脑随机数字法等。

②系统抽样法（Systematic Sampling）是指将总体调查对象排序后，按照一定的间隔选取样本，直至选满样本数为止。例如：对全校30000位学生进行系统抽样，计划抽取300个样本，则每隔100位学生（30,000/300=100）抽取一个样本。将所有学生进行编号，第一个样本可在1～100号中随机抽取。如果抽到12，则12，112，212…29812，29912为需要抽取的300个样本。

③分层抽样（Stratified Random Sampling）是指将样本根据特征区分为若干层，使其层间差异大，层内差异小，再逐层抽取样本的方法。例如：调查医院员工对员工餐厅的满意度，可将医生分为一层，护士分为一层，行政人员分为一层。这就是属于层内差异小，层间差异大的例子。如果每一层都抽取一定比例的样本来调查，就会比较有代表性。

④群集抽样（Cluster Sampling）又称集丛抽样或部落抽样，是将总体分成若干群集，让每个群集内的样本特征相近，即群间差异小，群内差异大，再从若干群集中进行抽样或普查的方法。例如：调查某高校学生的平均体重，先以班级为群集单位划分，再随机抽取20个班级，然后再对这20个班级的学生进行简单随机抽样或普查。此方式适合在总体数量多且统计困难又希望节省成本和时间时使用。

非随机抽样法

①便利抽样（Convenience Sampling）是指研究者对自己最容易取得的样本进行抽样的方法。例如：调查对象为啤酒消费者，研究者直接以亲朋好友作为问卷发放对象。

②立意抽样（Purposive Sampling）也被称为判断抽样，是以研究者的主观判断而选取最适合研究目的的样本，是在特殊状况下被接受的抽样方式。例如：调查上海市民对泰国料理的看法。抽样的对象设定为吃过泰式料理的上海市民。

③配额抽样（Quota Sampling）是一种类似分层随机抽样的非随机抽样。研究者将调查总体按一定标志分类或分层，确定各类（层）的样本数额，在配额内任意抽选样本的抽样方式。例如：某国家有60%的公民居住在城市，40%公民居住在乡村。假设调查城乡差距的研究需要500个样本，依照比例分配，抽取300（500×60%=300）位城市公民，200（500×40%=200）位乡村公民。

④滚雪球抽样（Snowball Sampling）适用于调查对象的条件特殊且不易搜寻时，以人际关系为线索，类似滚雪球般从一个样本找到下一个样本，逐渐累积到足够的调查样本数为止。例如：调查对象为AIDS患者，但要如何找到这些对象呢？患者本身不可能昭告天下说他自己是AIDS患者，若能找到第一个AIDS受访者，通过患者关系找到下一位患者，慢慢积累到所需的样本数。

抽样的过程。研究的抽样过程必须针对研究对象的抽样方式做明确说明，包含：收集的时间、地点以及通过何种发放方式进行抽样等。例如：调查某百货公司周年庆时的顾客满意度，收集时间设定为周年庆期间，地点为百货公司，方式采用随机抽样，以现场填写当场回收的方式收集。

有效样本的决定。有效样本指的是具有代表性的样本，亦即剔除无效样本之后所得到的样本数。无效样本的剔除原则包含：每一份问卷填写的数字从头到尾都一样，表示填答者的内容无鉴别度，多道题目未作答，问卷数据有缺失等。无效样本如果不加以清理容易调节分析结果，对数据结果产生严重影响。

[M：测量（Measurement）] 测量指研究工具，量化研究一般是问卷。研究变量的操作型定义出自何处？测量的题目是怎么来的？

例如：想了解一个人对某本书的满意度，可以问他下列几个问题。

①本书的编排清楚明了，有助于我的阅读？

②本书的内容浅显易懂，有助于我的学习？

③本书的操作细节清楚，有助于我的分析？

这些测量题目是如何决定？是专家建议？还是自己编制的？如果是引用专家学者的问卷，需要注明出处。通常会引用的问卷题目大都是因为研究领域与自己的研究接近且时间间隔较近。可能所参考的问卷不只来自一个研究，无论最后选择了某个或是某几个研究作为参考，都必须说明选择的原因。

[A：分析（Analysis）] 分析是指研究者准备用什么统计技术进行分析。例如：为何本研究选用这个统计技术？统计软件的名称及版本是什么？采用了哪些统计方法？哪些变量采用了这些方法？这些方法有什么建议标准？以上这些要点都必须清楚说明。

[R：结果（Result）] 结果指的是研究者对分析结果做客观的陈述，说明变量的特性及变量之间的关系，有无显著相关或有无显著差异或是否存在因果影响等。在文章页面空间允许的情况下，尽可能提供图与表，以便阅读者理解。一般而言，研究者应尽量避免重新用数学式、希腊符号等统计术语来描述变量之间的关系，也不需要把数学模型再描写一遍，那会使阅读者更难理解，而降低了易读性。如果您觉得数学式很重要，可以告诉阅读者这个数学式在文章中哪一部分有提到即可。另外，在研究结果的章节中，描述统计分析结果时，只需客观如实地将表格内容加以报告，不需要加入个人的主观看法。例如：分析结果有哪个假设成立或不成立，至于成立或不成立背后隐含的意义，那是在讨论与结论部分要陈述的内容，不建议在结果这个单元阐述。

[T：讲故事（Tell your story）] 讲故事是指文章的结论与讨论。从研究的结果中发现了什么现象或问题，然后再针对问题的症结点来提出改善的建议。故事的内容大致包含结论（Conclusion）、讨论（Discussion）、建议（Suggestion）、研究限制（Limitations）及未来研究方向（Future Research）。

结论包括研究的发现与研究的贡献，研究的发现是叙述本研究的假设有哪些成立、哪些不成立；或者研究变量有哪些显著差异或是显著影响。研究贡献包括理论或实务上的贡献。例如改良了研究模型，或者某个变量过去从未被讨论，本研究将之纳入后达到显著影响，此即为理论上的贡献。但本研究发现了过去没有发现的，而且可以在实践中得到应用，即为实务上的贡献。讨论需说明本研究结果与过去的研究有哪些相同或是相异之处。是什么原因造成研究结果的不同。建议是针对研究结果提出改善的策略与方法，使得研究的问题获得更好的解决方案。

结论、讨论与建议叙述完毕后，为了达到文章的严谨度，需在文章最后加上研究限制与未来研究方向，此部分是提供论文无法完美的解释说明。研究限制的写法也遵循一定的技巧。诸如时间不够一类的理由不宜写入论文。较适合的写法要遵循客观且委婉。例如：采用自陈式报告是本研究的一个限制。自陈式报告会因评价者本身、测量语境及问项内容和特征所造成的自变量与变量之间人为因素的变异，而出现共同方法偏差。因此，本研究特别对共同方法偏差进行检验，尽可能减小共同方法偏差产生的影响。另外，虽然研究努力控制了问项的歧义、量表格式以及问卷长度等问题，但一些研究中的不可控制因素，如社会期待、受试者作答情绪等仍然可能影响研究结果。虽然，使用的测量工具具有良好的信效度，许多研究者也使用 ××× 量表来测量 ×××，但仍然希望未来研究者能使用更多的尺度来评量 ×××。

第三篇

选择研究工具，开发问卷

量化研究中要对数据进行分析才能获得结果和结论，巧妇难为无米之炊，数据便是“米”，问卷则是产“米”的“田地”，“田地”的好坏影响着“米”的产量和质量。接下来，请大家结合自己的研究方向，跟随本篇尝试制作一份问卷，为统计分析做好准备吧。

第六章 问卷题目设计

一般做研究会用次级数据或发放问卷的形式来搜集资料，而次级数据的好处是不须考虑信、效度的问题。例如：政府单位公告的数据、股票市场公告的数据。但如果是问卷调查，就会有构念的问题。构念能否用一个题目来衡量呢？答案是否定的。如调查顾客在星巴克喝咖啡的满意度？对于顾客满意度这一构念若只设一题："请问您对星巴克是否满意？"假设今天被访问的顾客正好是单身男性，当他在星巴克消费时，看到美女店员对他微笑，使他心情相当愉悦，那么可想而知，该顾客对星巴克的满意度，肯定是相当满意的。如果隔天他再次光临，却发现美女店员辞职了，他的心情相当失望，这时的咖啡就变得又苦又涩了，此时再调查其满意度时，肯定是相当不满意的。由此可知，只测量一题是无法得到客观答案的。但如果将满意度拆解成多个题目来测量，例如："请问您对星巴克产品（咖啡）的满意度""请问您对星巴克服务的满意度""请问您对星巴克结账速度的满意度""请问您对星巴克装潢的满意度"，这样就不会因为"美女"这个因素而使结果不客观。这就是为何每个构念至少须用3个题目来衡量的原因。一般引用专家设计的问卷题目时，会选择3～7题目来衡量一个构念。

6.1 常见的问卷内容及题目

设计的问卷题目常常是为了解以下四方面内容：事实、知识、态度、行为。

事实：不涉及个人主观判断的、既定的事实。例如：请问您使用的手机品牌是什么？答：Apple、华为、小米等。

知识：想了解调查对象对某件事情的认知有多少？例如：请问您知道抽烟会危害身体的哪些器官？您知道抽烟会造成哪些慢性病？若知道的答案越多，就可以推论出调查对象对这方面知识的了解越多，反之则越少。

态度：调查对象对某件事或某个人的看法或评估，满意度就是态度的衡量。例如，调查游客对上海迪斯尼的满意度，这就是调查游客对迪斯尼的看法。当然正如之前提到的，不会只设一题，满意度可包含：游乐设施、管理制度、人员服务等。

行为：指行动或反应。人与外界的人或物发生互动所产生的动作才能构成行为，虽然动作本身客观存在，但动作的产生具有主动性。行为也是事实的一种，是一个有动作性的事实。例如，您一天运动几个小时？您一天使用手机几个小时？您一周去餐馆吃饭几次？

6.2 常用的问卷题型

大多数的问卷是引用先前学者的问卷在此基础上进行修改得到的，仅有少部分的研究因为构念较为特殊，找不到类似的问卷可引用，必须自行设计。

一般来说，量化分析的问卷选项必须是封闭式（非开放式）的，常见的封闭式问卷类型，包括是非题、单选题、复选题、李克特量表、语意差异量表。

是非题：运用于是非题的衡量上，通常是知识性题目，检视调查对象对某方面的知识是否有正确的认知。例如：调查人们对抽烟危害身体健康的认识，问卷题目可设计成“二手烟会对旁人造成疾病”“抽烟对人体造成危害的是尼古丁”，答对给1分，答错给0分，答对的题目数越多，代表知识程度越高。

单选题：在数个选项中选择其中一个，例如：“请问您的最高学历是什么？”答案选项有“1.高中及以下；2.大专；3.本科；4.硕士及以上”。通常单选题的答案必须互斥且周延。互斥即为所设计的答案内只有一个符合调查对象的情况；周延代表所设计的答案必须涵盖所有情况。

复选题：在数个选项中可以选两个及以上，它是计算每一个选项权重的好方法。越多人选的答案，权重越高。

李克特量表：是一种心理反应量表，通常以1～5或1～7为衡量尺度。以1～5为衡量尺度是指量表的每个陈述下有“非常否定”至“非常肯定”五种选项，分别计1至5分。例如“非常不同意”“不同意”“一般”“同意”“非常同意”；以1～7为衡量尺度则是在上述五种尺度基础上的进一步细化选项，例如：“非常不满意”“不满意”“比较不满意”“一般”“比较满意”“满意”“非常满意”。李克特量表是目前调查研究中使用最广泛的量表。

语意差异量表：这种量表较少人使用，一般用于设计类的问卷。例如：“您觉得这构图看起来是？”选项“阴暗的（1）～明亮的（7）”，尺度两端都会使用两极化的形容词，端看您勾选哪一边，其分析方法与李克特量表类似。

6.3 题目设计基本原则

一般问卷题目设计基本原则包含：

1. 题意明确性。一个题目不要问多件事。例如：请问您早上吃了面包与牛奶吗？若早餐只吃面包没喝牛奶的人，就很难回答。

2. 题目简洁性。题目文字不要过长，通常要在一两句话内完成。文字过于冗长，会使填答者觉得麻烦而不想再看下去。

3. 题意理解一致性。一是尽量不要设计反向题，问卷设计反向题易造成填答者无法立即以直觉反应，导致填答上的误会。例如：您对这家餐厅的餐点很不满意？这种反向题的设计会造成分数越高代表越不满意，违反了认为分数越高越满意的直觉认知。二是避免使用受访者不熟悉的词汇，专有名词会让填答者不容易读懂题意。例如，在市场调查时设计问题：“请问您对于市场区隔有何看法？”填答者若非营销领域，很难理解并作答。若转换成：“请问您认为厂商是否应针对不同顾客提供不一样的产品？”就容易明白并作答了。

4. 题意中立性。避免使用明示或暗示性用语。例如，想知道填答者在北京的生活满意度。如果将题目设计成：“北京雾霾很严重，请问您在北京生活愉快吗？”由于题目已暗示雾霾严重，这会引导填答者偏向不满意的答案。

5. 题目间接性。询问填答者的个人资料时，要注意不要侵犯隐私。例如：调查填答者年龄时，不要直接问“请问您几岁？”而是改成“请问您年龄在哪个范围”。

6. 题目数量适当性。一个构念所设计的题目不宜过多，一般不要超过7个题目。

6.4 问卷题目设计注意事项

假设想进行“约会暴力倾向”的研究，问卷设计时不能在题目上呈现约会暴力的字眼，否则填答者就不一定会如实回答。一般会先探讨约会暴力的理论定义，约会暴力的定义为:“在两人约会的过程中，一方对另一方使用肢体威胁、言语羞辱等，使对方造成伤害或痛苦”。但是在理论定义完成后，却无法从中发展题目，此时就需要操作型定义的辅助。如果对方是有约会暴力的倾向，会有哪些行为被观察到，包含：控制欲、忌妒、情绪不稳、掌握对方行踪、不许对方与他人交流、迫切要求对方迅速响应等。

问卷题目可设计“当对方不接电话时，您是否会一再打电话？”填答者并不容易发现这是在调查掌握对方行踪或是控制欲的构念，有可能还会认为是在调查自己是否很爱对方。题目设计“您会随时想了解对方现在在做什么吗？”“当对方与异性交谈时，您会觉得不高兴吗？”“请问您在约会时是否会有比较情绪大的反应？”，这些题目就是属于可观察、可操作的层次。

再举个例子，如要何衡量一个人的社会经济地位高低，可能有人会用的指标如学历高低、职位高低、收入所得高低等，但这些指标不见得有一致性，就像大老板赚很多钱，但不见得拥有高学历。因此应该关注的是社会经济地位高的人会有哪些外在的表现被公众看到，用这些指标衡量，才会有一致性。首先，“收入所得高低”，社会经济地位高的人所得应该偏高，社会经济地位低的人所得应该偏低；其次，“朋友多寡”，社会经济地位高的人因为会参与社交活动，所以朋友相对较多，社会经济地位低的人朋友相对较少；再次，“重视健康与否”，社会经济地位高的人会更注重身体检查及保养，相对更重视身体健康；最后，“重视休闲的程度”，社会经济地位高的人经济宽裕可以时常旅游，相对更重视休闲活动。反观社会经济地位低的人为了三餐疲于奔命，可能没有时间休闲。如果用这四个指标来衡量一个人的社会经济地位可能比用学历更加适切。

第七章
问卷量化尺度分类

为了便于后期分析，一般要对问题进行量化，会涉及量化尺度的运用。量化尺度可分为名目尺度（Nominal Scale）、次序尺度（Ordinal Scale）、等距尺度（Interval Scale）、等比尺度（Ratio Scale）。统计学中常分为类别尺度（Categorical scale）与连续尺度（Continuous Scale），类别尺度包含名目尺度与次序尺度，连续尺度包含等距尺度与等比尺度。

连续尺度一般要求符合正态分布（Normal Distribution）。而类别尺度无法切割，不会有平均值、标准差、偏态、峰度等计算，不会符合正态分布。例如，男生编码为1，女生编码为2，请问1.3代表何意义？此即所谓的切割无意义，切割无意义就代表平均值不存在。所以利用平均值所算出来的方差与标准差也不存在，没有了标准差就无法做偏态（Skewness）与峰度（Kurtosis），因此只有连续尺度有正态分布的要求，类别尺度没有。

[名目尺度（Nominal Scale）] 名目尺度是对事物类别或属性的测度，编码之间没有大小优劣之分。例如：性别分男与女，男编码为1，女编码为2，1与2之间无大小的分别。亦或是已婚与未婚，已婚编码为1，未婚编码为2，1与2无法判定谁比较优。

[次序尺度（Ordinal Scale）] 次序尺度是对事物之间等级或者顺序的测度，编码之间有高低意义，且编码之间的距离不是等距的。例如，学历程度，小学编码为1，初中编码为2，高中编码为3，本科编码为4，研究生编码为5，号码高低具有意义，编码越高代表学历越高。职位也是如此，职员编码为1，科长编码为2，处长

编码为3，局长编码为4，编码越高代表职位越高。

何谓编码之间的距离不是等距的呢？例如：篮球积分比赛的结果，第1名积分99，第2名积分95，第3名积分80。第1名和第2名积分差4分；第2名和第3名积分差15分。同样差1个名次，第1名和第2名之间的差距（4分）与第2名与第3名之间的差距（15分）不相等。次序尺度不等距，因此不能当作连续变量使用。

[等距尺度（Interval Scale）] 等距尺度是对事物或次序之间间距的测度。其特点是不仅能对事物进行排序，还能准确计算差距是多少。例如：量化论文中最常使用的李克特量表，即属于等距尺度，具可切割性，有平均值、标准差、偏度、峰度、R^2等。以满意度构面五点尺度为例，1到5代表非常不满意到非常满意，1到2，2到3，3到4，4到5，均属等距尺度的概念。

[等比尺度（Ratio Scale）] 等比尺度是测算两个测度值之间比值的测度。例如，10千克是5千克的2倍。等比尺度相对于等距尺度最大区别是有绝对“零点”，等比变量中“0”就是表示没有。除此以外，等比尺度具有等距尺度的所有特点，其变量也允许加减乘除运算。大多数物理量，如体重、身高等都是等比变量。

第四篇

分析问卷的数据，软件操作

设计好了问卷，回收完了数据，许多人可能会对数据处理束手无策。别担心，本篇将系统介绍 SPSS 统计软件的操作方法。如果您有现成回收的问卷当然更好，可以按照说明，一步步尝试完成 SPSS 软件在统计分析应用中的所有操作。

第八章 SPSS 软件基础

本章正式进入SPSS的实际操作部分。本书采用SPSS 24.0，目前最新版本为26.0版，SPSS软件在20.0版后，功能更新差异不大，如果您用的版本与本书不同，找不到书中功能名词时，可查一下位置是否更动或翻译名词是否改变。例如，“分析→标度→可靠度分析”，有的版本可能译为“分析→比例→信度分析”。

有的研究者可能会问SPSS软件是否够用、用别的软件是否效果更好。选择统计软件应以适合自己的分析为考量，应用的统计软件是否提供想分析的功能。各统计软件的准确度是毋庸置疑的，除SPSS外，还有如STATA、EVIEW、MINITAB、STATISTICA、JUMP、R语言等软件，虽然它们的统计功能存在差异，但大多数研究者所用的统计功能，以上每个软件都有实现，只需选择适合自己操作的软件即可，无需陷入选择何种软件的迷思。

接下来，将从SPSS 24.0界面开始进行介绍，慢慢过渡到将问卷录入，以及数据管理等实际操作。

8.1　SPSS 24.0的启动和退出

当计算机上已经成功安装了SPSS软件时，可以通过单击开始→所有程序→IBM SPSS Statistics→IBM SPSS Statistics 24.0（图8.1），即可打开SPSS 24.0的操作界面（图8.2）。也可以通过选中桌面快捷键IBM SPSS Statistics 24.0开启操作界面。

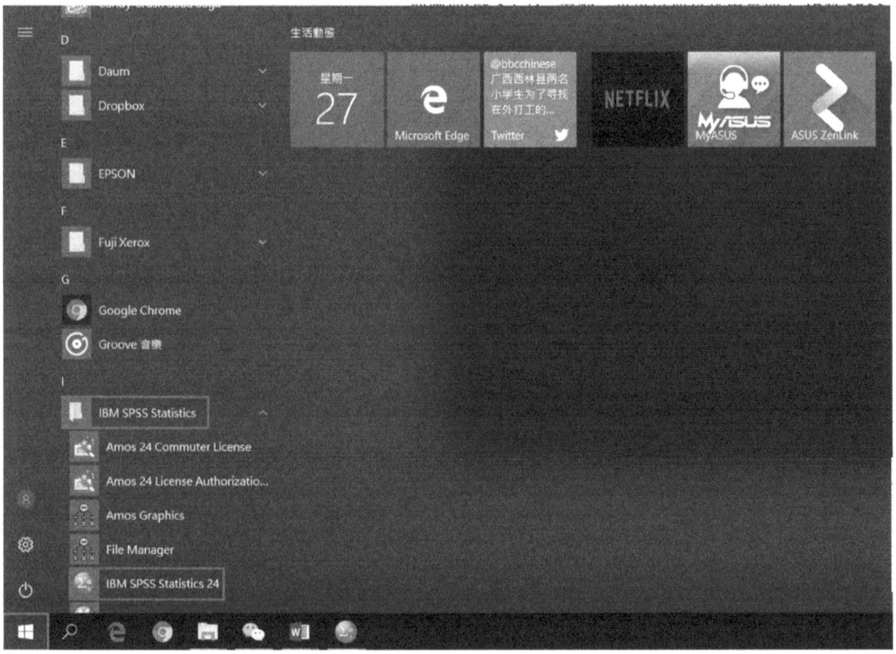

图 8.1

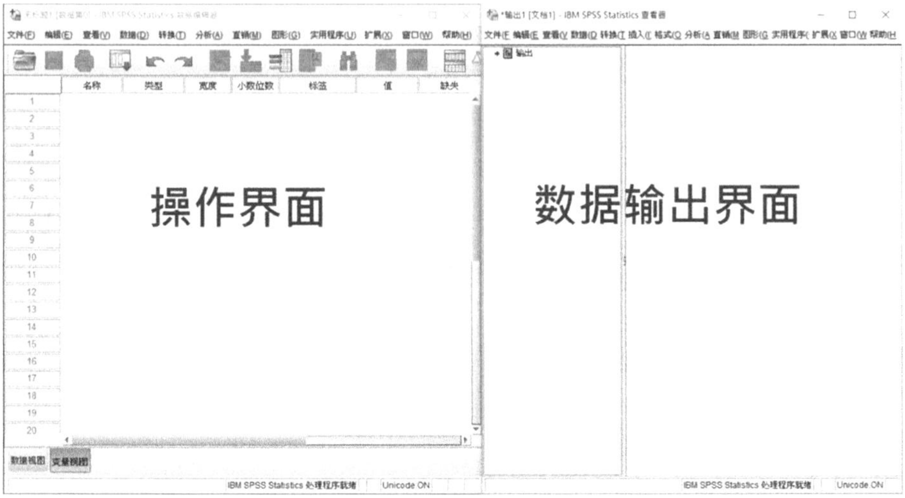

图 8.2

然后，可以通过选中：文件→打开→数据（图 8.3）→选择文件名，即可开启数据。也可以通过选中操作界面上的文件快捷键图标（图 8.4）→选择文件名（图 8.5），开启数据。

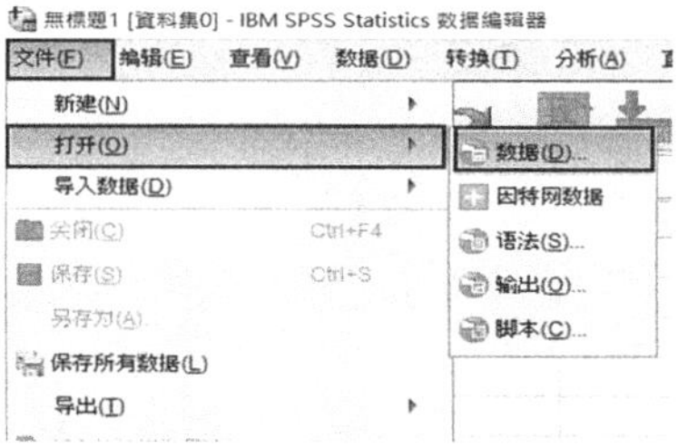

图 8.3

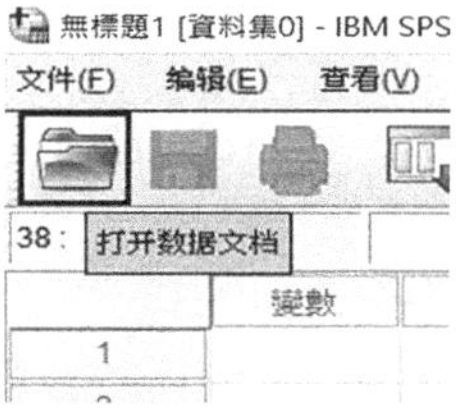

图 8.4

图 8.5

退出IBM SPSS Statistics 24.0仅需点击界面右上方关闭（图8.6）即可。

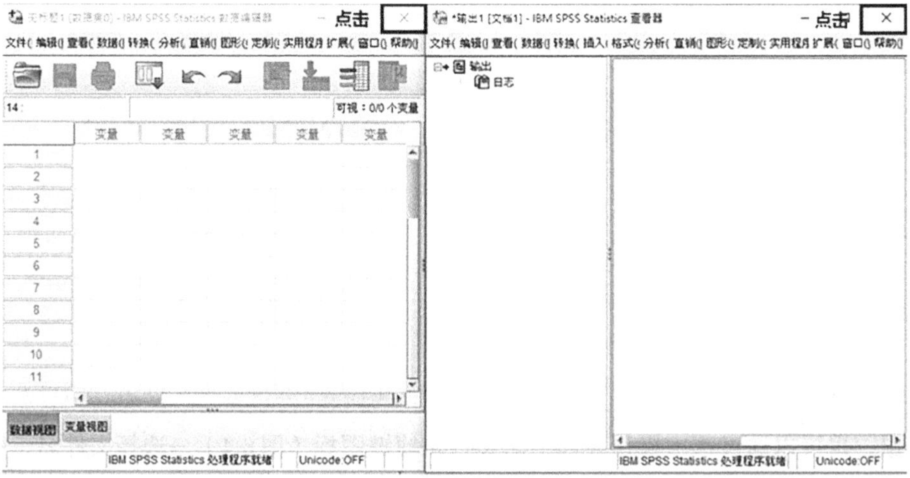

图 8.6

8.2　SPSS主要界面介绍

启动SPSS 24.0后的第一个界面是数据操作界面（图8.7），主要由标题行、菜单栏、常用工具栏、数据区、视图转换栏、状态栏等组成。

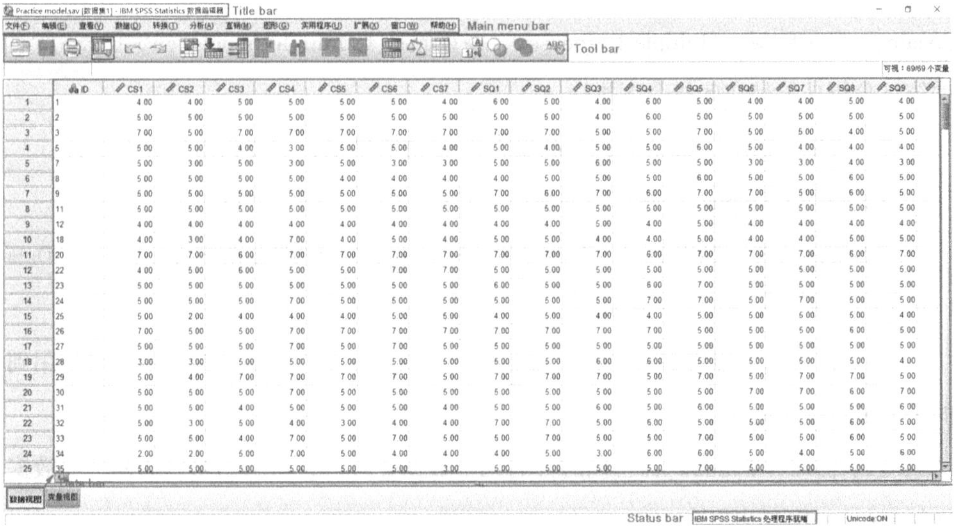

图8.7

1．菜单栏

（1）文件（File）：包含新建（New）、打开（Open）、导入数据（Import Data）、导出数据（Export Data）、保存（Save）及打印（Print）等相关指令。

（2）编辑（Edit）：包含撤销（Undo）、重做（Redo）、剪切（Cut）、复制（Copy）及改变SPSS预设的指令选项（Options）等相关指令。

（3）查看（View）：改变画面设定，包含字体（Fonts）、工具栏（Toolbar）、值标签（Value Labels）等相关指令。

（4）数据（Data）：包含定义变量属性（Define Variable Properties）、个案排序（Sort Cases）、变量排序（Sort Variables）、拆分文件（Split into Files）等相关指令，主要是做数据的修改、选择、排序及拆分数据。注意，这个栏位的数据处理功能，通常不会产生新的变量，只是变量之间进行一些设定的处理。

（5）转换（Transfrom）：包含计算变量（Compute Variable）、重新编码为不同

变量（Recode into Different Variables）、替换缺失值（Replace Missing Values），主要是做数据的转换及创造新变量。这个栏位的功能，通常会产生新的变量供后续分析使用。

（6）分析（Analyze）：包含描述统计（Descriptive Statistics）、比较平均值（Compare Means）、相关（Correlate）、回归（Regression）、降维（Dimension Reduction）、标度（Scale）、多重响应（Multiple Response）、多重插补（Multiple Imputation）。SPSS所有的统计分析功能都在此指令下执行。

（7）直销（Direct marketing）：此项为SPSS进阶功能，主要为市场分析工具。

（8）图形（Graphs）：制作各种图形，如直方图、饼图、散点图等。

（9）实用程序（Utilities）：包含变量（Variables）、处理数据文件（Process Data Files）的选项，允许进行一些设定。

（10）扩展：当想增加某些特定功能时，可以利用菜单下的功能安装，最常用到的是安装定制对话框。

（11）窗口（Window）：当同时开启几个数据文件时，可利用窗口切换其他数据文件。

（12）帮助：一些常用方法的说明。

2. 视图转换栏

视图转换栏用于数据视图界面及变量视图界面的切换，单击相应标签即可实现。

（1）数据视图。当选中“数据视图”时，可以查看原始数据，也可以进行数据修改和录入等操作。界面中，每一行代表一个变量，每一列代表一个样本或个案。请特别注意，样本并非一定是以人为单位，如数据集是一百家股票上市公司的情况汇总，那么，样本可以是任何一家上市公司，变量可以为股价、董事会成员或绩效等。

（2）变量视图（Variable View）。当选中“变量视图”界面时，可以进行数据变量的定义，如定义变量的名称、类型、宽度、小数位数、标签、值、缺失、列、对齐、测量、角色等。在该界面中，每一列代表一个变量，每一行代表对应该变量的不同属性。

变量视图各属性解释如图8.8所示，分项说明如下。

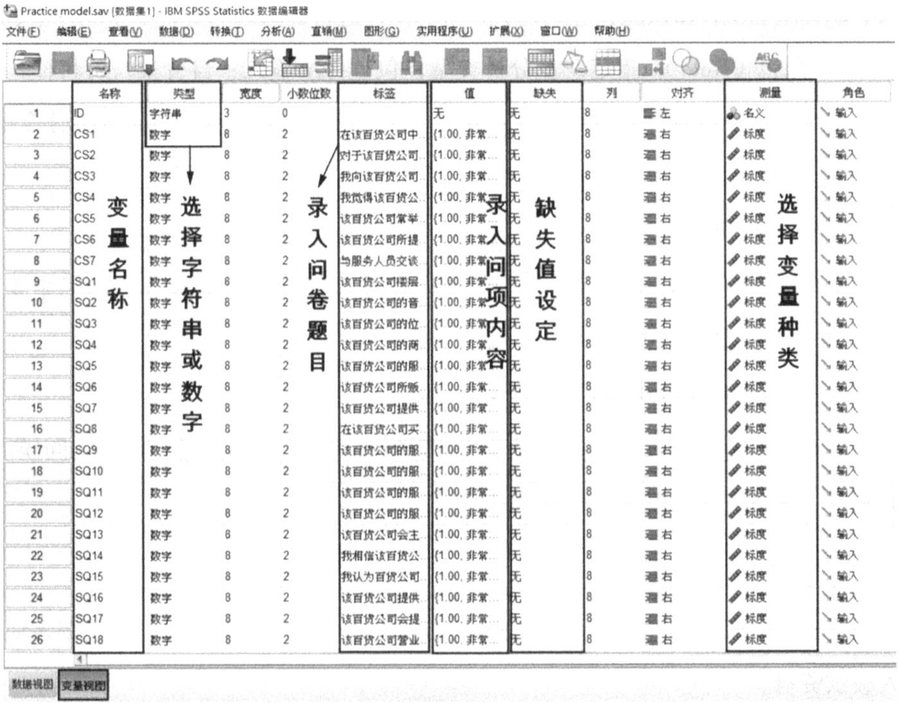

图 8.8

（1）名称（Name）：代表变量的名字，通常以英文缩写代表。

（2）类型（Type）：SPSS软件只能分析数值，一般需计算的值均设为数字。

（3）宽度（Width）：名称最大可显示的字符。如8表示8位，8个英文字。

（4）小数位数（Decimals）：数据数值所显示的小数位数。如2表示显示到小数位数后2位。

（5）标签（Label）：变量的说明，可以是问卷的题目或变量的描述。

（6）值（Values）：将字符信息（问项内容）数字化，SPSS软件中以数值来代表文字。如用1代表男性，2代表女性。

（7）缺失（Missing）：数据中如有缺失值，需在此加以设定。

（8）列（Column）：变量名称若太长，则是无法完全显示，可在此改变字段的宽度。

（9）对齐（Aligning）：资料的数值是靠左，靠右或置中。

（10）测量（Measuring）：指定变量类型，包含：A.名义：类别变量，如男、女或北、中、南区，数值高低没有意义；B.次序：数值高低有意义，但间距并不等，如学历、职位或名次；C.尺度：连续量表，可切割，进行加减乘除等，如李克特量表。

（11）角色（Role）：指定变量分析类型，包含：A.输入：自变量；B.目标：因变量；C.两者：分析时有可能是自变量或因变量；D.拆分：研究中设定为拆分变量。

8.3 建立数据文件

了解SPSS软件的基本界面后，接下来正式进入SPSS的实际操作。本书主要介绍SPSS在论文写作中的常用功能。

下面，从在SPSS 24.0中建立数据文件开始。

以调查消费者对某百货公司品牌忠诚度影响的问卷为例，问卷内容分为问候语、问卷题目、基本资料（被调研者的信息）。

8.3.1 定义变量

当拿到回收回来的问卷时，必须先对其进行编号（ID）（图8.9），后续按该编号录入被试资料。

ID: 1

各位先生小姐您好：

感谢您的合作，协助我们进行问卷调查。这份调查是要了解影响消费者对百货公司品牌忠诚度的影响相关因素。您的意见对于我们的研究将提供非常重要的帮助。本研究是否成功，端赖您的支持，恳请惠予协助，谢谢！

图 8.9

当赋予了问卷编号后，就需要对问卷进行定义变量。选取问卷中各类题目的部分进行说明。单选题的部分，以满意度为例（图8.10），共7题，将满意度变量定义为CS，其下题目依次命名为CS1、CS2、CS3、CS4、CS5、CS6、CS7（其余变量的单选题依此类推）；基本资料部分（图8.11），取每项基本资料的英文简称依次命名，性别为gender、婚姻状况为marriage、行业为job、学历为school、年龄为age、平均月收入为income。复选题的部分（图8.12），共14个选项，需建立14个栏位，取影响因素的英文名称factor，再加上题目编号，依次命名为factor1、factor2、factor3……factor13、factor14。注意所有的命名请以英文开头命名，不建议用中文，除了简洁外，最重要的是因为SPSS 17.0后的版本（多语版）有语言相容性问题。

第一部分　以下是您对最常去的百货公司的看法，请根据您的经验在适当的位置打勾。

CS　一、满意度

	问卷条目	非常不同意	不同意	稍微不同意	没意见	稍微同意	同意	非常同意
CS1	1. 在该百货公司中，我总能找到适合的商品或服务。	1 □	2 □	3 □	4 □	5 □	6 □	7 □
CS2	2. 对于该百货公司所提供的商品价格，我感到满意。	1 □	2 □	3 □	4 □	5 □	6 □	7 □
CS3	3. 我向该百货公司所提出问题需要解决时，能迅速得到处理。	1 □	2 □	3 □	4 □	5 □	6 □	7 □
CS4	4. 我觉得该百货公司所提供的服务设备，如洗手间、育婴台、休憩区很完备。	1 □	2 □	3 □	4 □	5 □	6 □	7 □
CS5	5. 该百货公司常举办一些令我惊喜的活动（如周年庆、生日礼）	1 □	2 □	3 □	4 □	5 □	6 □	7 □
CS6	6. 该百货公司所提供多样化的付款方式，如信用卡、金融卡、分期付款、礼券等，让我觉得很方便。	1 □	2 □	3 □	4 □	5 □	6 □	7 □
CS7	7. 与服务人员交谈时，我喜欢他们的响应方式。	1 □	2 □	3 □	4 □	5 □	6 □	7 □

图 8.10

第二部分　基本资料

gender 1、您的性别：(1)□男　(2)□女

marriage 2、婚姻状况：(1)□已婚　(2)□未婚

job 3、您的行业：(1)□农林渔牧　(2)□军　(3)□公　(4)□教　(5)□工

(6)□社会服务　(7)□商　(8)□医护　(9)□家管　(10)□学生

(11)□餐饮　(12)□其他__________

school 4、您的学历：(1)□初中　(2)□高中　(3)□专科及大学　(4)□硕士以上

age 5、您的年龄：大约__________岁

income 6、家庭平均月收入：(1)□2.5 万以下　(2)□2.5-6 万以内　(3)□6-9 万以内

(4)□9-15 万以内　(5)□15 万以上

factor 7、以下哪些因素能吸引您到百货公司消费(可复选)：

factor1 (1)□价格便宜 factor2 (2)□商品齐全 factor3 (3)□装潢新颖 factor4 (4)□品牌形象 factor5 (5)□停车费率 factor6 (6)□外语服务 factor7 (7)□服务态度

factor8 (8)□促销活动 factor9 (9)□停车方便 factor10 (10)□产品质量 factor11 (11)□卖场面积 factor12 (12)□售后服务 factor13 (13)□账单可靠 factor14 (14)□其他

～～全卷完，谢谢您的合作～～

图 8.11

Step1：打开 SPSS 软件（或选中：文件→新建→数据），可得到一个新的数据空白文件。

Step2：点击“变量视图（Variable View）”，在“名称”字段，依次录入：ID、CS1～CS7，SQ1～SQ21，SC1～SC5，AL1、AL2、AL3，BL1、BL2、BL3，EI1～EI6、 gender，marriage，job，school，age，income，factor1 ~ factor14。

Step3：将各变量的具体问题描述从问卷中复制并粘贴到对应“标签”栏中，或根据变量含义定义卷标。如“ID”标签为“样本编号”，“CS1”标签为“在该百货公司中，我总能找到适合的商品或服务。”（图8.12），“gender”标签为“性别”，“factor1”标签为“价格便宜”等（图8.13）。

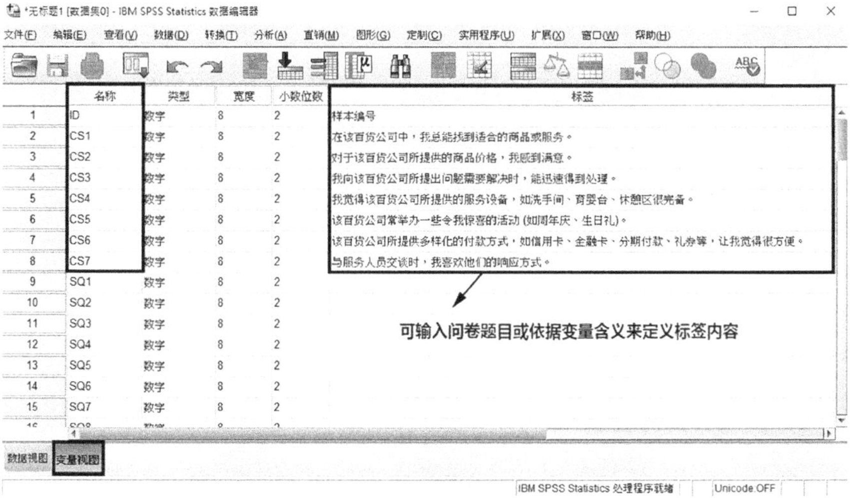

图 8.12

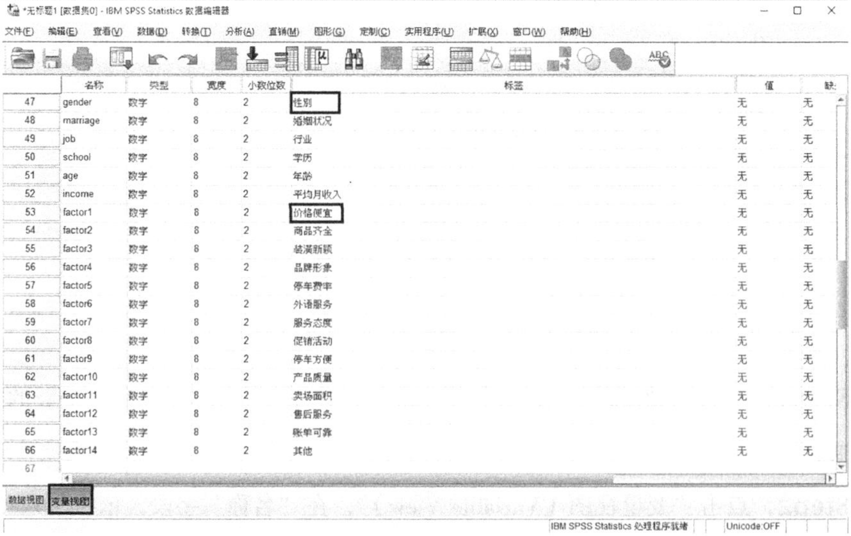

图 8.13

一个完整的数据建档还需要对变量进行其他的设定，例如：说明哪些是连续变量，哪些是非连续变量或名义变量等。不过，即使变量的设定不正确，也不会影响到分析结果。正确的设定只是让您后续在选择变量进入分析窗口中能够一目了然地知道哪些题目是类别变量、哪些题目是连续变量。在“变量视图”的窗口中，对变量属性设定有很多种，这里将重点介绍其中几种。

1．变量类型的设定

首先，要对变量的名称和卷标进行设定，接下来就需要按照变量的含义设定变量的数据类型。因为SPSS无法直接分析字符信息，因此一般都会将变量的数据类型指定为“数值”类型，虽然，SPSS还提供了逗号、点、科学记数法等不同的变量类型选项，一般情况下，“数字”类型还是最常用的。单击每个变量对应的类型框，在弹出次级对话框中选择“数字”就完成了。例如，一般“ID”代表受测者编号，也可能是受测者姓名之类等，ID一般不参与分析，因此，“ID”的类型对话框选择“字符串”即可，其余变量均为“数字”。

如何快速将所有的变量全部变成“数字”类型呢？

Step1： 设定第一个变量“CS1”的类型→选中“类型”字段框→选中“数字”→“确定”（图8.14）。

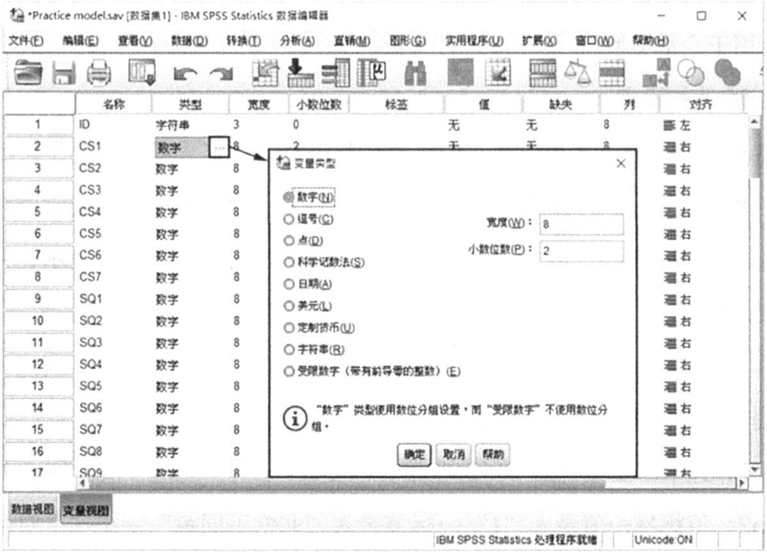

图 8.14

Step2：选中第一个变量“CS1”的类型→复制（Ctrl+C）→框选 CS2～EI6→粘贴（Ctrl+V）（图 8.15）。

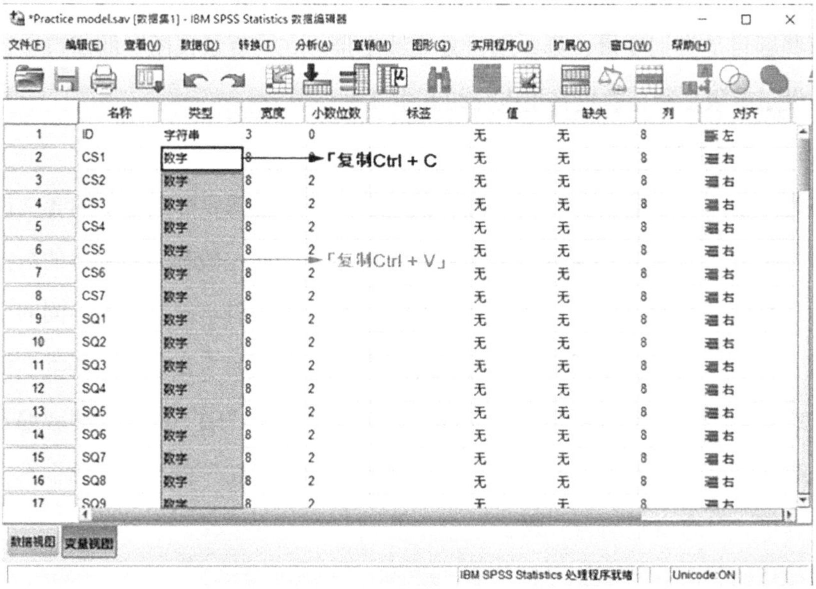

图 8.15

完成上述步骤，类型定义就全部完成了，是不是很省力？事实上，对于具有相同变量属性的指定都可以通过“复制（Ctrl+C）”“粘贴（Ctrl+V）”的方式完成，不仅仅只适用于变量类型。

2．变量值的设定

SPSS不能直接分析字符信息，但在收集数据时，数据大部分都是字符型的，如性别分“男”“女”；学历有“初中”“高中”“本科”“研究生”等。通常的做法是用数值信息匹配字符信息，如“男性”用“1”表示，“女性”用“2”表示，常用的李克特量表，可以把“非常不同意”用“1”表示，“不同意”用“2”表示，“稍微不同意”用“3”表示，“中立”用“4”表示，“稍微同意”用“5”表示，“同意”用“6”表示，“非常同意”用“7”表示等。

Step1：选中“变量视图”→选中第一个变量“CS1”的值→值标签（图 8.16）。

Step2：值标签→值录入“1”→标签录入“非常不同意”→添加。对话框中就会出现了“1=非常不同意”，这就表示设定成功（图 8.17）。

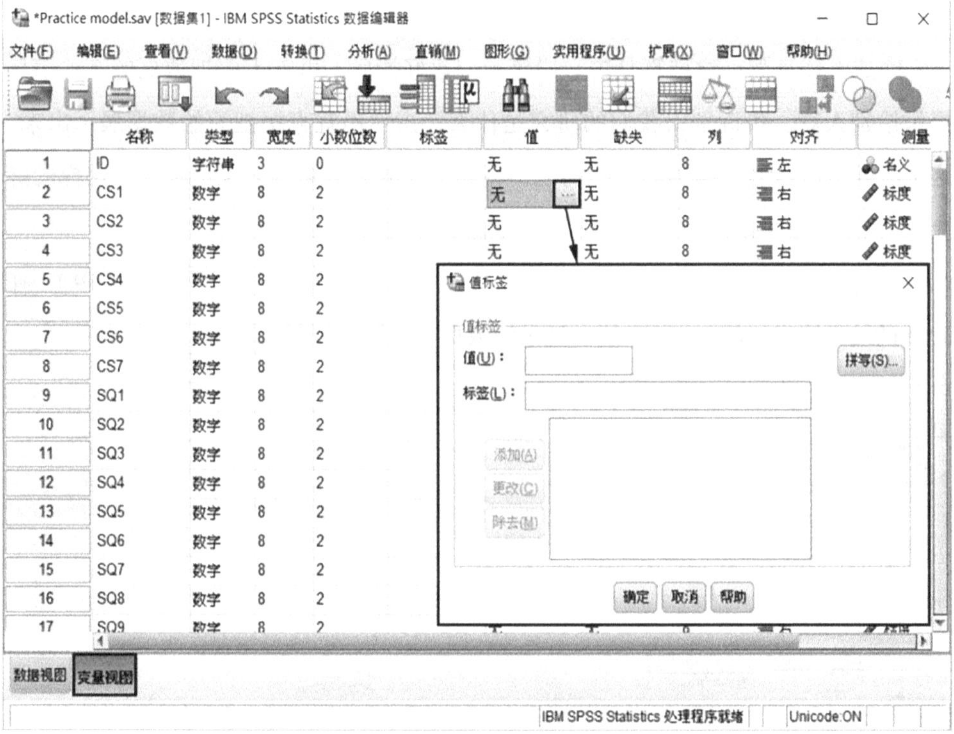

图 8.16

Step3：依次设定2代表不同意，3代表稍微不同意，4代表中立，5代表稍微同意，6代表同意，7代表非常同意的值标签后→确定（图8.18）。

Step4：设定性别等变量可进行类似操作。

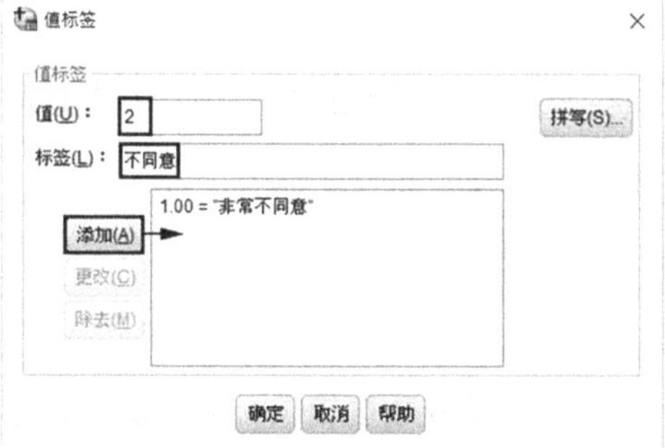

图 8.17

图 8.18

3．显示编码本

完成上述步骤，建档算是告一段落了。建好档后，可能需要把数据的有关信息提供给别人看，告诉别人我们的研究是什么，当然不宜直接把原始数据展示出来。这个时候可以借助“编码本”的功能，将建文件的数据结构分享给别人，这样既能让别人了解我们的问卷结构，却不至于泄露原始资料。

Step：选中“文件”→“显示数据文件信息”→“工作文件”（图8.19），在SPSS的结果输出（Output）中便会显示该数据文件结构（图8.20）。

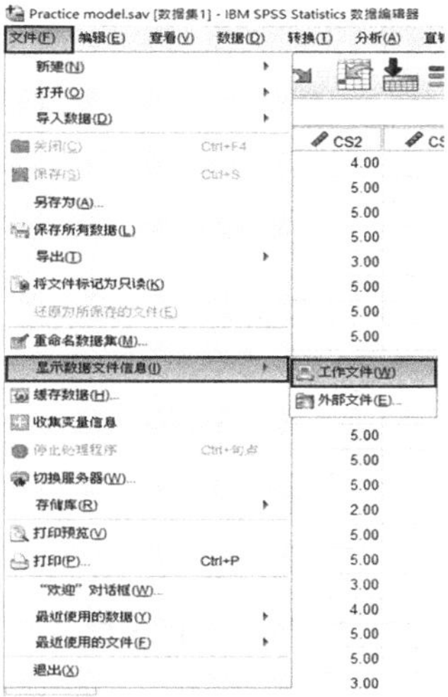

图 8.19

变量信息

变量	位置	标签	测量级别	角色	列宽	对齐	打印格式	写格式
ID	1	<无>	名义	输入	8	左	A3	A3
CS1	2	在该百货公司中，我总能找到适合的商品或服务。	标度	输入	8	右	F8.2	F8.2
CS2	3	对于该百货公司所提供的商品价格，我感到满意。	标度	输入	8	右	F8.2	F8.2
CS3	4	我向该百货公司所提出问题需要解决时，能迅速得到处理。	标度	输入	8	右	F8.2	F8.2
CS4	5	我觉得该百货公司所提供的服务设备，如洗手间、育婴台、休憩区很完备。	标度	输入	8	右	F8.2	F8.2
CS5	6	该百货公司常举办一些令我惊喜的活动(如周年庆、生日礼)	标度	输入	8	右	F8.2	F8.2
CS6	7	该百货公司所提供多样化的付款方式，如信用卡、金融卡、分期付款、礼券等，让我觉得很方便。	标度	输入	8	右	F8.2	F8.2
CS7	8	与服务人员交谈时，我喜欢他们的响应方式。	标度	输入	8	右	F8.2	F8.2
SQ1	9	该百货公司楼层标示清楚，易于辨识。	标度	输入	8	右	F8.2	F8.2
SQ2	10	该百货公司的音乐、装潢、气氛舒适。	标度	输入	8	右	F8.2	F8.2
SQ3	11	该百货公司的位置易于停车或有停车场。	标度	输入	8	右	F8.2	F8.2
SQ4	12	该百货公司的商品分类陈列，卖场动线规划良好。	标度	输入	8	右	F8.2	F8.2
SQ5	13	该百货公司的服务人员穿着整洁仪容端正。	标度	输入	8	右	F8.2	F8.2
SQ6	14	该百货公司所贩卖的商品质量良好。	标度	输入	8	右	F8.2	F8.2
SQ7	15	该百货公司提供所承诺的服务（如保固期限、事后维修等）	标度	输入	8	右	F8.2	F8.2
SQ8	16	在该百货公司买到不适合的商品，可以迅速更换	标度	输入	8	右	F8.2	F8.2

图 8.20

8.3.2 数据输入

定义变量完成后，紧接着要输入数据，输入数据时，需注意：①所有数据必须转换成数值；②每个填答者的值，需录入在同一行（Row）；③所有值（编码）必须互斥（复选题除外）；④每个变量尽可能搜集多的信息；⑤每份问卷的问项，填答者都必须填写；⑥对所有填答者的编码需一致；⑦尽量使用比较大的数字代表“好”“同意”等正面词汇。而数据输入的方式有两种，分别为直接录入与EXCEL导入。

1．直接录入

以编号（ID）1的问卷数据[1]进行示范，单选题的部分数据较长，因此仅以满意

[1] 相关数据，请关注公众号张伟豪量化学院，点击“量化服务”→SPSS专书→第八章相关数据。

度的题目进行说明（完整问卷见附录）。

Step：点击“数据视图（Data View）”，将编号1的问卷数据单选题部分（图8.21）依序录入SPSS软件中（图8.22），基本资料及复选题（图8.23）依序录入SPSS软件中（图8.24、图8.25），要注意的是复选题的输入，打勾输入1，没打勾输入0，「不可以不输入数值」，若不输入数值，SPSS软件内部设定会误认为系统缺失值。完成后，标题栏上面有个“小星星”，只要点击存档，“小星星”就会不见，这样就完成了（图8.26）。

ID：______1________

各位先生小姐您好：

感谢您的合作，协助我们进行问卷调查。这份调查是要了解影响消费者对百货公司品牌忠诚度的影响相关因素。您的意见对于我们的研究将提供非常重要的帮助。本研究是否成功，端赖您的支持，恳请惠予协助，谢谢！

第一部分　以下是您对最常去的百货公司的看法，请根据您的经验在适当的位置打勾。

一、满意度

问卷条目	非常不同意	不同意	稍微不同意	没意见	稍微同意	同意	非常同意
1. 在该百货公司中，我总能找到适合的商品或服务。	1 □	2 □	3 □	4 ■	5 □	6 □	7 □
2. 对于该百货公司所提供的商品价格，我感到满意。	1 □	2 □	3 □	4 ■	5 □	6 □	7 □
3. 我向该百货公司所提出问题需要解决时，能迅速得到处理。	1 □	2 □	3 □	4 □	5 ■	6 □	7 □
4. 我觉得该百货公司所提供的服务设备，如洗手间、育婴台、休憩区很完备。	1 □	2 □	3 □	4 □	5 ■	6 □	7 □
5. 该百货公司常举办一些令我惊喜的活动（如周年庆、生日礼）。	1 □	2 □	3 □	4 □	5 ■	6 □	7 □
6. 该百货公司所提供多样化的付款方式，如信用卡、金融卡、分期付款、礼券等，让我觉得很方便。	1 □	2 □	3 □	4 □	5 ■	6 □	7 □
7. 与服务人员交谈时，我喜欢他们的响应方式。	1 □	2 □	3 □	4 ■	5 □	6 □	7 □

图8.21

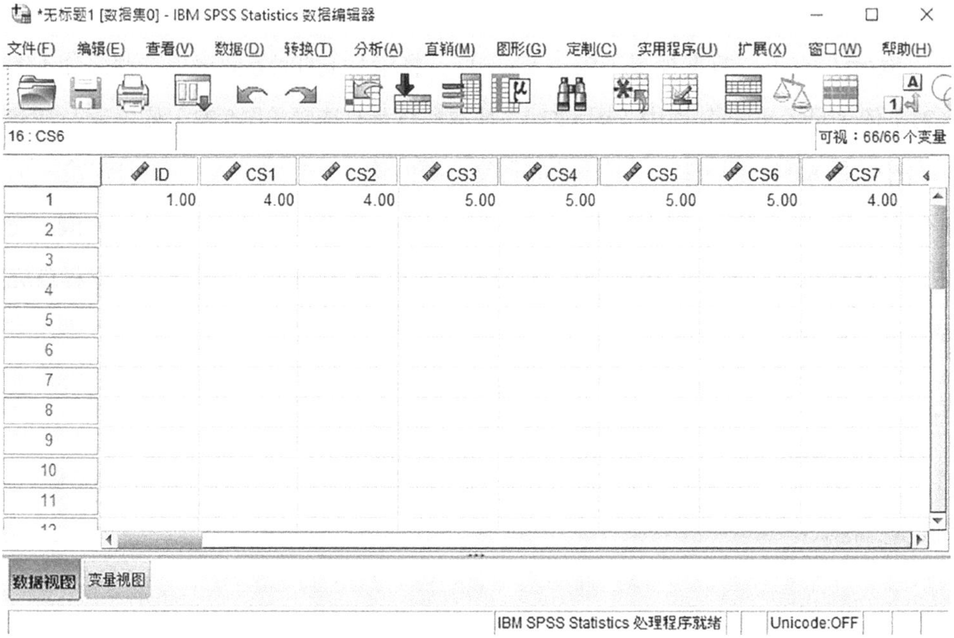

图 8.22

第二部分　基本资料

1、您的性别：(1)■男　(2)□女

2、婚姻状况：(1)□已婚　(2)■未婚

3、您的行业：(1)□农林渔牧　(2)□军　(3)□公　(4)□教　(5)□工
(6)□社会服务　(7)□商　(8)■医护　(9)□家管　(10)□学生
(11)□餐饮　(12)□其他__________

4、您的学历：(1)□初中　(2)■高中　(3)□专科及大学　(4)□硕士以上

5、您的年龄：大约__35__岁

6、家庭平均月收入：(1)□2.5 万以下　(2)□2.5万~6 万以内　(3)■6万~9 万以内
(4)□9万~15 万以内　(5)□15 万以上

7、以下哪些因素能吸引您到百货公司消费(可复选)：

(1)■价格便宜(2)■商品齐全(3)□装潢新颖(4)■品牌形象(5)■停车费率(6)□外语服务(7)■服务态度
(8)□促销活动(9)□停车方便(10)■产品质量(11)□卖场面积(12)■售后服务(13)□账单可靠(14)□其他

~~全卷完，谢谢您的合作~~

图 8.23

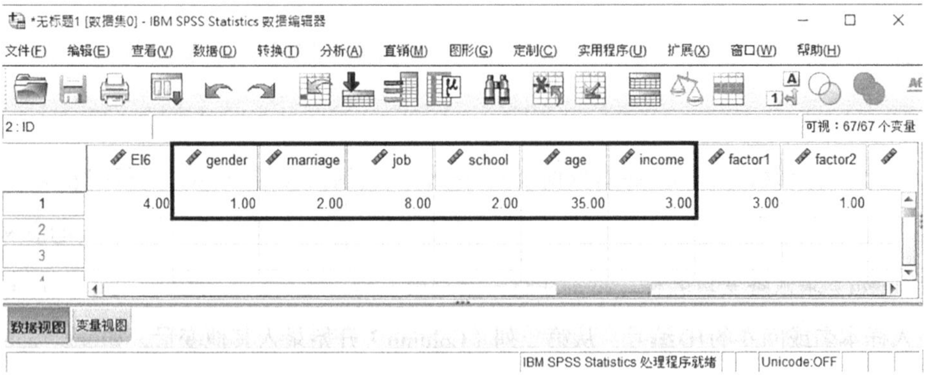

图 8.24

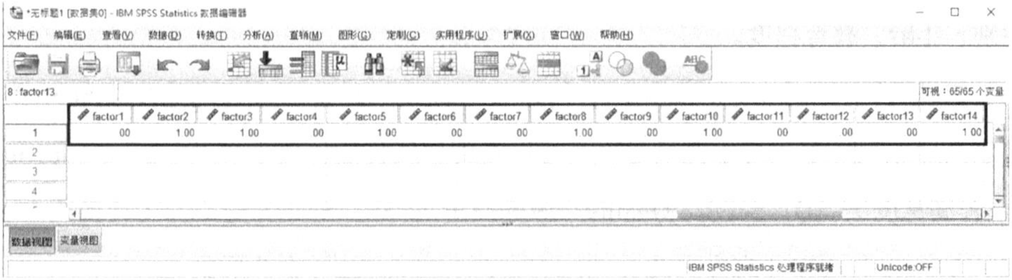

图 8.25

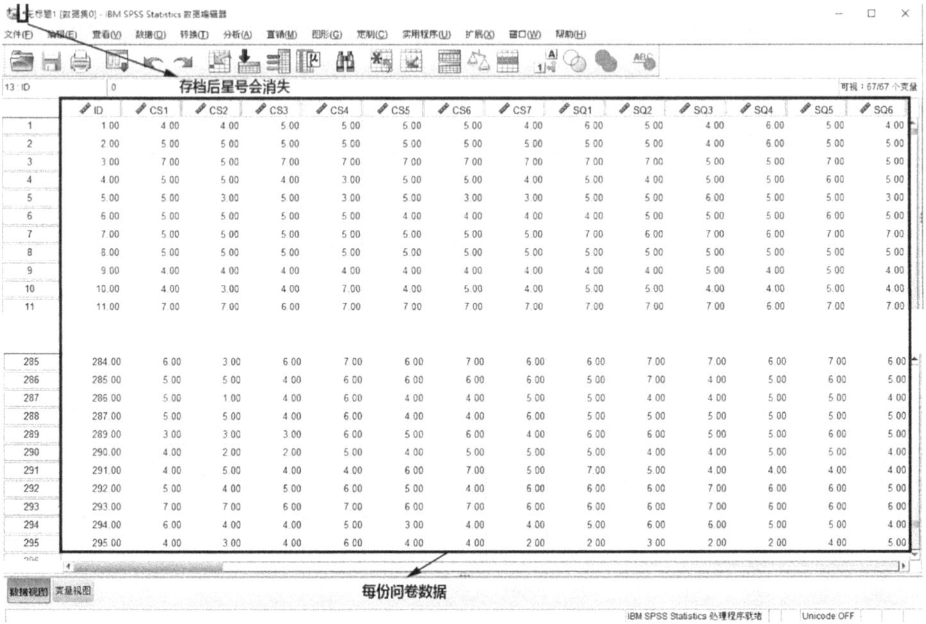

图 8.26

依照上述的方法和步骤，就能完成对问卷数据的录入，形成“Practice model.sav”文件。

2．Excel数据汇入

大部分时候，由于Excel对数据录入与操作更灵活，会借助Excel进行问卷录入。

当使用Excel辅助建档时，在新建的Excel档中，第一行（Row）的各列（Column）录入各变量名称，特别注意一定是第一行（Row）。一般第一列（Column）录入样本名或问卷的ID编号，从第二列（Column）开始录入其他变量，如sex、age、edu等。此外，还需要在Excel中给对应的各变量建一个卷标文件，通常会另开一个工作窗口（sheet），将对应变量的文字描述放在同一列，如对应上述变量的卷标为：性别、年龄、教育程度。

如果已经有一个Excel数据文件（practice model.xls），此时要将它变为SPSS档，该怎么操作呢？第一行是变量名称，可以看到档案标题。CS：Customer satisfaction（顾客满意度）；SQ：Service Quality（服务质量）；SC：Switching Cost（转换成本）；AL：Attitude Loyolty（态度忠诚）；EI：Enterprize Imaging（企业形象）。

Step1： 打开SPSS，选择开启文件夹→文件类型选“Excel”格式→选中“Practice model data.xls”文件→开启（图8.27）。

图 8.27

Step2：读取Excel文件窗口→工作表选择“Practice model data”→勾选“从第一行数据中读取变量名称”→确定（图8.28）。

Step3：SPSS无法直接读取并匹配变量的卷标，因此需开启原本的“Practice model data.xls”档（图8.29），选中之前建好的问卷题目，复制粘贴，于SPSS中的“标签”栏（图8.30）。

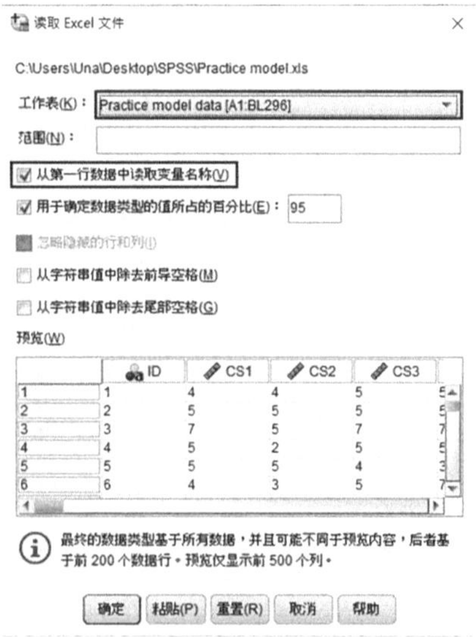

图8.28

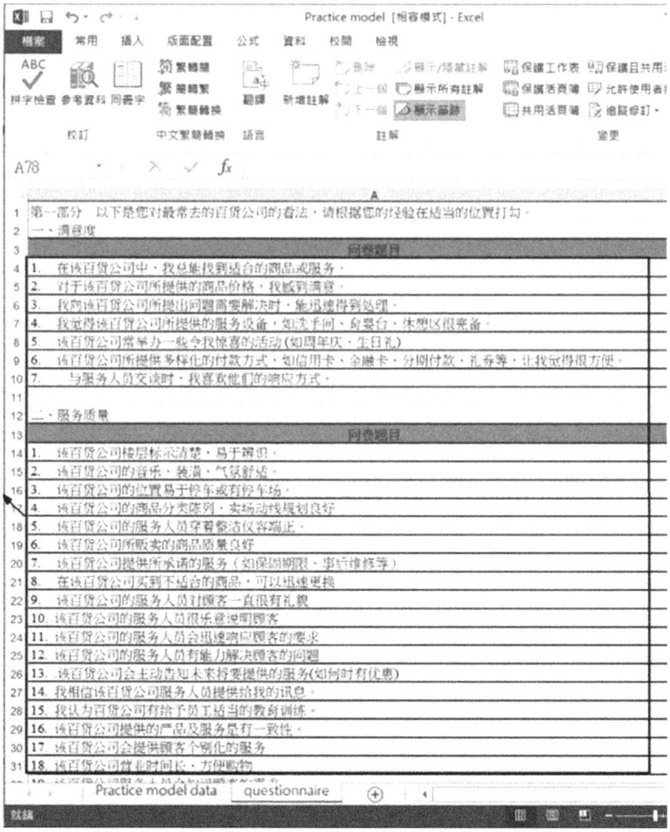

图8.29

*Practice model.sav [数据集1] - IBM SPSS Statistics 数据编辑器

文件(F) 编辑(E) 查看(V) 数据(D) 转换(T) 分析(A) 直销(M) 图形(G) 实用程序(U) 扩展(X) 窗口(W) 帮助(H)

	名称	类型	宽度	小数位数	标签
1	ID	字符串	3	0	
2	CS1	数字	8	2	在该百货公司中，我总能找到适合的商品或服务。
3	CS2	数字	8	2	对于该百货公司所提供的商品价格，我感到满意。
4	CS3	数字	8	2	我向该百货公司所提出问题需要解决时，能迅速得到处...
5	CS4	数字	8	2	我觉得该百货公司所提供的服务设备，如洗手间、育婴...
6	CS5	数字	8	2	该百货公司常举办一些令我惊喜的活动 (如周年庆、生日...
7	CS6	数字	8	2	该百货公司所提供多样化的付款方式，如信用卡、金融...
8	CS7	数字	8	2	与服务人员交谈时，我喜欢他们的响应方式。
9	SQ1	数字	8	2	该百货公司楼层标示清楚，易于辨识。
10	SQ2	数字	8	2	该百货公司的音乐、装潢、气氛舒适。
11	SQ3	数字	8	2	该百货公司的位置易于停车或有停车场。
12	SQ4	数字	8	2	该百货公司的商品分类陈列、卖场动线规划良好。
13	SQ5	数字	8	2	该百货公司的服务人员穿着整洁仪容端正。
14	SQ6	数字	8	2	该百货公司所贩卖的商品质量良好。
15	SQ7	数字	8	2	该百货公司提供所承诺的服务（如保固期限、事后维修...
16	SQ8	数字	8	2	在该百货公司买到不适合的商品，可以迅速更换
17	SQ9	数字	7	2	该百货公司的服务人员对顾客一直很有礼貌
18	SQ10	数字	8	2	该百货公司的服务人员很乐意为说明顾客
19	SQ11	数字	8	2	该百货公司的服务人员会迅速响应顾客的要求
20	SQ12	数字	8	2	该百货公司的服务人员有能力解决顾客的问题
21	SQ13	数字	8	2	该百货公司会主动告知未来将要提供的服务(如何时有优惠)
22	SQ14	数字	8	2	我相信该百货公司服务人员提供给我的讯息。
23	SQ15	数字	8	2	我认为百货公司有给予员工适当的教育训练。
24	SQ16	数字	8	2	该百货公司提供的产品及服务是有一致性。
25	SQ17	数字	8	2	该百货公司会提供顾客个别化的服务
26	SQ18	数字	8	2	该百货公司营业时间长、方便购物

数据视图 变量视图

图 8.30

8.3.3 数据整理

当数据建立文件后，不代表马上就能使用。大部分情况下，还需要对数据进行简单整理，再进行分析。数据修改是对数据重新整理的一种形式，应用的功能在「编辑（Edit）」、「数据（Data）」和「转换（Transfrom）」3个窗口中。

1.「编辑（Edit）」菜单

一般情况下，当变量在变量视图中设定了标签或值时，那么在数据分析时，无论是变量选择还是结果输出，变量显示都会默认以标签的形式出现。一般而言，标签是问卷的题目说明，当问卷题目过于冗长时，分析结果就不容易被查看，此时，可以通过“编辑”菜单解决这个问题。

Step1：打开SPSS软件（或选中：文件→新建→数据），得到一个新的空白数据文件。

Step2：选中“编辑”→“选项”→“常规”，将“变量列表”的默认选项由“显示标签”改为“显示名称”（图8.31）。

图8.31

在“编辑”中还可以设定界面呈现的语言及报表输出的语言种类。

Step1：选中“编辑”→“选项”→“语言”→设定显示“输出”及“用户界面”的语言，这个的好处在于，如果以后要写英文文章，这种自带的语言输出会把一些常用的统计术语直接翻译成标准英文，见图8.32。

图 8.32

2.「数据（Data）」菜单

在「数据」菜单下，常用功能有合并文件（Merge Files）、拆分文件（Spilt Files）、选择个案（Select Cases）。

（1）数据合并。

如果要把很多来自不同数据档的数据合在一起分析，这时就会用到合并文件的功能。SPSS提供两个很有用的功能来完成任务：添加个案和添加变量。

①添加个案。添加个案就是在同样的变量名称下，增加样本数，什么时候会用到这个功能呢？例如，今天收集了100个样本，过了一段时间又收集了100个样本，研究需要把这200个样本放在一起，这时数据的变量不变，但样本不一样，因此可以选择添加个案。或者，收集了很多问卷数据，但因为数据量庞大，分给三组人去建档，假设每组建200笔数据，但各自建在自己的文件里，因此，需要合并三组的文档。

假设先收集到的150笔样本建档存档为sample1.sav，而后收集到的145笔样本建档存档为sample2.sav，这两个档案要怎么样合并文件呢？首先，先开启其中一个档，如sample1.sav，确认有150个样本，再开起另一个档，如sample2.sav，确认有145个样本。其次检查两个数据档中的变量名称是否一致。

上述完成后，就可以把sample2.sav中的数据合并到sample1.sav中。

Step1：在“sample1.sav”文件下，选中“数据”→“合并文件”→“添加个案”，会弹出“添加个案至sample1.sav”的子对话框（图8.33）。

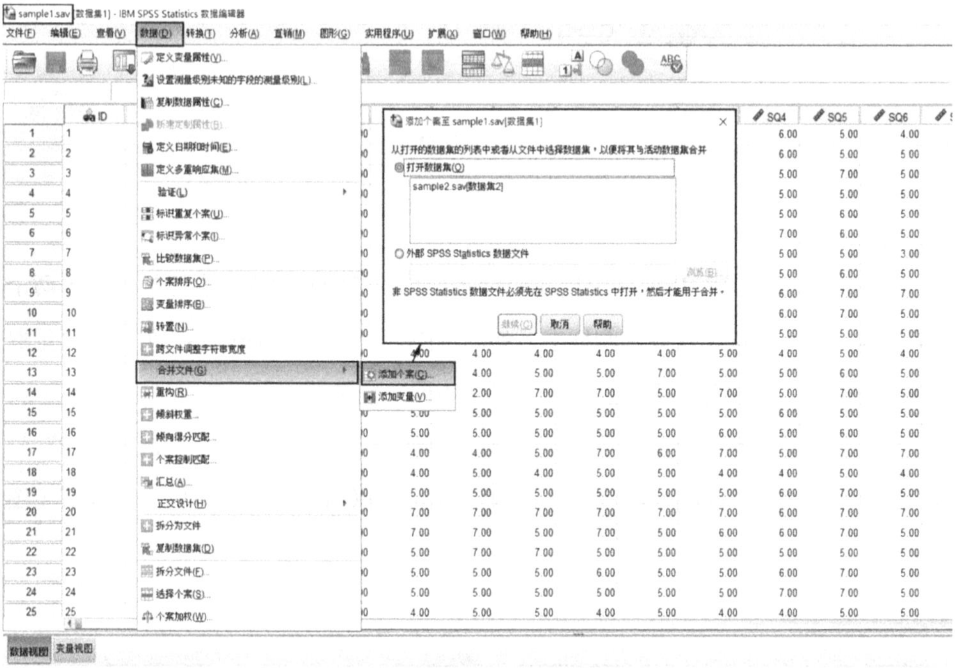

图 8.33

Step2：a. 当“sample2.sav”为打开的数据集时。

Step2-1：选中“打开数据集”→“sample2.sav”→“继续”（图8.34）。

b. 当“sample2.sav”为外部SPSS Statistics数据文件时。

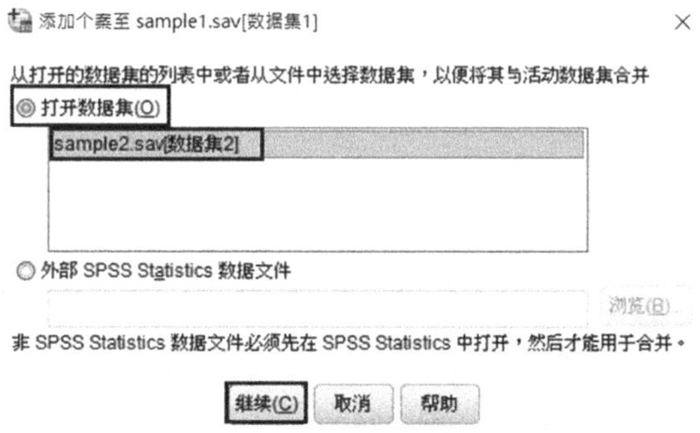

图 8.34

Step2-2：选中“外部SPSS Statistics数据文件”→“浏览”→出现“添加个案：读取文件子对话框”→选中“sample2.sav”→“打开”→“继续”（图8.35）。

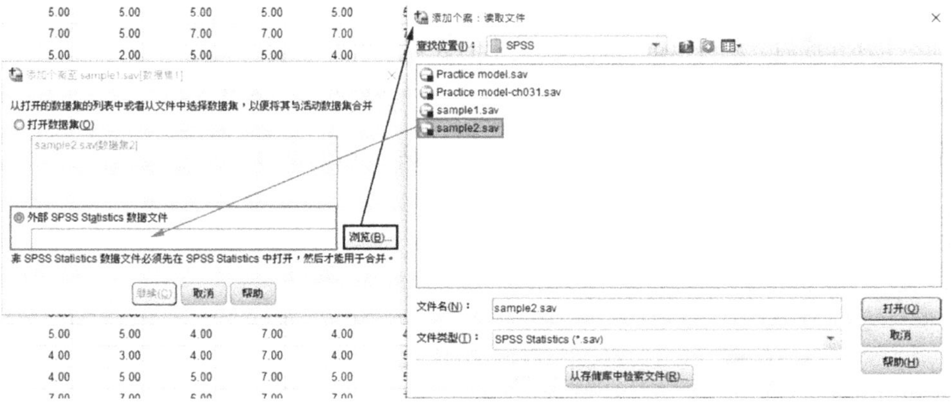

图 8.35

Sample1.sav与sample2.sav中相同变量名会自动匹配并出现在右侧框中。若两个档有变量名称不同会出现在左侧框中，如本例中一个变量为marriage，另一个变量取名为marriaged，此时操作者要重新确认是否为同一变量。

Step3：如果确定两者为同一个变量，可连选“marriage”与“marriaged”→“配对”（图8.36）→选中至“新的活动数据集中的变量”对话框中→“确定”（图8.37）。

图 8.36

图 8.37

上述进行合并的这个过程叫作“变量配对”，这个操作在做分析时非常实用。

还有一种情况，就是两个数据集有不同变量且无法配对，此时变量下面就会变成missing data。例如A数据文件有一个变量叫作AOC，可B数据文件并没有AOC这个变量，A数据合并B数据的时候，AOC下面就变成是missing data。

②添加变量。添加变量也是常用到的指令。例如，考试成绩，学生A有了第一次的月考成绩，下个月进行了第二次月考，那第二次的成绩要合并到A的资料里，第三次，第四次月考成绩亦复如此。简单来说，添加变量就是在同一个样本下添加变量。添加变量可以通过两种方式实现。

方法一：要求合并的两个数据集必须有一样多的个案（样本数），而且要有一模一样的变量名称（如ID）。假设建档时收集到的150笔样本中的满意度变量（CS1～CS7）建档存档为Var1.sav，而后收集到的150笔样本中的转换成本变量（SC1～SC5）建档存档为Var2.sav，这两个档案要怎样合并呢？请使用两个数据集Var1.sav及Var2.sav，现在将Var2.sav的变量合并到Var1.sav。

Step1：开启“Var1.sav”与“Var2.sav”→在“Var1.sav”文件下，选中“数据”→“合并文件”→“添加变量”（图8.38）。

Step2：选中“打开数据集”→选中“Var2.sav”→“继续”（图8.39）。

图8.38

图8.39

Step3：“变量添加自数据集1”的对话框中→“确定”（图8.40）。

图 8.40

在弹出的子对话框中，“排除的变量”代表两个数据集中，均具有相同的变量名称，这部分变量数据不是要合并的部分。本例中，两个数据集的gender、ID、age、income、job、school变量名相同，因此它们的变量数据不会被合并；右边“新的活动数据集”中的变量，后有“(＊)”标记，也就是指现在Var1.sav中的变量，而要加进来的Var2.sav中的变量会用“(＋)”显示，按“确定”就可以完成变量的合并了，合并的变量会按照顺序全部加进来（图8.41）。

图 8.41

方法二：相较于方法一，方法二更灵活。在实际研究中，要合并的两个数据集，样本数通常不会刚好一样多，例如班级中的学生成绩。假设某位学生第一学期参加了期末考试，后来休学了，因此，他第二学期的成绩就会有缺失值（Missing Data）。另一种情况是第二学期进入一名插班生，需要新增一个人的成绩，但他只有第二学期的成绩，第一学期的成绩是缺失值（Missing Data）。又比如在追踪实验中，随着时间流逝，通常受测者会流失，这也会导致合并前后的数据中人数不相同。这时显然无法使用第一种方法合并，而要用方法二解决。

假设建档时将收集到的295笔样本中的满意度变量（CS1～CS7）建档存档为Var1.sav，而再将后收集到的295笔与新增301、302、303号的样本中的转换成本变量（SC1～SC5）建档存档为Var3.sav，这两个档案要怎么样合并呢？请注意在Var1.sav中没有301～303号样本，在Var3.sav中没有293～295号样本（图8.42），将Var3.sav的变量合并到Var1。

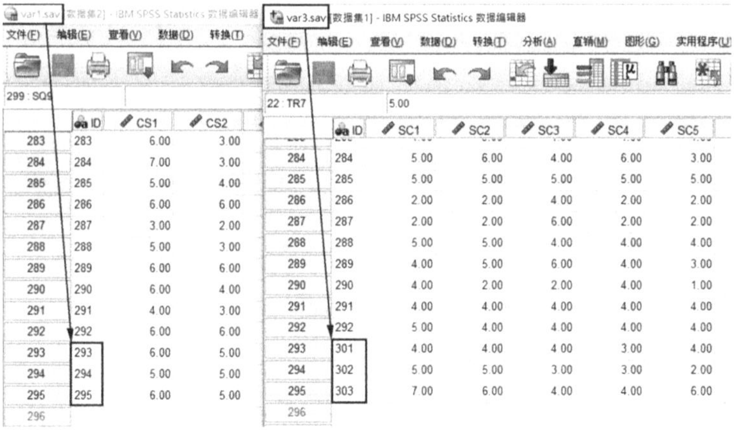

图8.42

Step1：开启“Var1.sav”文件→选中“数据”→选中“个案排序”（图8.43）。

Step2：“个案排序”对话框中选中“ID”至“排序依据”→“升序”→“确定”（图8.44、图8.45）。

Step3：开启“Var3.sav”文件→选中“数据”→选中“个案排序”（图8.43）。

Step4：“个案排序”对话框中选中“ID”至“排序依据”→“升序”→“确定”（图8.44、图8.45）。

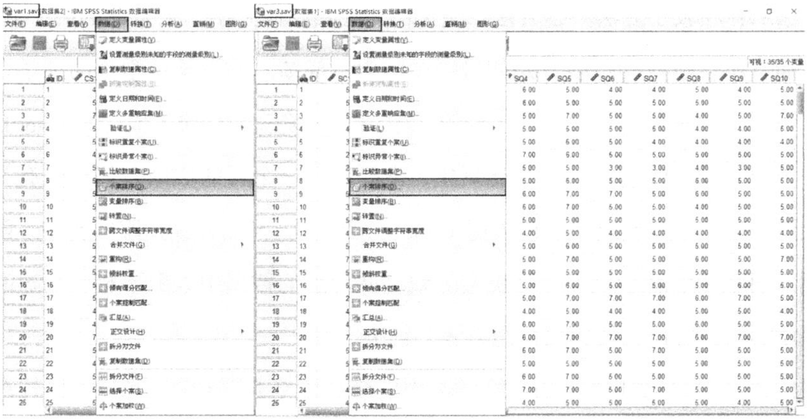

图 8.43

图 8.44

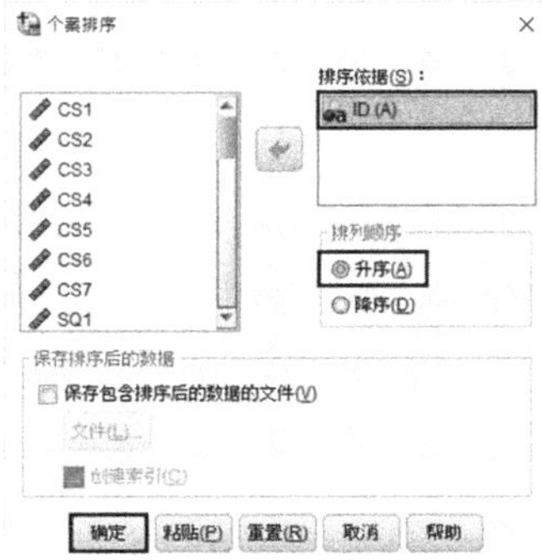

图 8.45

Step5：在“Var1.sav”文件下，选中“数据”→“合并文件”→“新增变量”→“Var3.sav”→“继续”。

Step6：在“变量添加自数据集1”的对话框中，勾选“按键变量匹配个案”→勾选“两个数据集中的个案都按键变量的顺序进行排序”→将“ID＜（+）”选中至“键变量”→“确定”（图8.46）。

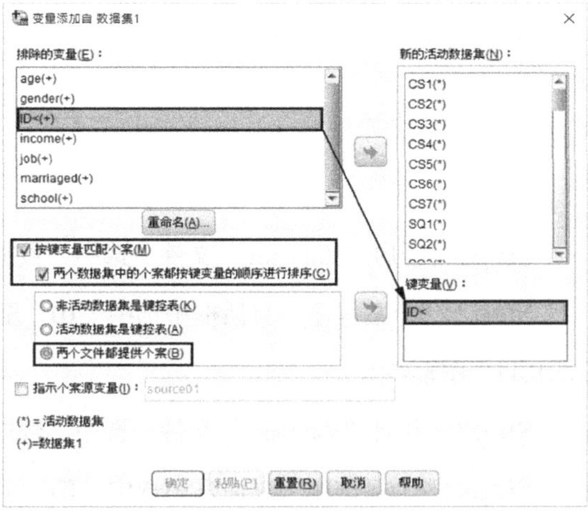

图 8.46

注：“非活动数据集是键控表（图 8.46）”：以非作用档案中的数据为主（图 8.48）。

“活动数据集是键控表（图 8.46）”：以作用档案中的数据为主（图 8.48）。

“两个文件都提供个案（图 8.46）”：上述两者的综合，即为“Var1.sav”文件与“Var3.sav”文件两者都包含的意思。此为最常用的方法，合并后数据集中 293 ~ 295，301 ~ 303 这 6 个个案都会增加到数据集中，293 ~ 295 在 Var1 的合并文件新增加的各个变量下的值为缺失值（Missing Data），301 ~ 303 在 Var1 的合并文件对应的变量下的值为缺失值（Missing Data）（图 8.49）。

Step7：在弹出的子对话框中→“确定”（图 8.47）。

图 8.47

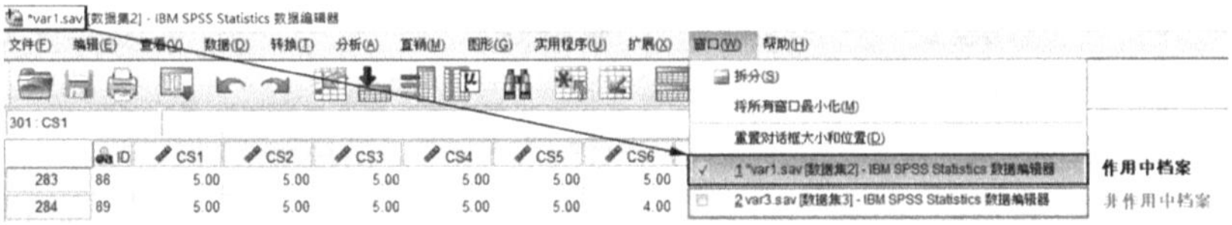

图 8.48

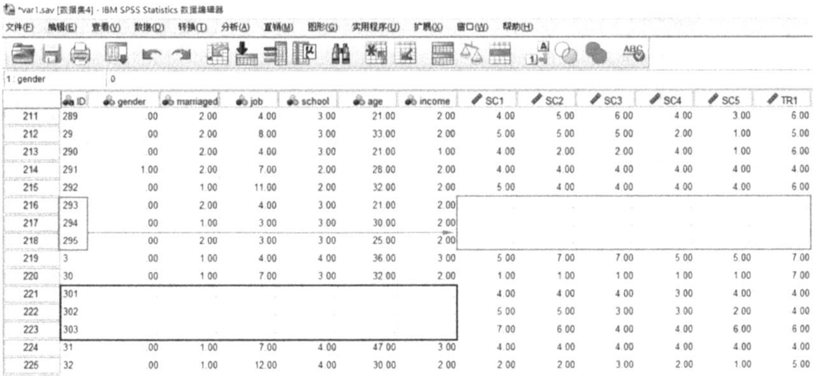

图 8.49

（2）数据拆分。

对数据文件进行选择会涉及两个指令：拆分文件和选择个案。拆分文件是指把文件按照某个变量拆分成多个组的数据进行分析；而选择个案是指选择一部分数据进行分析。

①拆分文件。运用拆分文件功能可以把文件按照某个变量拆分成多个组别后，

再将所执行的分析指令依据各组执行一次。例如，把数据拆分成了两组，如果做一次操作（如计算平均值），那么两组将各自以各自的数据分别进行同一操作并输出结果。

在“Practice model.sav”文件中包含了所有调查对象的信息，若想分析男生与女生各自的情况？运用拆分文件的功能就可以达到。

Step1：开启“Practice model.sav”文件→选中“数据”→“拆分文件”（图8.50），弹出“拆分文件”对话框（图8.51）。

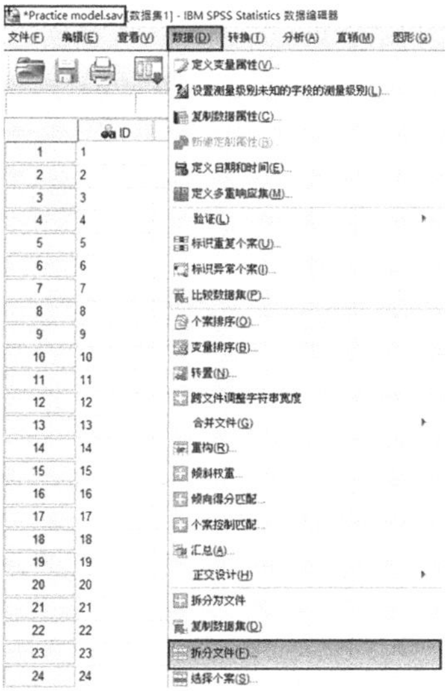

图 8.50

图 8.51

Step2：“拆分文件”对话框中选中“比较组”→将“gender”选中至“分组依据”→“确定”，SPSS状态栏右下角会出现数据有分组的提示信息。

需要注意的是：

a.选择“比较组”选项后结果输出会将不同组的分析结果放在一起，方便进行比较。b.选择“按组来组织输出”则会先将第一组的结果运行完输出后，再运行下一组的结果，依此类推。c.不需要拆分文件时，记得要重新选择“分析所有个案，不创建组”，这样原始数据才会恢复。

②选择个案。选择个案可用于只想分析某部分（符合某些条件）的观察值。例如，只想了解男生的频率表，就使用选择观察值将男生独立出来。

在“Practice model.sav”文件中包含了所有调查对象的信息，若只想分析男生部分可以通过运用选择个案的功能实现。

Step1：开启“Practice model.sav”文件→选中“数据”→“选择个案”（图8.52）→会弹出“选择个案”的对话框（图8.53）。

图8.52

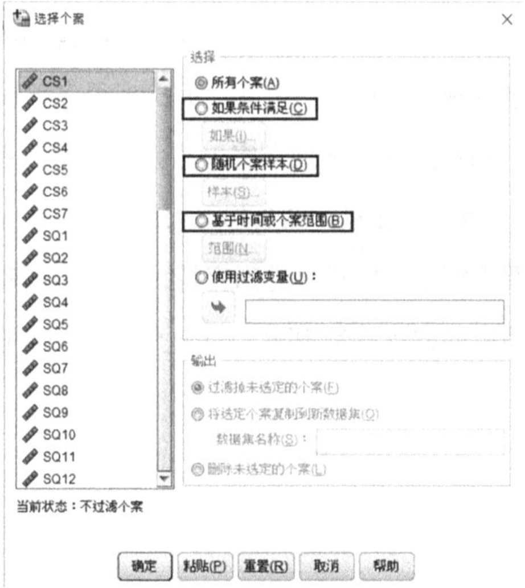

图8.53

Step2-1：在“选择”对话框中选择“如果条件满足”，选中“如果”，在“选择个案：if”对话框中录入“gender=1”（图8.54）。

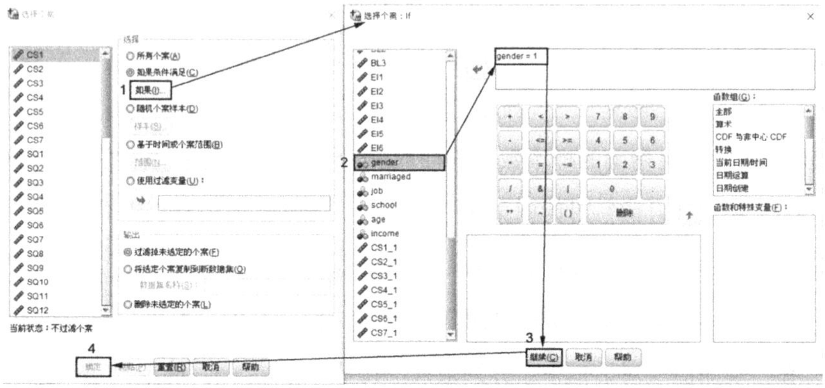

图8.54

如果还要求年龄小于40岁。那么就要用“且”的逻辑符号。表示式为“gender=1 & age＜40”。

这个方法不但可以挑选个案，还可以用来检测数据中是否有错误，例如，检查妇产科医院数据是否有建文件错误，在“选择个案：if”对话框中录入“男生且怀孕”，如果有这种样本，那就表示那个样本弄错了，也就是说，可以设一个不可能的条件，筛选看有没有结果，有的话就说明建档出错。当条件设定完成后按“确定”后会发现，数据中的个案前面出现很多斜线（图8.55），斜线就是被排除的个案。如果只想看到满足条件个案怎么办呢？很简单，数据视图的最后会自动出现一个叫作“filter_$”的变量（图8.56），其中“0”代表被排除的，“1”代表符合条件的，所以只要右键单击按降序排列变量，结果就出来了。这里再补充一点，怎么把斜线删掉，最简单的方法就是删除“filter_$”，或回到选择个案对话框界面选择“所有个案”。

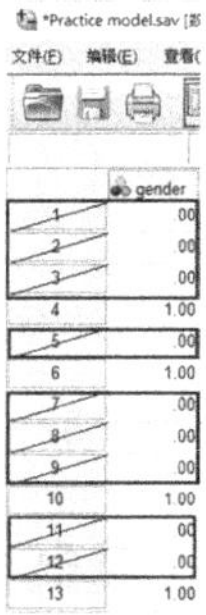

图 8.55

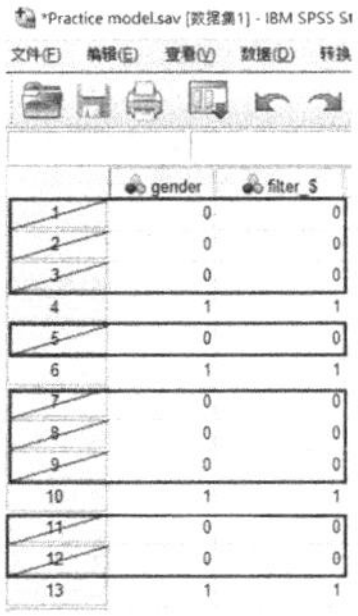

图 8.56

Step2-2：若需要从全部295个样本中抽取17%的样本数据进行分析。“选择”→“随机个案样本”，选中“样本”→在“选择个案：随机样本”中选中“大约”录入“17”→“继续”→“确定”（图8.57）。

如果需要抽取更精确的样本数，如抽取50个样本，需选中“正好为”在对话框录入“50”，在“来自前”对话框录入“295”→“继续”→“确定”（图8.58）。

若要求从某个范围中抽取部分样本，如抽取第101～201个样本。

Step2-3：“选择”→“基于时间或个案范围”，选中“范围”→“选择个案：范围”，在“观测值”对话框中，分别录入“101”“201”→“确定”（图8.59）。

需要注意的是：

这里的指定数字不是指样本的ID编号，而SPSS软件中的行编号。

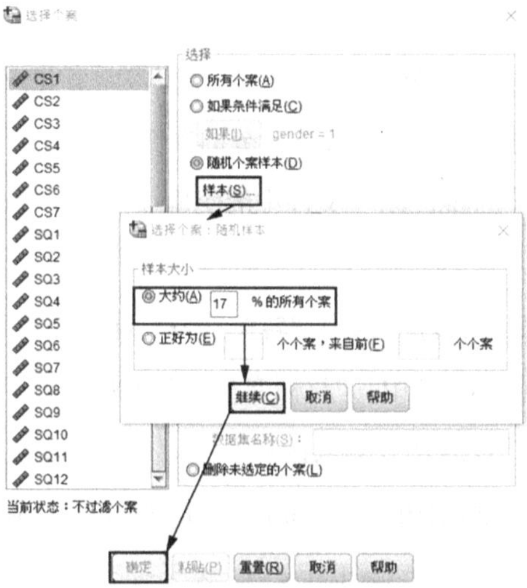

图 8.57

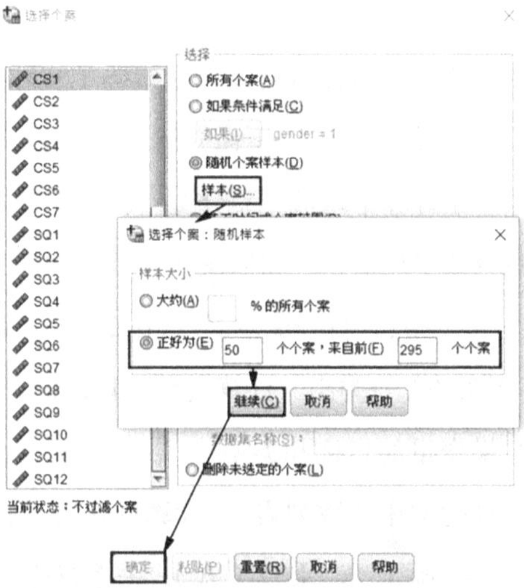

图 8.58

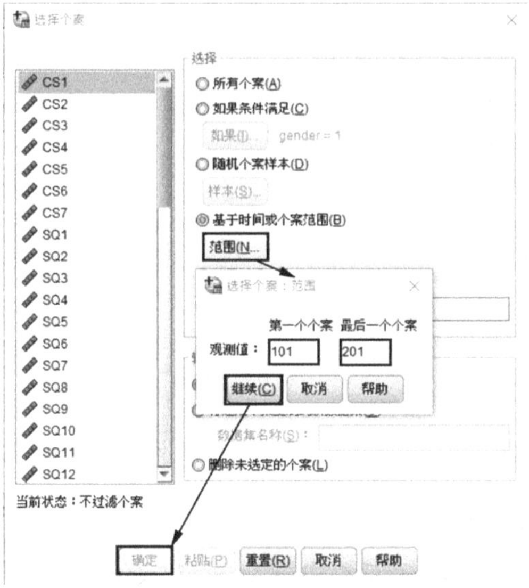

图 8.59

3.「转换（Transfrom）」菜单

「转换」的菜单中的常用功能有计算变量（Compute Variable）、重新编码为不同变量（Recode into Different Variables）、替换缺失值（Rrplace Missing Values）。

（1）计算变量。

计算变量顾名思义，就是把变量进行运算，如加减乘除，或者其他运算符号，通过转换变成需要的变量，也就是产生一个新的变量。这个功能可将多个变量加总或平均，也可以进行反向题编码（实际就是反向计分，注意，近年来很多学者建议不要设计反向题）。下面介绍计算变量的平均值（总分）、反向计分的操作。

①计算平均值（总分）。假设将“Practice model .sav”文件中的变量CS1～CS7取总分或平均值，该如何操作？

Step1：打开文件名“Practice model .sav”文件→选中“转换”→“计算变量”（图8.60）→弹出“计算变量”对话框（图8.61）。其中，“目标变量：”可自行定义结果变量的名称和类型。“数字表示式：”计算表达式录入区域。“函数组”：辅助计算的常用函数列表。“计算操作符号：”数学操作区域，如加（+）、减（–）、乘（×）、除（/）、乘幂（∧）；关系操作数大于（>）、小于（<）、大于等于（≥）、小于等于（≤）、不等号（～=）；逻辑操作数，且（&）、或（|）、非（～）。

图 8.60

图 8.61

方法一：“土法炼钢法”。

Step3-1-1：“目标变量”对话框中录入自行定义结果变量的名称“CS”。

Step3-1-2：“数字表示式”通过选择计算器区域中符号（图8.62）→选中需计算的变量至数字表达式（图8.63）→计算CS的平均值：“（CS1 + CS2 + CS3 + CS4 + CS5 + CS6 + CS7）/ 7”，或计算CS的总分：（CS1 + CS2 + CS3 + CS4 + CS5 + CS6 + CS7）→“确定”（图8.64）。

方法一的缺点是不适合一次有多个变量的运算，而且当数据中有缺失值时，数据处理后会变成缺失值。

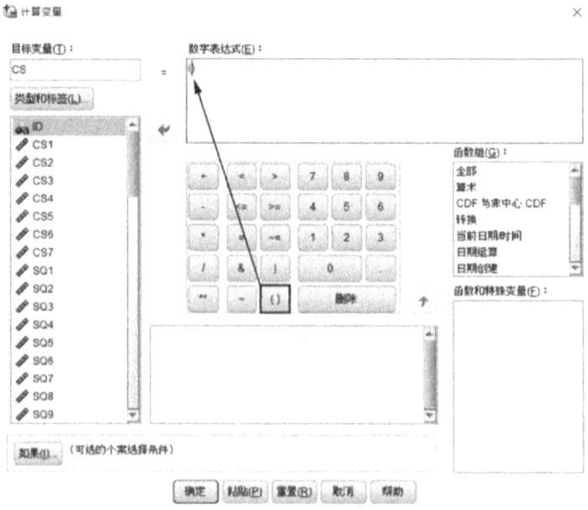

图 8.62

图 8.63

图 8.64

方法二：函数法。

当变量过多时，方法一显然不合适，此时可以借助函数快速完成计算。

Step2-2-1："函数组"对话框中选中"全部"→"函数与特殊变量"中双击"mean"计算平均值→"数字表达式"中为"MEAN（?, ?）"（图 8.65）。

Step2-2-2："数字表达式"对话框中的变量有两种录入方法：依次录入"MEAN（CS1, CS2, CS3, CS4, CS5, CS6, CS7）"（图 8.66）或"MEAN（CS1 to CS7）"（图 8.67）。

[计算CS的总分：SUM（CS1, CS2, CS3, CS4, CS5, CS6, CS7）或“SUM（CS1 to CS7）”]。

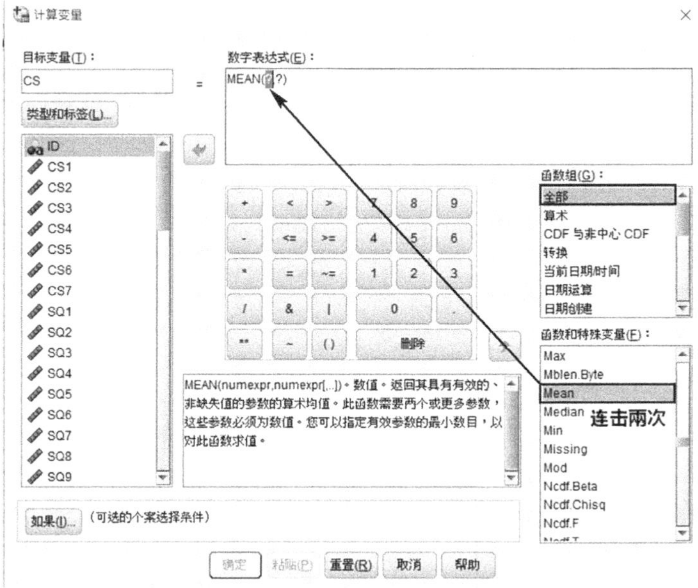

图 8.65

图 8.66

图 8.67

需要注意的是：

a. 当需相加的变量顺序不连续时，需要用“,”隔开，如计算 CS1 ~ CS4, CS6 ~ CS7 的平均值，录入方式变为“MEAN（CS1 to CS4，CS6 to CS7）”。

b. 输入变量名称代表的是变量的上下限。因为这个指令是依据点选的变量范围而定，而非依据变量的题号，例如：若选取的指令为 MEAN（CS1 to CS7），表示 CS1 为上限，CS7 为下限，实际执行的运算则为（CS1+ CS2+ CS3+ CS4+ CS5+ CS6+ CS7）/7，但若 CS1 到 CS7 的中间多一个变量 SQ1，那么设置 MEAN（CS1 to CS7）这个指令时，实际执行的运算则为（CS1+ CS2+ CS3+ CS4+ SQ1+CS5+ CS6+ CS7）/8。

c. 方法二对缺失值（missing data）的处理会自动跳过缺失值直接计算非缺失值的平均值。若数据中有 missing data 该怎么办呢？假设有 3 个数值 A1=2，A2=4，A3=.，要计算 A1、A2、A3 的平均值，A3 值为 missing data。若是以方法一的方式计算 =（A1+A2+A3）/3，结果仍为 missing data，因为 missing data 无法计算。而若是以方法二 =Mean（A1 to A3），结果为 3。

②反向计分。有些研究者会在维度中加入反向题（与维度定义相反的题目），试图了解填答者是否专心回答问题，藉以排除无效样本。如果要计算的是反向题，即

分数越高代表越不同意。如“这家餐厅的服务很好”，从“非常不同意=1”到“非常同意=7”，分数越高代表越同意，若表述成“这家餐厅的服务很差”，那么7代表非常同意它很差。假设现在要将变量CS1（参考图8.22的建档资料）进行反向计分，那该如何操作？

通常反向计分时，会将变量名称加一个R，如CS1写成CS1R，这里R代表reverse（反向的意思）。表达式写成“8-CS1”即可。因为量表是7点尺度，所以7要变1，只要用8减7就行了；如果是用5点尺度，则是用6去减就可以了。

近年来，许多学者都同意问卷尽量避免设计反向题，原因是反向题的答案再反向未必代表是正向的答案，也就是答非常不同意反向成非常同意时，两者的意义未必是等值的。

如果研究中有多个反向题，想要一次全部反转，就需要用“重新编码为不同变量”，将需要转向的题目选入“输入变量→输出变量”中，并在“输出变量”中逐一改名。再到“旧值与新值”标签中进行号码的更改，如1～5尺度在旧值与新值中，可改为1→5, 2→4, 3→3, 4→2及5→1等。如果对转档很有把握，更简单的方法是采用“重新编码为相同变量”，其后的程序不变，只是完成后要记得档案数据已转过档了。

（2）重新编码。

假如研究中年龄变量为age，在数据收集时是直接询问年龄，但在实际分析中，需要把受测者的年龄分为老、中、青三代，因此，需要把年龄重新赋值。如，令30岁以下为青年，30～50岁为中年，50岁以上为老年。这时需要使用「转换」菜单中的“重新编码”，该功能在处理重新分类和反向题时非常有帮助。

Step1： 开启“Practice model.sav”文件→选中“转换”→选中“重新编码为不同变量”（图8.68）。

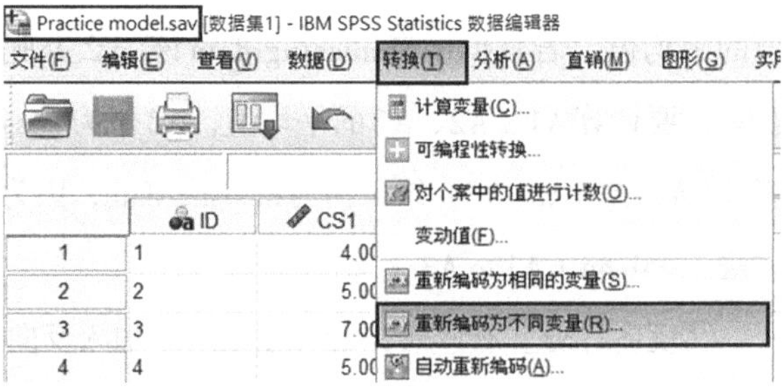

图8.68

Step2： 选中“age”至“数字变量→输出变量”对话框→在“输出变量”中的“名

称”中定义新变量中为“newage”→“变化量”→“数字变量→输出变量”对话框中会显示“age→newage”（图8.69）。

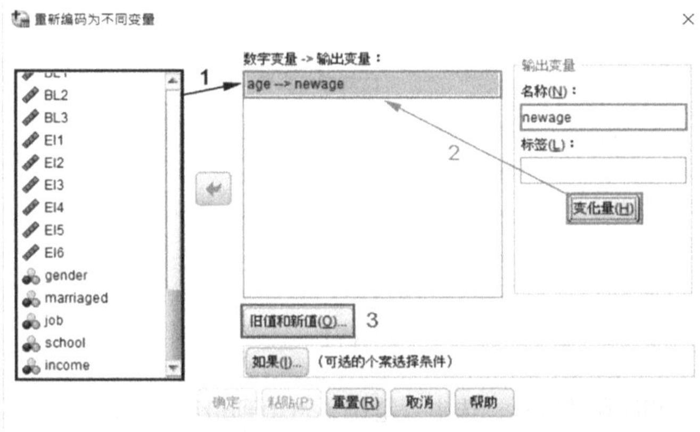

图8.69

Step3：选中“旧值和新值”→在旧值对话框，选中“范围，从最低到值”中，录入“30”→在新值对话框，选中“值”，录入“1”→在“旧→新”对话框中选中“添加”，会发现对话框内显示“Lowest thru 30→1”（图8.70）。

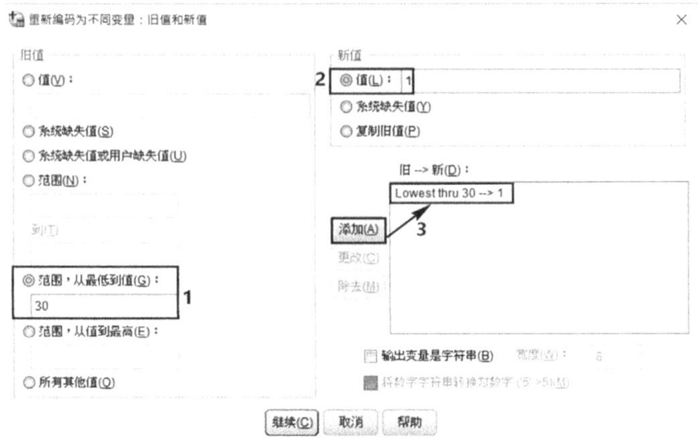

图8.70

Step3-1：在旧值对话框，选中“范围”，录入“30”到“60”→在新值对话框，选中“值”，录入“2”→在旧→新对话框中选中“添加”，会发现对话框内显示“30 thru 60→2”（图8.71）。

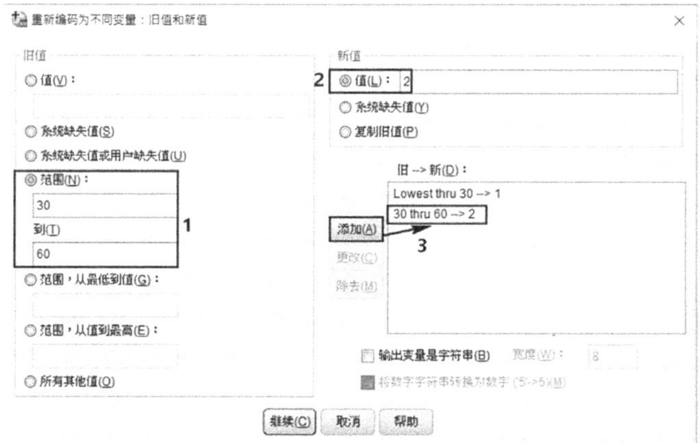

图 8.71

Step3-2： 在旧值对话框，选中"范围，从值到最高"，录入"60"→在新值对话框，选中"值"，录入"3"→在旧→新对话框中选中"添加"，会发现对话框内显示"60 thru Highest→3"（图 8.72）。

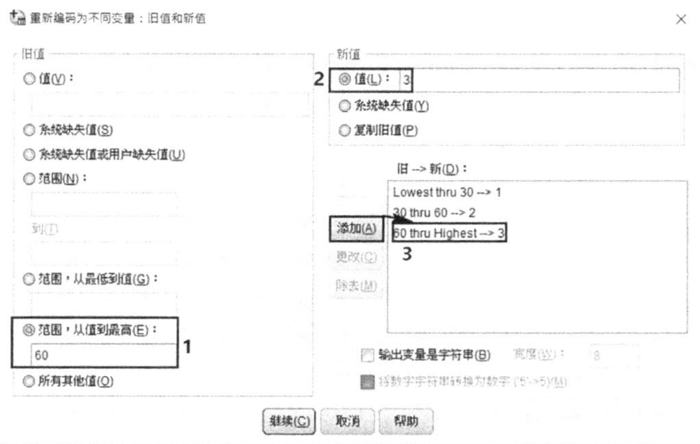

图 8.72

需要注意的是：

a. 选择"重新编码为相同的变量"选后会覆盖原来的变量，如果中间过程出错，原编码无法恢复，一般不选用。

b. 旧值范围边界归入哪个范围？如 30，30～60，那么，30 应该属于哪一组？根据 SPSS 软件的设定，"先写的先赢"，指先定义的"30 岁以下"为第一组新值，因此，30 会被归在第一组。第二组虽然也写了 30，却因为较晚出现，就不会被包含在第二组。因此记住准则："先写的先赢"。

c."范围"为研究者自定义两个值；"范围，从最低到值"为从最小值到研究者设定值；"范围，从值到最高"为研究者设定值到最大值（图8.73）。

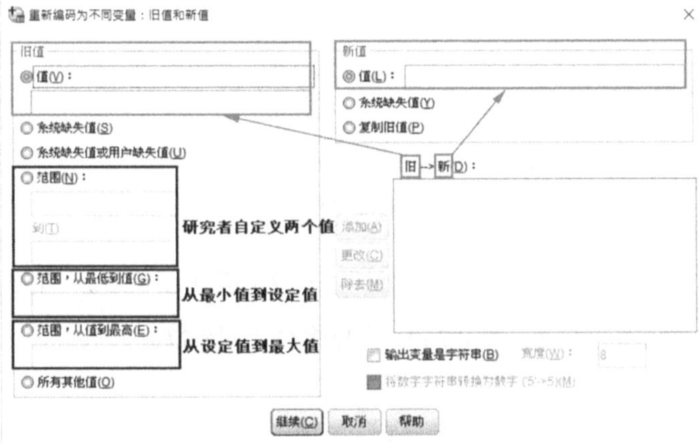

图8.73

（3）替换缺失值。

替换缺失值的功能，可以用于缺失值检测与缺失值的插补，而缺失值的插补分为连续变量与类别变量。

①缺失值检测。缺失值指的是某些调查变量缺乏测量值，如果缺失值过多，会造成统计估计的偏误，甚至造成错误的结果，因此，一般在研究中不可以放任缺失值不处理。当样本量很大时，可以直接移除有缺失值的样本。但如果样本量不是非常大，移除样本会造成样本量的不足，就要进行数据缺失的插补，如此不但可以维持一定的样本量，也可以确保分析结果具有足够的统计检验力。差补的方法有很多种，在SPSS的"转换→替换缺失值"中可以看到不同的缺失值取代方式，本书介绍的方法适用于小量的缺失值，如不到10%的缺失值。

缺失值检测可分为两种，分别为变量的缺失值检测与样本的缺失值检测。以"Practice model.sav"文件说明。

②变量的缺失值检测。变量的缺失值可能是由于变量有样本漏填。例如，知道这CS1～CS7这7个变量有没有缺失值。

Step1：开启"Practice model.sav"文件→选中"分析"→"描述统计"→"频

率”（图8.74）。

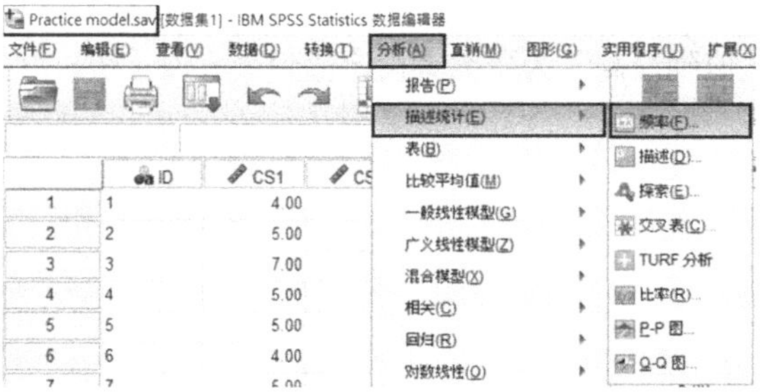

图 8.74

Step2：将“CS1～CS7”选至“变量”→“确定”（图8.75）→输出窗口会显示每个变量的缺失值有多少个（图8.76），占比多少（图8.77）。

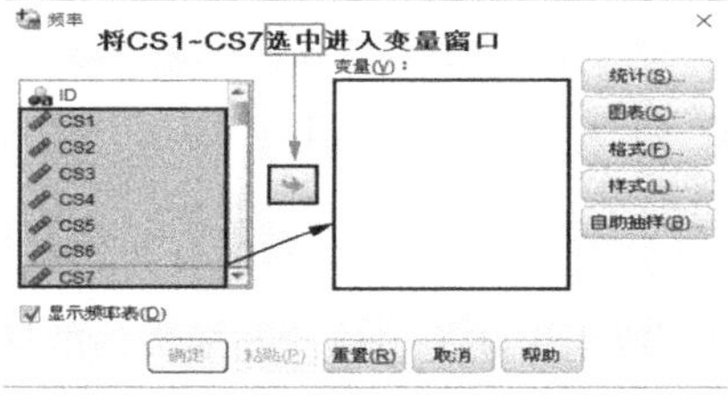

图 8.75

统计

		CS1 在该百货公司中，我总能找到适合的商品或服务。	CS2 对于该百货公司所提供的商品价格，我感到满意。	CS3 我向该百货公司所提出问题需要解决时，能迅速得到处理。	CS4 我觉得该百货公司所提供的服务设备，如洗手间、育婴台、休憩区很完备。	CS5 该百货公司常举办一些令我惊喜的活动(如周年庆、生日礼)	CS6 该百货公司所提供多样化的付款方式，如信用卡、金融卡、分期付款、礼券等，让我觉得很方便。	CS7 与服务人员交谈时，我喜欢他们的响应方式。
个案数	有效	295	295	295	295	295	295	295
	缺失	0	0	0	0	0	0	0

图 8.76

频率表

CS1 在该百货公司中，我总能找到适合的商品或服务。

		频率	百分比	有效百分比	累计百分比
有效	1.00 非常不同意	1	0.3	0.3	0.3
	2.00 稍微不同意	12	4.1	4.1	4.4
	3.00 不同意	29	9.8	9.8	14.2
	4.00 中立	44	14.9	14.9	29.2
	5.00 同意	126	42.7	42.7	71.9
	6.00 稍微同意	67	22.7	22.7	94.6
	7.00 非常同意	16	5.4	5.4	100.0
	总计	295	100.0	100.0	

图 8.77

③样本的缺失值。样本的缺失值可能是由于填答者在回答问卷时漏填或数据录入漏掉了，操作步骤如下。

Step1：开启“Practice model.sav”文件→选中“转换”→“计算变量”（图8.78）。

图 8.78

Step2：“目标变量”对话框中，录入“Nmiss”→“函数组”对话框，选中“全部”，双击“Nmiss”→“数字表达式”对话框中会出现“Nmiss（？）”（图8.79）。

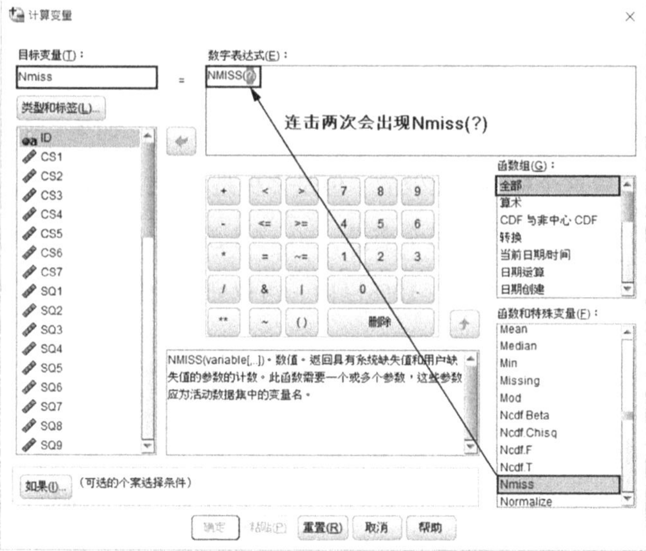

图 8.79

Step3：在“数字表达式”对话框中录入“Nmiss（CS1 to CS7）”→“确定”（图8.80）。

需要注意的是：

a.“Nmiss”是number of missing的简写，这里对Nmiss函数的操作方法可以参考计算平均值时“Mean”的操作方法。

b.统计完成后，数据视图的会新增一个变量“Nmiss”，数值代表缺失值的个数（图8.81）。若样本有太多缺失值则应删除该样本。

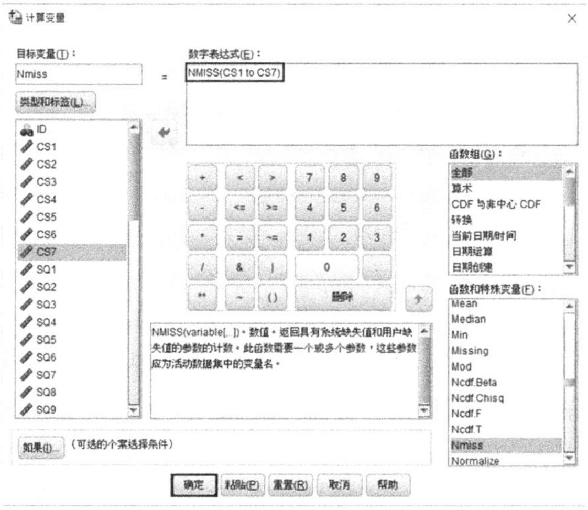

图 8.80

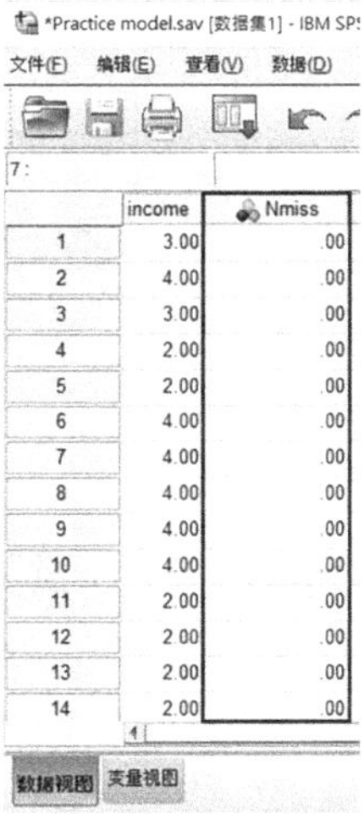

图 8.81

④缺失值插补。不同的缺失值会有不同的处理方式。如果一个样本中缺失值过多，其实就代表这个样本是无效的。但是多少是太多？一般来讲，5%以内是可以接受的，例如：一份问卷有50个变量，50 × 5%就是2.5，也就是说3个缺失值以内是可以接受的。如果缺失值在10%以内，可以藉由数据的插补来解决缺失值的问题。

简单来说，缺失值建议不要超过5%，10%是上限。缺失值会有两种情况，第一种是对于某个样本的所有变量有多少缺失值。例如，一份问卷有50个题目，某位受测者漏填了几题，如果超过5题没填，这个样本就要考虑删除；第二种是这个变量有多少人没填。例如，调查300个人，其中超过10%以上的人（30人）没填写问卷中的某题，代表这个题目可能存在争议性，那么这个题目可以考虑删掉。如果说都在合理的范围内，只要进行数据插补即可，一般进行数据插补时都是指插补连续变量，类别变量不会利用SPSS软件的功能进行插补，而是用人为判断的方式来插补。

⑤类别变量插补。类别变量的插补一般采用根据其他问题的情况进行估计。如

某份问卷收入没填写，就假设答案是最高或最低的那一组，因为可能收入很低，怕没面子而不填；或是收入很高，怕不安全而不填。这时候，看一下他前面的一些数据，教育程度、职业等，来猜测他属于高收入还是低收入，这种做法称为热卡插补法（Hot deck imputation）。若某份问卷年龄没填写，就猜她是女生，因为女生通常会在乎年龄，而且大部分30来岁的女生会不想填写。因此学习统计学也要学习心理学。

⑥连续变量插补。连续变量插补要先知道数据有没有缺失值，有多少个缺失值。一般不会用手算。缺失值有两种，一种是样本缺失值；另一种是系统缺失值。系统缺失值是在SPSS中出现的小黑点就是系统缺失值。

当从图8.77频率表中知道缺失值所占的百分比后，对于在合理范围内的缺失值可以进行插补。

Step1：开启“Practice model.sav”文件→选中“转换”→“替换缺失值”（图8.82）。

图 8.82

Step2：在“替换缺失值”对话框中选中“CS1～CS7”至“新变量”对话框→在“名称与方法”对话框中选中“序列平均值”（图8.83）。

Step3：“新变量”对话框中会出现“CS_1=SMEAN（CS1）～ CS_7= SMEAN（CS7）”→“确定”（图8.84）。

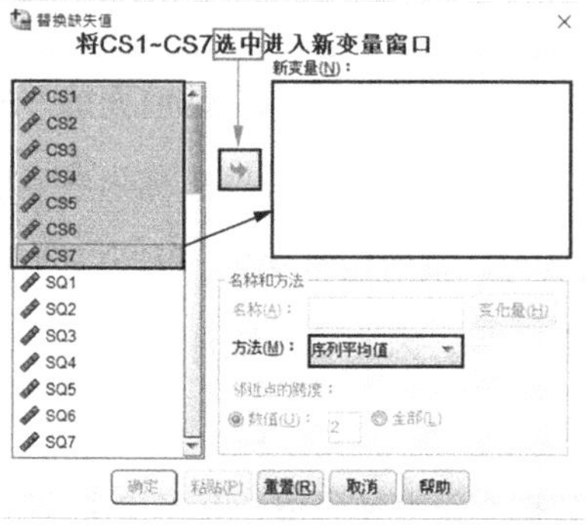

图 8.83

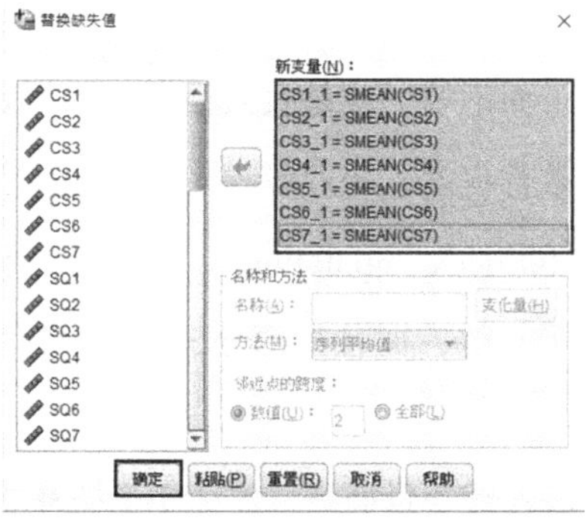

图 8.84

Step4： 插补结束后，数据视图中会产生插补后的新变量（图8.85）。

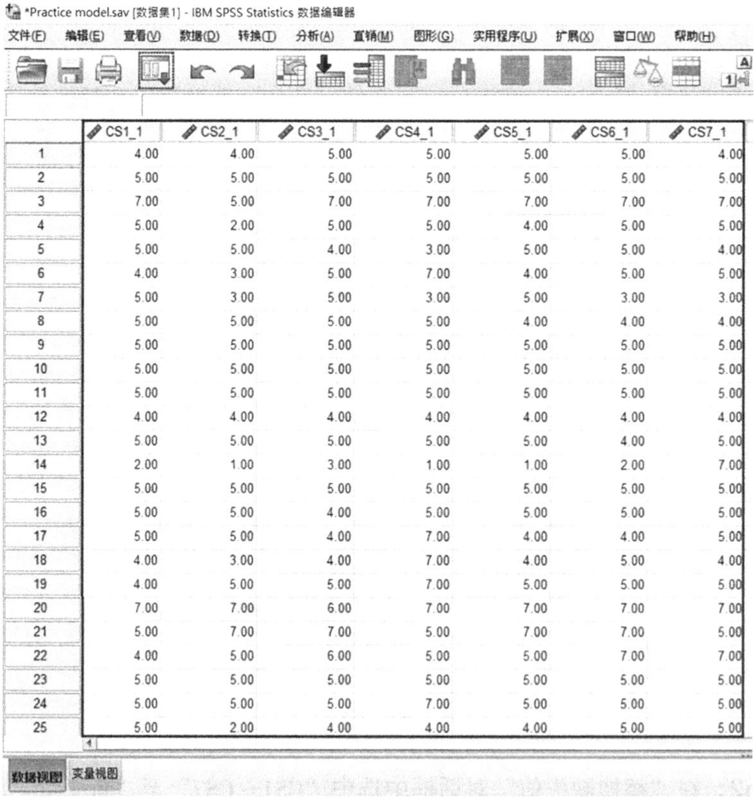

	CS1_1	CS2_1	CS3_1	CS4_1	CS5_1	CS6_1	CS7_1
1	4.00	4.00	5.00	5.00	5.00	5.00	4.00
2	5.00	5.00	5.00	5.00	5.00	5.00	5.00
3	7.00	5.00	7.00	7.00	7.00	7.00	7.00
4	5.00	2.00	5.00	5.00	4.00	5.00	5.00
5	5.00	5.00	4.00	3.00	5.00	5.00	4.00
6	4.00	3.00	5.00	7.00	4.00	5.00	5.00
7	5.00	3.00	5.00	3.00	5.00	3.00	3.00
8	5.00	5.00	5.00	5.00	4.00	4.00	4.00
9	5.00	5.00	5.00	5.00	5.00	5.00	5.00
10	5.00	5.00	5.00	5.00	5.00	5.00	5.00
11	5.00	5.00	5.00	5.00	5.00	5.00	5.00
12	4.00	4.00	4.00	4.00	4.00	4.00	4.00
13	5.00	5.00	5.00	5.00	5.00	4.00	5.00
14	2.00	1.00	3.00	1.00	1.00	2.00	7.00
15	5.00	5.00	5.00	5.00	5.00	5.00	5.00
16	5.00	5.00	4.00	5.00	5.00	5.00	5.00
17	5.00	5.00	4.00	7.00	4.00	4.00	5.00
18	4.00	3.00	4.00	7.00	4.00	5.00	4.00
19	4.00	5.00	5.00	7.00	5.00	5.00	5.00
20	7.00	7.00	6.00	7.00	7.00	7.00	7.00
21	5.00	7.00	7.00	5.00	7.00	7.00	5.00
22	4.00	5.00	6.00	5.00	5.00	7.00	7.00
23	5.00	5.00	5.00	5.00	5.00	5.00	5.00
24	5.00	5.00	5.00	7.00	5.00	5.00	5.00
25	5.00	2.00	4.00	4.00	4.00	5.00	5.00

图 8.85

为什么要做插补？一般而言，如果数据有缺失值，缺失处会以小黑点出现，并自动辨识为系统缺失值，另一种是使用者自定义缺失值，通常是一个很大的值（如-

9999），然后再到变量视图的"缺失"栏位输入-9999定义该值为缺失值，如果忘了，系统将以-9999代入进行计算，如此就会造成系数估计很大的偏差，藉此提醒使用者是否忘了设定缺失值了。缺失值处理有两种：一种是完全（成列）删除（Listwise deletion），也就是说，只要发现变量中有一缺失值，就删除这个样本；另一种是分析时，只针对分析变量有缺失值再删除样本，没有用到的变量即使用缺失值也不删除，这方法称为成对删除（Pairwise deletion）。

第九章 SPSS的基本分析方法

9.1 预试资料的分析

经过上一章的学习，相信您已经对资料的基本处理方式有基本的了解。当所有的数据文件都建置完成，进入正式分析前，需要先进行预试分析。数据的预试是做正式调查前的准备工作。在进行调研时，问卷的发放动辄千份，试想若问卷设计不当，就直接发给上千名受试者填写，回收问卷后所得到的信息未必能反应研究者真正想要解决的问题。如此之举不仅费财费力，也会让研究的价值大幅降低，因此，千万不要省略预试的步骤。而预试样本到底多少合适呢？一般而言，“ more is better”的原则是不会变的，但如果要在节约成本、节约时间而又不失其准确程度的情况下，多少样本是我们的最低要求呢？Oksenberg, Cannell, and Kalton（1991）建议25～75个就足够了。因此，在大量发放正式问卷前，不妨先搜集25～75个样本进行预试分析。预试问卷回收后进行基本的统计分析，把语意不清、没有鉴别力（大部分人在某些题目都填写一样的答案），这些题目认为是没有鉴别力的以及信度不佳的题目删除或修正，修正完毕后再进行正式问卷的发放。

9.1.1 预试资料的分析步骤

1. 预试资料的建文件

在数据搜集完成后会将资料建文件在Excel表内，然后再放入SPSS中进行分析，而非直接建档在SPSS中。这种做法的好处是可以有效保留原始数据的完整度（建档步骤参考8.3建立数据文件）。

2．检查数据输入正确且完整

利用频率表（图9.1）检查数据有无录入错误或缺失值，频率表中包含：平均值、中位数、众数、标准差、方差、范围、最大值、最小值、偏度、峰度等（频率表操作步骤后续会详细介绍）。

统计

		CS1	CS2	CS3	CS4	CS5	CS6	CS7	
个案数	有效	295	295	295	295	295	295	295	
	缺失	0	0	0	0	0	0	0	
平均值		4.8542	4.1356	4.6712	5.5898	4.8847	5.0881	4.9492	检查问卷题目是否有问题 => 是否过于集中
中位数		5.0000	4.0000	5.0000	6.0000	5.0000	5.0000	5.0000	
众数		5.00	5.00	5.00	6.00	5.00	5.00	5.00	
标准差		1.17909	1.36099	1.18538	1.21690	1.27786	1.20615	1.05340	若标准偏差很小 => 表示填答者的分数集中于某些分数上
方差		1.390	1.852	1.405	1.481	1.633	1.455	1.110	范围/标准偏差 => 6以上 => 表示填答者答案过于集中 => 题目是有问题的
偏度		-.605	-.191	-.574	-.975	-.354	-.276	-.232	偏度绝对值<7 => 表示资料符合正态
偏度标准误差		.142	.142	.142	.142	.142	.142	.142	
峰度		.270	-.503	.638	1.205	.295	.184	.030	峰度绝对值<7 => 表示资料符合正态
峰度标准误差		.283	.283	.283	.283	.283	.283	.283	
范围		6.00	6.00	6.00	6.00	6.00	6.00	5.00	范围 = 最大值 – 最小值
最小值		1.00	1.00	1.00	1.00	1.00	1.00	2.00	}检查数据是否有建档错误
最大值		7.00	7.00	7.00	7.00	7.00	7.00	7.00	

图 9.1

9.1.2　项目分析

设计完问卷时，心里会质疑的是：受测者对于这些问题的理解能力如何？以及这些题目是否能测出每个人看法的不同？这时就需要用项目分析来找出不具鉴别力的变量，然后把它删除，以免影响研究的质量。例如，一份优秀的考卷是能够衡量出学生水平差异的，若每位学生的程度都没有差异，没有分出学生的程度，便说明题目设计不恰当。所需进行的分析包含：项目分析（需运用计算变量、独立样本t检验、信度分析等）。

1．项目分析界面操作

项目分析的执行步骤。首先，将每个构念的所有题目分别加总或平均，再找出27及73分位数的值，然后，将数据分成低分组及高分组两组，再分别进行每个构念题目的两组独立T检验，最后，利用信度分析来计算因素的内部一致性。

（1）将每个构念的所有题目分别加总或平均。

Step1： 文件名："Practice model .sav"[1]→选中"转换"→选中"计算变量"，弹出"计算变量"对话框。

[1] 相关数据，请关注公众号张伟豪量化学院，点击"量化服务"→SPSS专书→第九章相关数据。

Step2： 在“目标变量”下的对话框，录入“CSSUM”→在“数字表达式”下的对话框，录入“SUM（CS1 to CS7）”→“确定”。（操作步骤请参考，计算平均值或总分）。

（2）找出27及73分位数的值。

Step3： 选中“分析”→“描述统计”→“频率”，弹出“频率表”对话框（图9.2）。

Step4： 在“频率”对话框，将“CSSUM”选中进入“变量”下的对话框（图9.3）→选中“统计”→进入“频率：统计”的对话框，勾选“百分位数”→先录入“27”→添加→再录入“73”→“添加”→“继续”→“确定”（图9.4）。

Step5： 于报表输出界面可知，27分位数值为“31”，73分位数值为“38”（图9.5）。

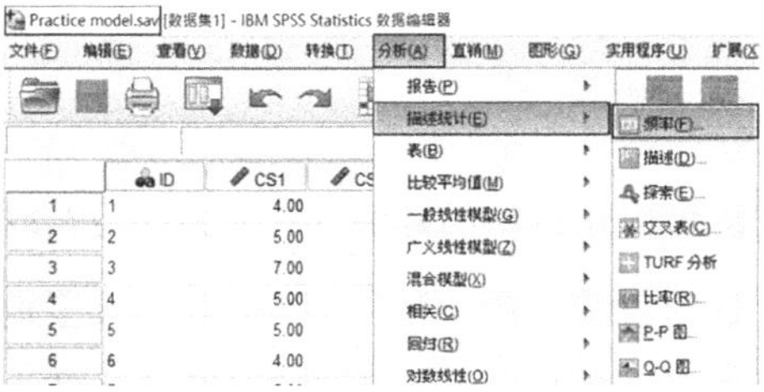

图 9.2

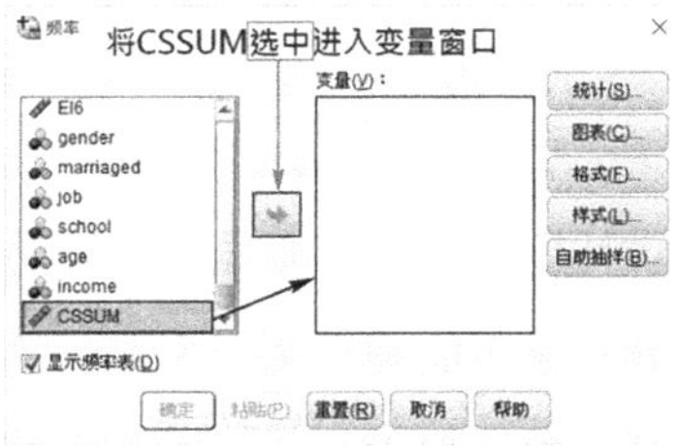

图 9.3

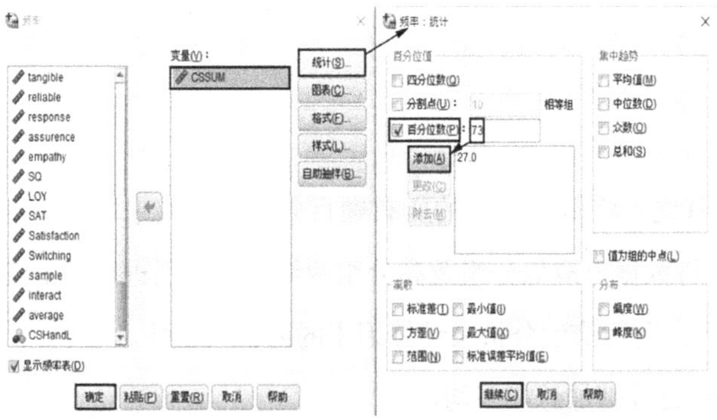

图 9.4

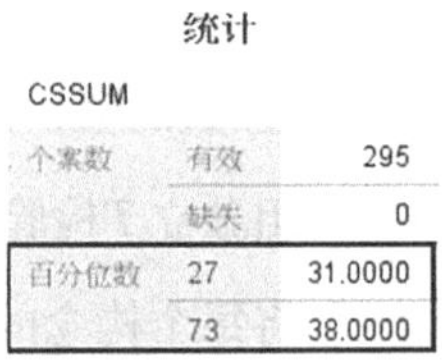

统计

CSSUM

个案数	有效	295
	缺失	0
百分位数	27	31.0000
	73	38.0000

图 9.5

（3）数据分成低分组及高分组两组

Step6： 选中“转换”→选中“重新编码为不同变量”（图9.6）。

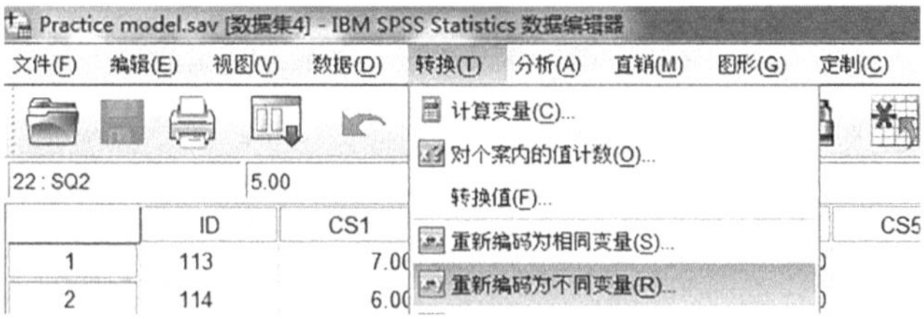

图 9.6

Step7：选中“CSSUM”选进“数字变量－输出变量”对话框→在“输出变量”中的名称对话框定义新变量名称为“CSHandL”→选中“变化量”后，于“数字变量－输出变量”对话框会显示“CSSUM --> CSHandL”（图9.7）。

Step8：选中“旧值与新值”→在旧值对话框，选中“范围，从最低到值”，录入“31”→在新值对话框，选中“值”，录入“1”→在“旧-->新”对话框，选中“添加”，会发现对话框内显示“Lowest thru 31-->1”→选中“范围，从值到最高”，录入“38”→在新值对话框，选中“值”，录入“2”→在“旧-->新”对话框，选中“添加”，会发现对话框内显示“38 thru Highest -->2”继续→确定（图9.7）。

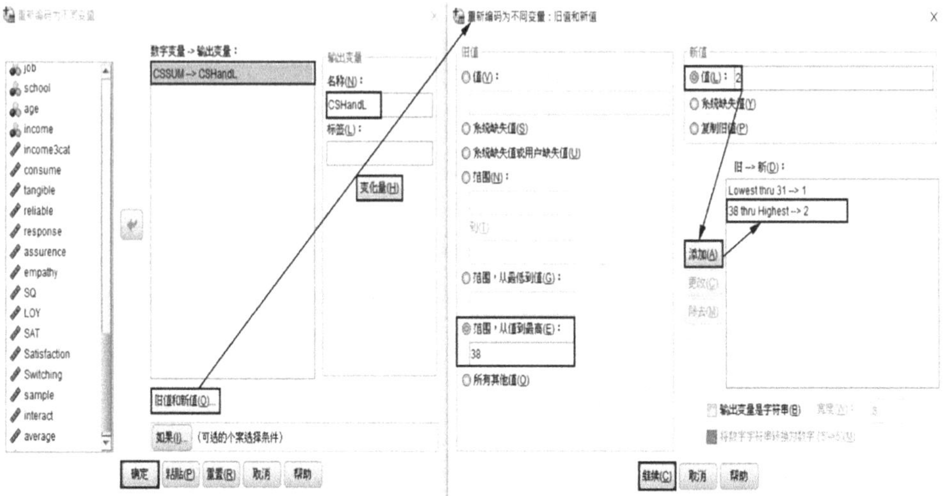

图 9.7

（4）分别进行每一维度题目之两组独立T检验

Step9：选中“分析”→“比较平均值”→“独立样本T检验”（图9.8）。

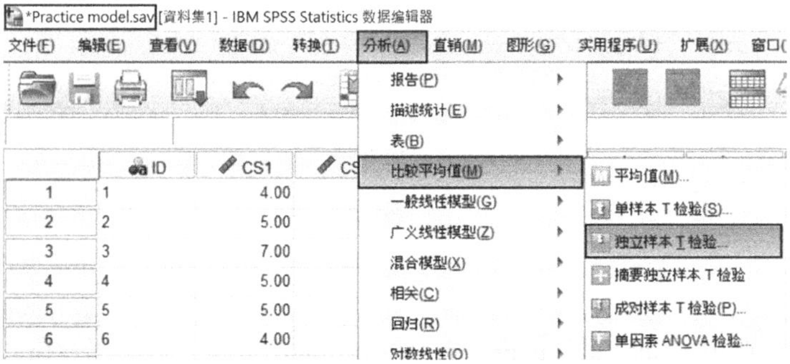

图 9.8

Step10： 在“独立样本T检验”下的对话框，将“CS1～CS7”选中进入“检验变量”的对话框中，将“CSHandL”选中进入“分组变量”的对话框中→ 选中“定义组”→在“定义组”下的对话框→组1录入“1”、组2录入“2”→继续→ 确定（图9.9、图9.10）。

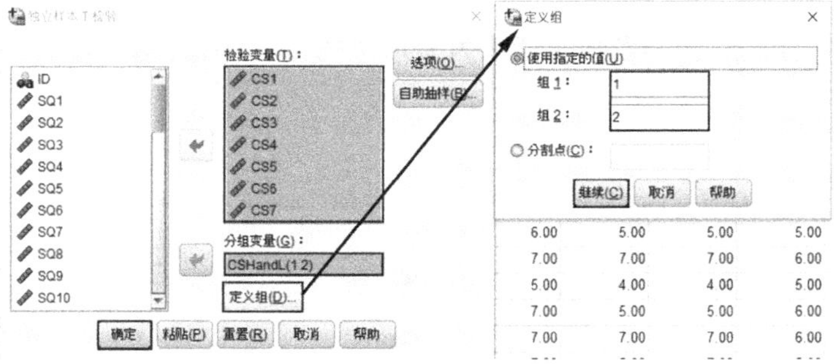

图 9.9

独立样本检验

		莱文方差等同性检验		平均值等同性T检验						
		F	显著性	t	自由度	显著性（双尾）	平均值差值	标准误差差值	差值95%置信区间 下限	上限
在该百货公司中，我总能找到适合的商品或服务。	假定等方差	26.936	.000	-13.495	175	.000	-1.98978	.14744	-2.28077	-1.69878
	不假定等方差			-13.647	156.804	.000	-1.98978	.14580	-2.27777	-1.70178
对于该百货公司所提供的商品价格，我感到满意。	假定等方差	.089	.766	-12.694	175	.000	-2.13634	.16830	-2.46849	-1.80419
	不假定等方差			-12.668	172.117	.000	-2.13634	.16864	-2.46922	-1.80346
我向该百货公司所提出问题需要解决时，能得到即时处理。	假定等方差	5.776	.017	-13.367	175	.000	-1.96921	.14732	-2.25996	-1.67845
	不假定等方差			-13.475	166.159	.000	-1.96921	.14613	-2.25772	-1.68069
我觉得该百货公司所提供的服务设备，如洗手间、育婴台、休憩区很完善。	假定等方差	25.833	.000	-11.217	175	.000	-1.80450	.16087	-2.12199	-1.48700
	不假定等方差			-11.413	132.723	.000	-1.80450	.15810	-2.11723	-1.49177
该百货公司常举办一些令我惊喜的活动（如周年庆、生日礼）	假定等方差	2.816	.095	-15.130	175	.000	-2.28955	.15133	-2.58821	-1.99089
	不假定等方差			-15.220	170.928	.000	-2.28955	.15043	-2.58648	-1.99262
该百货公司所提供多样化的付款方式，如信用卡、金融卡、分期付款、礼券等，让我觉得很方便。	假定等方差	.055	.814	-13.989	175	.000	-1.90749	.13636	-2.17661	-1.63837
	不假定等方差			-14.017	174.968	.000	-1.90749	.13609	-2.17607	-1.63891
与服务人员交谈时，我喜欢他们的响应方式。	假定等方差	.937	.334	-9.735	175	.000	-1.38870	.14265	-1.67024	-1.10717
	不假定等方差			-9.776	173.540	.000	-1.38870	.14205	-1.66908	-1.10833

图 9.10

注：平均值差异显著（$p<0.05$）表示题目具有鉴别力，反之则无，应予删除。

①莱文方差等同性检验结果的显著性（$p>0.05$）表示不显著，表示两群同质。

②平均值等同性t检验结果的显著性（$p<0.05$）表示显著，该题目应予以保留。

（5）利用信度分析来计算因素的内部一致性。

Step11："分析"→"标度"→"可靠性分析"（图9.11）。

图9.11

Step12：在"可靠性分析"下的对话框，将"CS1～CS7"选中进入"项"的对话框中→选中"统计"→在"可靠性分析：统计"下的对话框，勾选"删除项后的标度"→继续→确定（图9.12）。

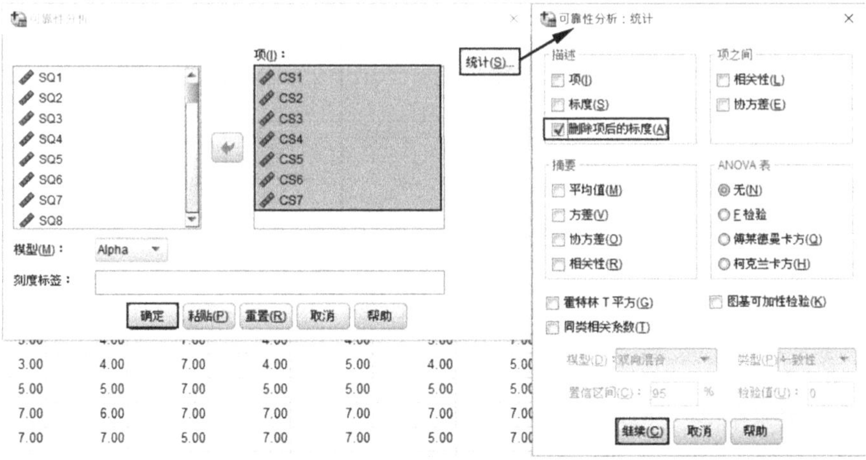

图9.12

上述步骤完成后，如何判断题目与构念是否要删除或修正，判断标准为：首先，平均值等同性t检验结果（图9.10），若显著性（双尾）的数值为显著（$p<0.05$），即符合高分组与低分组在题项上平均值的差异显著性达显著的标准（Anderson, Tatham, & Black, 2010），表示该题目具有良好的鉴别度，题目可以保留。再者，信度分析结果（图9.13）中，修正后的项与总计相关性须符合Hair et al.（2010）各题项分数与量表总分之相关系数要求在0.5以上，表示这个构念的题目信度良好，题目可以保留。最后，信度分析结果（图9.13）中，Cronbach's α检定最好>0.7（Hair et al., 2010），表示具有内部一致性。完成以上预试资料的检查步骤后，接下来正式进入SPSS的统计分析。

可靠性统计

克隆巴赫 Alpha	项数
0.825	7

项总计统计

	删除项后的标度平均值	删除项后的标度方差	修正后的项与总计相关性	删除项后的克隆巴赫 Alpha
CS1 在该百货公司中，我总能找到适合的商品或服务。	29.3186	26.436	0.614	0.794
CS2 对于该百货公司所提供的商品价格，我感到满意。	30.0373	26.131	0.524	0.811
CS3 我向该百货公司所提出问题需要解决时，能迅速得到处理。	29.5017	25.924	0.658	0.787
CS4 我觉得该百货公司所提供的服务设备，如洗手间、育婴台、休憩区很完备。	28.5831	26.686	0.565	0.802
CS5 该百货公司常举办一些令我惊喜的活动(如周年庆、生日礼)	29.2881	25.396	0.640	0.789
CS6 该百货公司所提供多样化的付款方式，如信用卡、金融卡、分期付款、礼券等，让我觉得很方便。	29.0847	26.826	0.560	0.803
CS7 与服务人员交谈时，我喜欢他们的响应方式。	29.2237	29.290	0.427	0.822

图 9.13

9.2 频数分布分析

频数分布分析可以了解正式问卷回收后样本的情形，用于检验变量有无缺失值、有无建文件错误等。以“Practice model.sav”文件中的性别、婚姻状况及学历等变量的频数分布分析为例。

1．频数分布分析界面操作

Step1：开启“Practice model.sav”文件→“变量视图”→确认“类别变量”的“值”是否设定完成（图9.14）。

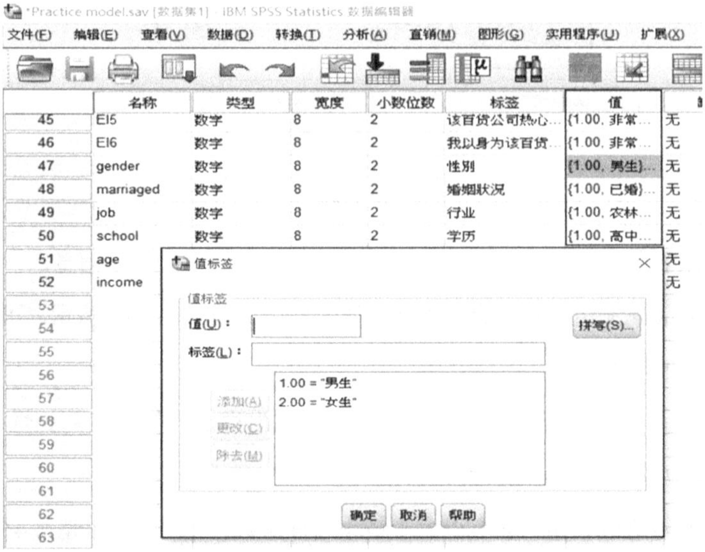

图 9.14

Step2：选中“分析”→“描述统计”→“频率”（图9.15）

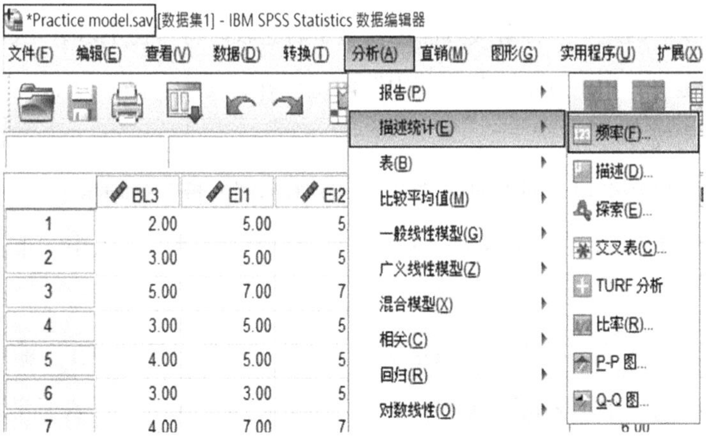

图 9.15

Step3： 在“频率”对话框中选中“（gender、marriaged、school）”至“变量”对话框→“确定”（图9.16）。

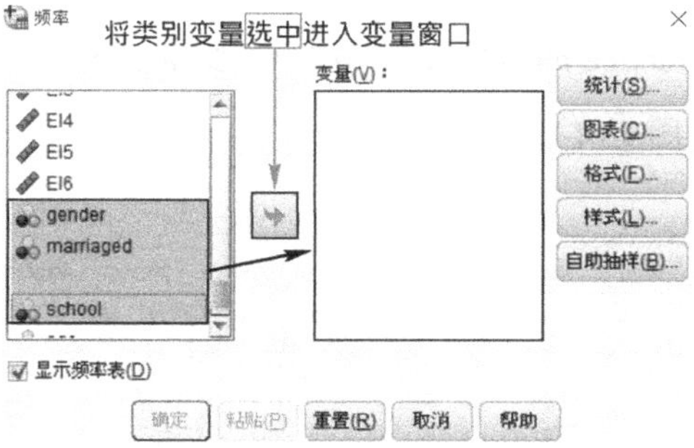

图 9.16

频率表报表界面如图9.17所示。通过输出结果可以了解以下信息。

①变量有无缺失值。报告会呈现缺失值个数。如图9.17（a）所示，可知共有295个样本，缺失值是0。

②变量有无建文件错误。每个变量是否有超出设定的类别，例如性别只有1和2，若出现其他号码则表示建文件错误。

分类中的每组最大样本数不得大于最小组样本数的4倍，如有超过4倍的状况在事后的统计分析中最小组与次小组要进行合并组别。例如由图9.17（d）可知“学历school”的最小组“初中以下”和最大组“本科”的样本数分别是8和190，远远超过1∶4，说明“初中以下”这组没有代表性，若强行纳入分析，将会给后续显著性分析带来偏误。因此，一种解决方法是在做事后比较时将“初中以下”这一组排除，另一种方法是将“初中以下”与“高中”两组合并，变为“高中以下”共54人，即可纳入事后比较分析。

那么，如何并组呢？则需利用“重新编码为不同变量”这项指令。

Step1： 开启“Practice model.sav”文件→选中“转换”→选中“重新编码为不同变量”。

Step2： 选中“school”至“数字变量→输出变量”对话框→在“输出变量”中的“名称”对话框中定义新变量为“edu”→点击“变化量”→“数字变量→输出变量”对话框会显示“school --> edu”（图9.18）。

统计

		性别	婚姻状况	行业	学历
个案数	有效	295	295	295	295
	缺失	0	0	0	0

（a）

频率表

性别

		频率	百分比	有效百分比	累计百分比
有效	男生	95	32.2	32.2	32.2
	女生	200	67.8	67.8	100.0
	总计	295	100.0	100.0	

（b）

婚姻状况

		频率	百分比	有效百分比	累计百分比
有效	已婚	116	39.3	39.3	39.3
	未婚	179	60.7	60.7	100.0
	总计	295	100.0	100.0	

（c）

school

		次数	百分比	有效的百分比	累计百分比
有效	初中以下	8	2.7	2.7	2.7
	高中	46	15.6	15.6	18.3
	本科	190	64.4	64.4	82.7
	研究生以上	51	17.3	17.3	100.0
	总计	295	100.0	100.0	

（d）

图 9.17

图 9.18

Step3： 选中“旧值和新值”会弹出“重新编码为不同变量：旧值和新值”的对话框→在旧值对话框中选中“值”，录入“1”→在新值对话框中选中“值”，录入“1”→在旧值→新值对话框中，选中“添加”，会发现“旧→新”对话框内显示“1→1”→重复上述步骤，设定“2→1”；“3→2”；“4→3”（图9.19）→“继续”→“确定”，即可生成新的变量“edu”→删除原有的“school”，将“edu”重新定义为“school”即可（图9.20）。

图 9.19

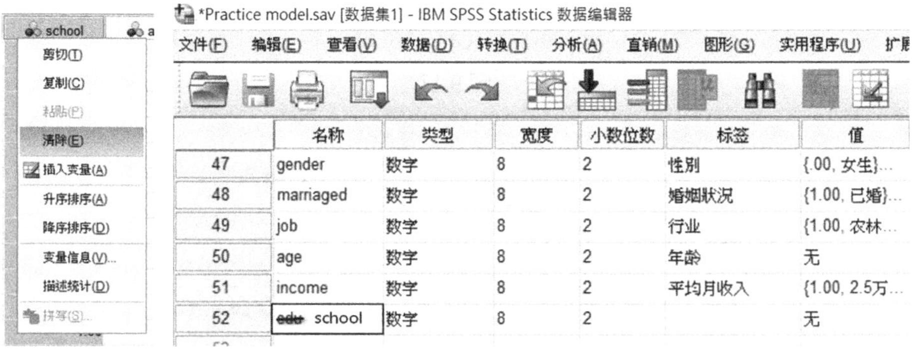

图 9.20

此外，在输出界面中，可以复制频率表，如图9.21所示，粘贴至Excel文件或Word文档内，如表9.1所示。

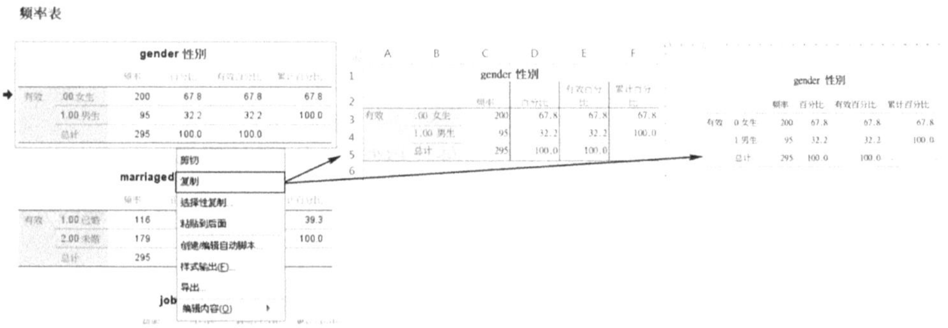

图 9.21

2. 频数分布❶分析写作方法

由表9.1可知，本研究所调查的基本数据包含性别、婚姻状况及学历等3项。在性别中，以女生所占的人数居多，有200人（67.8%）；在婚姻状况中，以未婚所占的人数居多，有179人（60.7%）；在学历中，以本科数居多，为190人（64.4%）。

表 9.1 频率表

		频率	百分比	有效百分比	累积百分比
gender 性别	1 男生	95	32.2	32.2	32.2
	2 女生	200	67.8	67.8	100.0
	总计	295	100.0	100.0	
marriaged 婚姻状况	1 已婚	116	39.3	39.3	39.3
	2 未婚	179	60.7	60.7	100.0
	总计	295	100.0	100.0	
school 学历	1 初中以下	8	2.7	2.7	2.7
	2 高中	46	15.6	15.6	18.3
	3 本科	190	64.4	64.4	82.7
	4 硕士以上	51	17.3	17.3	100.0
	总计	295	100.0	100.0	

❶ 详细操作视频，请关注公众号张伟豪量化学院，点击“量化服务”→ SPSS 专书→频率表操作视频。

9.3 绘制统计图

在研究分析中，除了以表格的方式表达外，也常看到用统计图形的方式来表示，以下介绍几种常用的统计图（Graph）。以“Practice model.sav”文件中的性别的分布情况为例。

9.3.1 饼图（Pie chart）

饼图主要是针对于类别变量使用，通常饼图的扇形区块表示每个变量所占比例。操作步骤有两种方式：通过“频率表”的指令做设定与直接用“图形”指令做设定。

1. 通过“频率表”的指令做设定

Step1： 开启“Practice model.sav”文件→选中“分析”→“描述统计”→“频率”→会弹出“频率”的对话框→选中“gender”至“变量”（图9.22）。

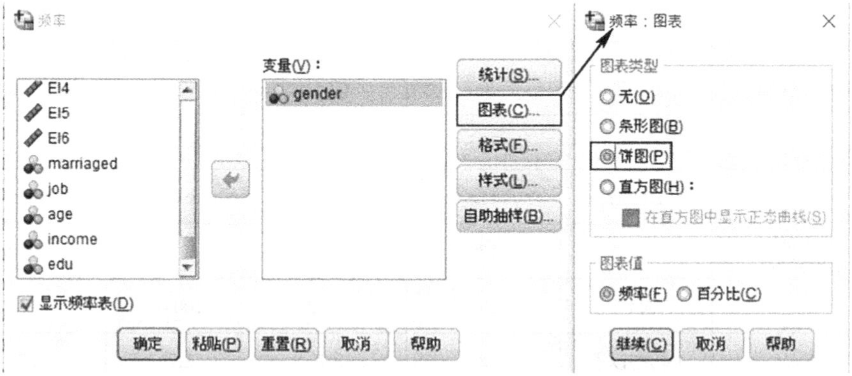

图 9.22

Step2： 选中“图表”→会跳出“频率：图表”的对话框→选中“饼图”→“继续”→“确定”。

2. 直接用“图形”指令做设定

Step1： 开启“Practice model.sav”文件→选中“图形”→“旧对话框”→会弹出“饼图”对话框（图9.23）→选中“个案组摘要”（图9.24）→“定义”。

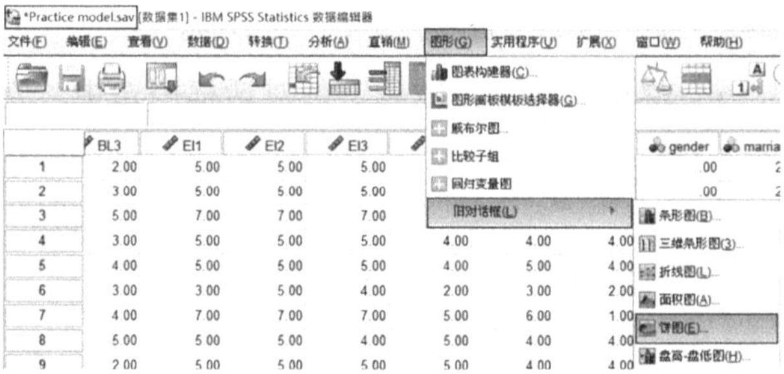

图 9.23

图 9.24

Step2：在“定义饼图：个案组摘要”对话框中，选中“gender”至“分区定义依据”对话框中（图9.25）→“确定”。

输出界面可得性别分布饼图如图9.26所示。

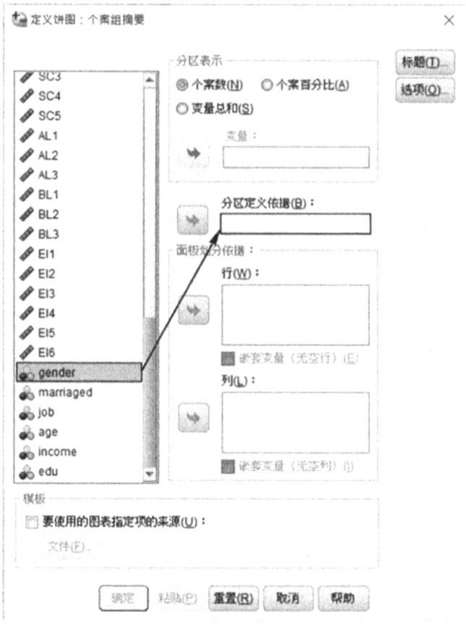

图 9.25

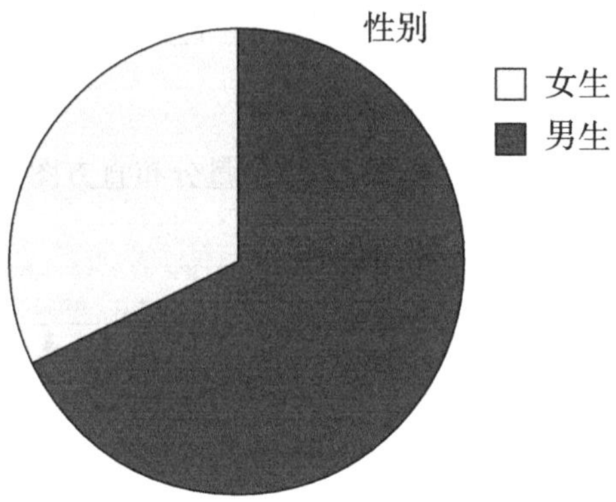

图 9.26

9.3.2 直方图（Histogram chart）

直方图主要是针对类别变量使用，直方图由无间隔的直条构成，其高度代表每个变量的数量。

1．通过“频率表”的指令做设定

Step1：开启“Practice model.sav”文件→选中“分析”→“描述统计”→“频

率”→会跳出“频率”的对话框→选中“CS1”进入“变量”对话框。

Step2： 选中“图表”→会跳出“频率：图表”的对话框→选中“直方图”→“继续”→“确定”（图9.27）。

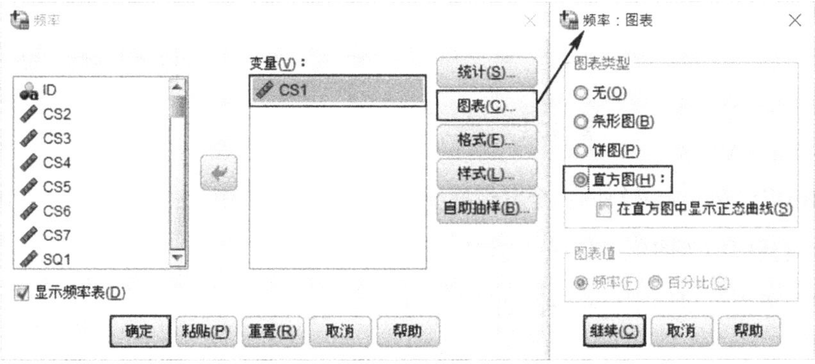

图 9.27

2．直接用“图形”指令做设定

Step： 开启“Practice model.sav”文件→选中“图形”→“旧对话框”→“直方图”（图9.28）→会跳出“直方图”的对话框→选中“CS1”至“变量”对话框（图9.29）→“确定”。

输出界面可得CS1变量分布直方图如图9.30所示。

图 9.28

图 9.29

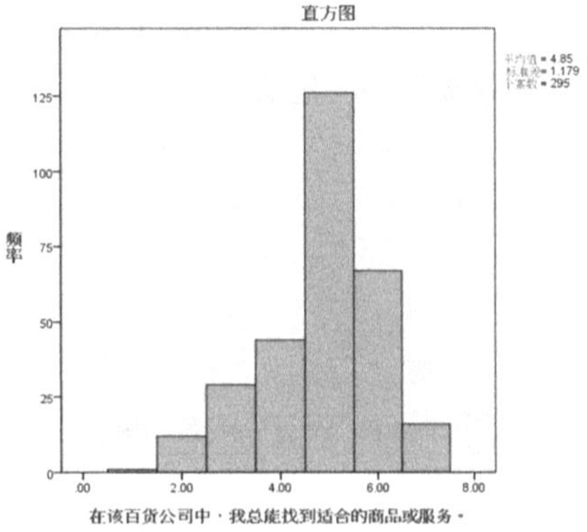

图 9.30

9.3.3　条形图（Bar chart）

条形图主要是针对连续变量使用，条形图由有间隔的直条构成，其高度即代表每个变量的数量。

1. 通过“频率表”的指令做设定

Step1：开启“Practice model.sav”文件→选中“分析”→“描述统计”→“频率”→会跳出“频率”的对话框→选中“CS1”至“变量”对话框。

Step2：选中“图表”→会跳出“频率：图表”的对话框→选中“条形图”→“继续”→“确定”（图9.31）。

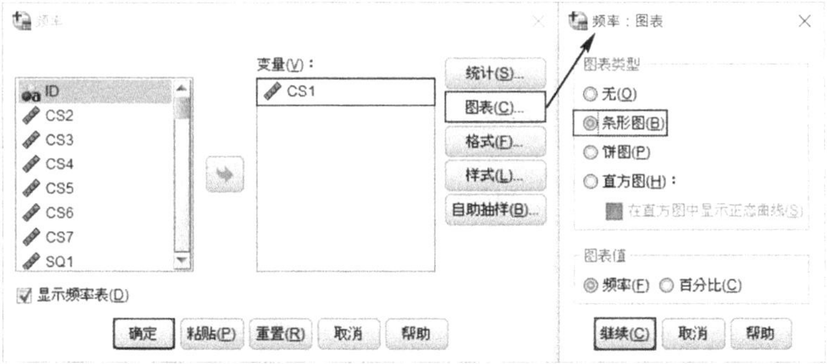

图 9.31

2. 直接用“图形”指令做设定

Step1：开启“Practice model.sav”文件→选中“图形”→“旧对话框”→“条

形图”（图9.32）→会跳出“条形图”的对话框（图9.33）→选中“简单”→选中“个案组摘要”→“定义”。

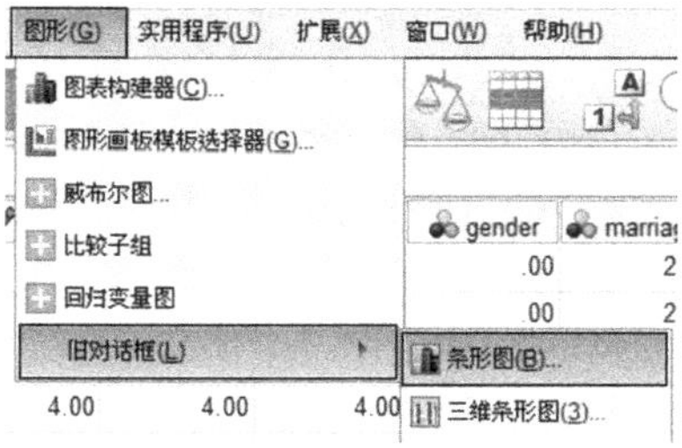

图 9.32

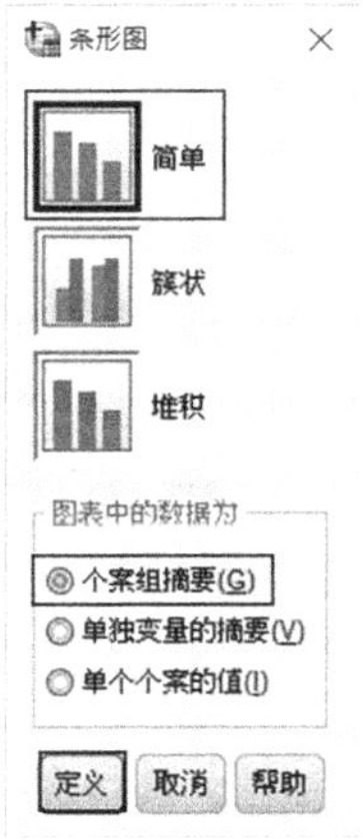

图 9.33

Step2： 在“定义简单条形图：个案组摘要”对话框，选中“gender”至“类别轴”对话框（图9.34）→“确定”。

输出界面可得性别分布的条形图如图9.35所示。

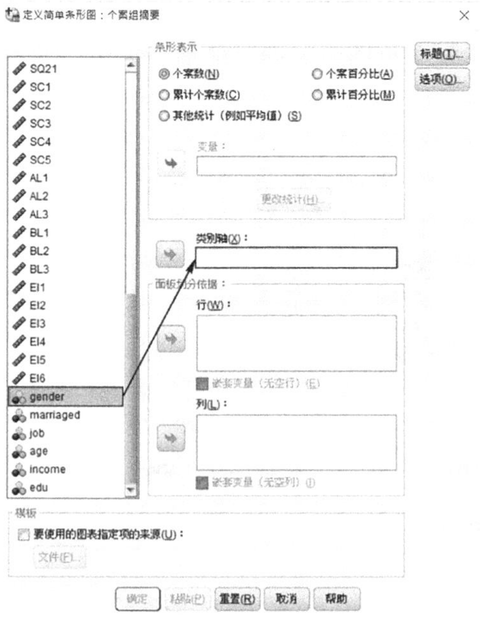

图 9.34

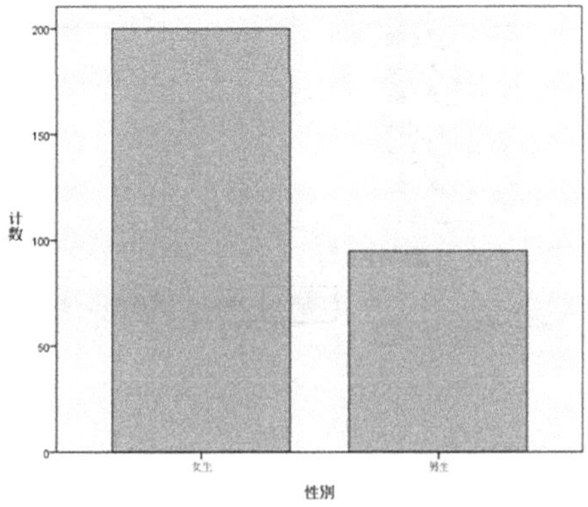

图 9.35

9.3.4 盒形图（Box-Plot chart）

盒形图主要是用来检查资料中是否有极端值，若出现极端值，会在下方出现样本的编号。

Step1： 开启“Practice model.sav”文件→选中“图形”→“旧对话框”→“箱图”（图9.36）→会跳出“箱图”的对话框（图9.37）→选中“简单”→选中“个案组摘要”→“定义”。

Step2： 在“定义简式箱图：个案组摘要”对话框，选中“CS1”至“变量”对话框中→选中“gender”至“类别轴”对话框中（图9.38）→“确定”。

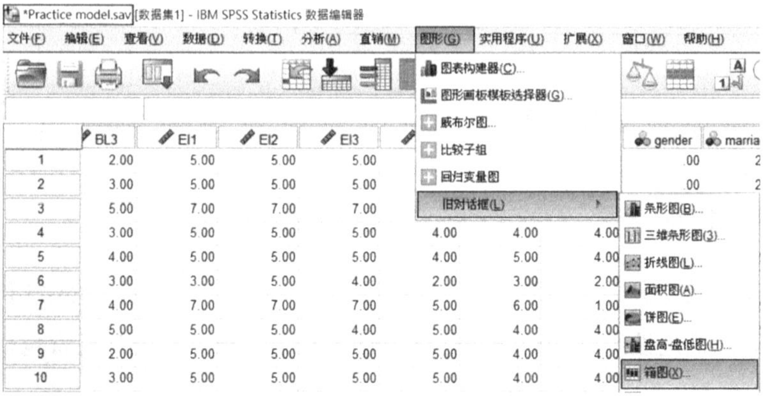

图 9.36

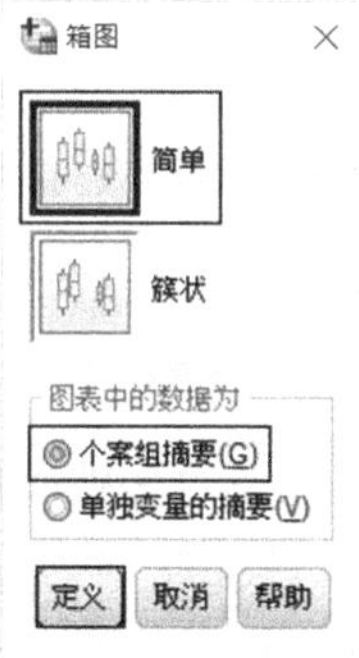

图 9.37

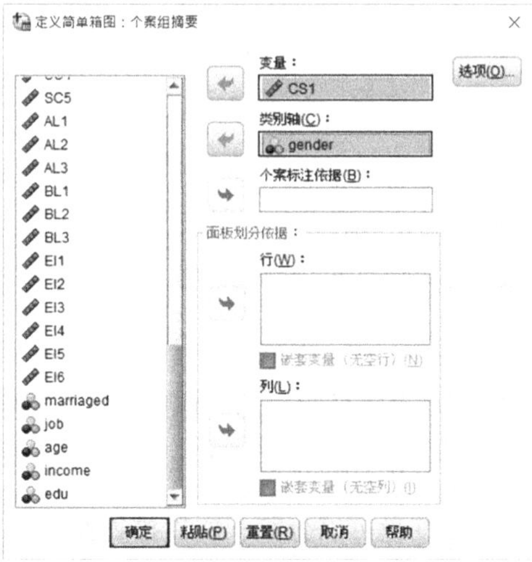

图 9.38

输出界面可得性别与CS1变量分布的盒形图如图9.39所示。若出现极端值，则会出现样本的编号如图9.40所示，表示样本34、37、70、80为极端值。

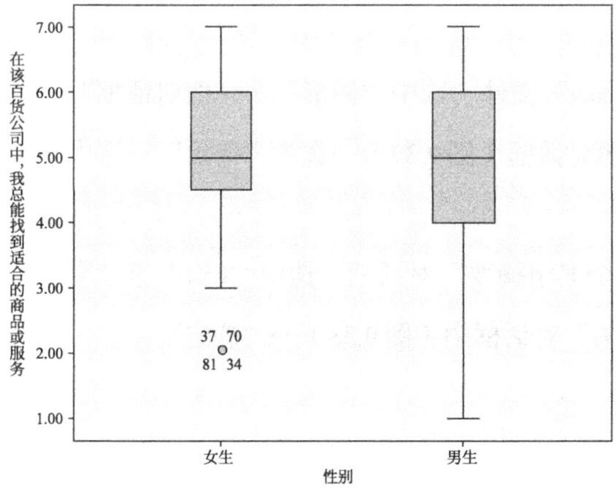

图 9.39

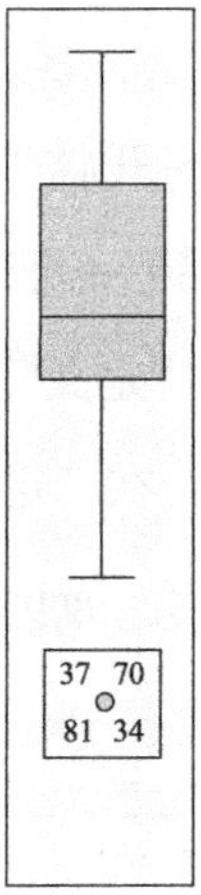

图 9.40

9.4 描述统计量（Descriptive Statistics）

基本统计方法分为描述性统计（Descriptive Statistics）和推论性统计（Inferential Statistics）。推论性统计相对于描述性统计更复杂。推论性统计通常包括平均值检验与斜率检验，平均值检验的方式包括t检验（t-test）、方差分析（ANOVA Analysis）等。斜率检验包括多元回归分析（Multiple Regression Analysis）、罗吉斯回归（Logistic Regression）、典型相关分析（Canonical Correlation Analysis）、路径分析（Path Analysis）等，这部分于后续章节再来介绍。此外，目前社会上大部分类似于大数据分析，大概70%都是在做描述性分析。因此，弄懂描述性统计的内容这是一个很好的优势。就先从描述性统计来一一说明。

描述性统计是为了了解类别变量与连续变量的特性，包括平均值、标准差、最小值、最大值、方差等资料。会以频率表、叙述统计表、交叉表、复选题分析表等的方式呈现，分析的报表的制作和解读将在接下来的内容中逐一介绍。

首先，需要了解的是：描述性统计以分析连续变量为主。由于类别变量不能切割，而连续变量可以分割，所以描述性统计要报告平均值、标准差、方差、偏度、峰度。交叉表是一个表示两个类别变量关联性的计数，又称为列联表分析，它能提供许多细节的信息，因此在市场研究上的运用相当广泛。复选题分析表则是了解受测者两个或两个以上的偏好，在实务的研究上也非常重要。以下就一一介绍这些方法的操作。以“Practice model.sav”为例分析。

1．描述性统计界面操作

Step1：开启“Practice model.sav”文件→选中“分析”→“描述统计”→“描述”（图9.41）。

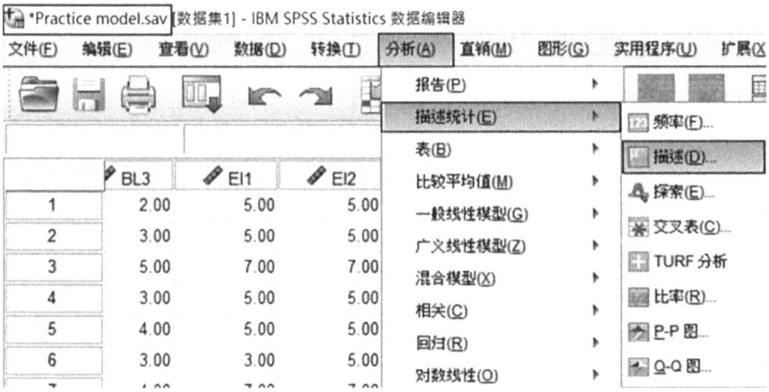

图9.41

Step2：在“描述”的对话框下，选中“CS1～CS7”至“变量”的对话框中（图9.42）→选中“选项”→勾选“平均值、标准差、最大值、最小值、峰度、偏度”→“继续”→“确定”（图9.43）。

执行后于数据输出界面得到报表如图9.44所示。

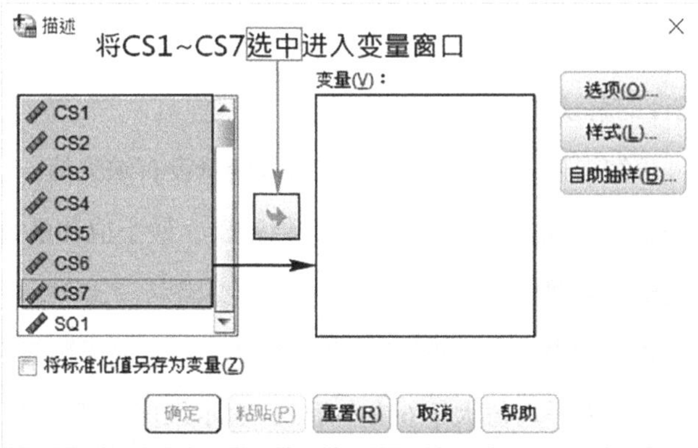

图9.42

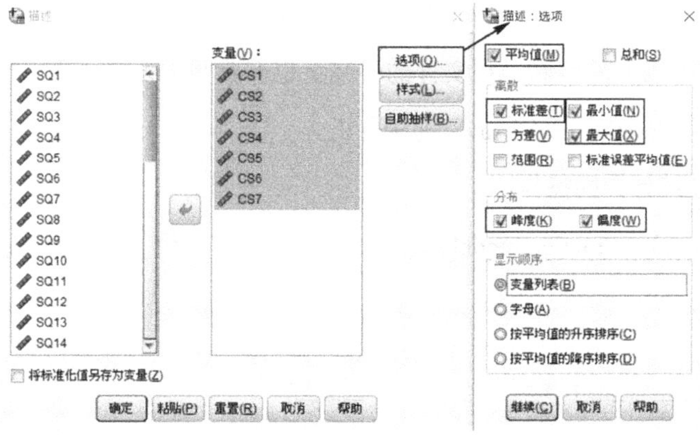

图 9.43

描述统计

	个案数	最小值	最大值	平均值	标准差	偏度		峰度	
	统计	统计	统计	统计	统计	统计	标准误差	统计	标准误差
CS1 在该百货公司中，我总能找到适合的商品或服务。	295	1.00	7.00	4.8542	1.17909	-.605	.142	.270	.283
CS2 对于该百货公司所提供的商品价格，我感到满意。	295	1.00	7.00	4.1356	1.36099	-.191	.142	-.503	.283
CS3 我向该百货公司所提出问题需要解决时，能迅速得到处理。	295	1.00	7.00	4.6712	1.18538	-.574	.142	.638	.283
CS4 我觉得该百货公司所提供的服务设备，如洗手间、询服台，休憩区很完备。	295	1.00	7.00	5.5898	1.21690	-.975	.142	1.205	.283
CS5 该百货公司常举办一些令我惊喜的活动（如周年庆，生日礼）	295	1.00	7.00	4.8847	1.27786	-.354	.142	.295	.283
CS6 该百货公司所提供多样化的付款方式，如信用卡、金融卡、分期付款，礼券等，让我觉得很方便。	295	1.00	7.00	5.0881	1.20615	-.276	.142	.184	.283
CS7 与服务人员交谈时，我喜欢他们的响应方式。	295	2.00	7.00	4.9492	1.05340	-.232	.142	.030	.283
有效个案数（成列）	295								

图 9.44

2．描述性统计的解读

（1）由图9.44可知，样本数为295，说明这些变量没有缺失值。

（2）最小值和最大值通常说明是否存在建档错误，最小值和最大值均在1～7范围内，说明这些变量没有建档错误。

（3）如果平均值、众数与中位数三者的数值接近，表示资料符合正态分布。以7点尺度量表为例，如果平均值大于6或小于2，表示尺度过于集中，缺乏鉴别力，此题应予删除。对于7点尺度来说，一般理想的平均值在2～5之间，平均值不能过高或过低。若答案都填写在3～4或4～5之间的话，就要借助标准差来分析了。

（4）方差或标准差太小，表示尺度过于集中，该题应删除。通常数字填写过于集中时，方差会很小，标准差自然也会很小。但是很难判断标准差多小是小，因此可以衡量全距（Range）与标准差的比值，即全距或称极差（最大值减去最小值），比值越大，代表标准差则越小。一般建议，如果比值大于6，说明标准差太小，题目过度集中；比值介于5～6之间说明可以接受；比值介于4～5之间则比较理想。

（5）偏度和峰度决定数据是否符合单变量正态分配。一般来说，偏度和峰度均为0，称作标准正态分配。统计学教材中一般规定“偏度为0，峰度为3”叫作标准正态。但统计软件中以“偏度为0，峰度为0”，认为是标准正态。一般建议，偏度绝对值<2（Leech, Barrett, & Morgan, 2005），峰度绝对值<7为符合单变量正态分配（Kline, 2005）。

3．描述统计的写作方法

由表9.2可知，有效问卷总计295份；最小值为1，最大值为7，均在1～7范围内，表示这些变量没有建档错误；平均值介于4.14～5.59之间，符合无大于6或小于2过于集中的标准，表示所有的题目均有鉴别力。各题项偏度值介于0.19～–0.97之间，峰度值介于–0.50～1.21之间，符合Kline（2005）所提出的偏度绝对值小于2以内，峰度绝对值小于7，可视为正态，表研究资料无严重的偏差情形。

表9.2　频率表

	N	最小值	最大值	平均值	标准差	偏度	峰度
CS1 在该百货公司中，我总能找到适合的商品或服务。	295	1.00	7.00	4.85	1.18	0.60	0.27
CS2 对于该百货公司所提供的商品价格，我感到满意。	295	1.00	7.00	4.14	1.36	0.19	–0.50
CS3 我向该百货公司所提出问题需要解决时，能迅速得到处理。	295	1.00	7.00	4.67	1.19	0.57	0.64
CS4 我觉得该百货公司所提供的服务设备，如洗手间、换尿布台、休憩区很完备。	295	1.00	7.00	5.59	1.22	–0.97	1.21
CS5 该百货公司常举办一些令我惊喜的活动（如周年庆、生日礼）	295	1.00	7.00	4.88	1.28	0.35	0.30

续表

	N	最小值	最大值	平均值	标准差	偏度	峰度
CS6 该百货公司所提供多样化的付款方式，如信用卡、金融卡、分期付款、礼券等，让我觉得很方便。	295	1.00	7.00	5.09	1.21	0.28	0.18
CS7 与服务人员交谈时，我喜欢他们的响应方式。	295	2.00	7.00	4.95	1.05	0.23	0.03

9.5 交叉表（Contingency Tables）

交叉表就是检查两个以上的类别变量交叉所占的比例，例如男生和女生对不同广告媒体的偏好程度。需要注意的是，如果两个变量有因果关系，自变量要放在列，因变量要放在行。例如，若要了解使用手机的时间是否会对头痛有影响，那么“手机使用时间”这个变量要放在“列”中，“头痛”这个变量要放在“行”中。以“Practice model.sav”中性别对学历的影响程序为例进行分析。

1．交叉表界面操作

Step1：开启“Practice model.sav”文件→选中“分析”→“描述统计”→“交叉表”（图9.45）。

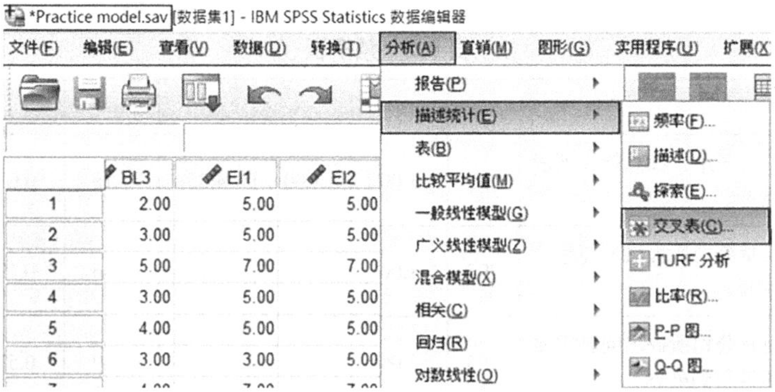

图 9.45

Step2：在“交叉表”对话框中选中“gender”至“行”对话框→选中“school”至“列”对话框→ 选中“统计”→在“交叉表：统计”对话框中勾选“卡方”“Phi 和克莱姆 V”→“继续”（图9.46）。

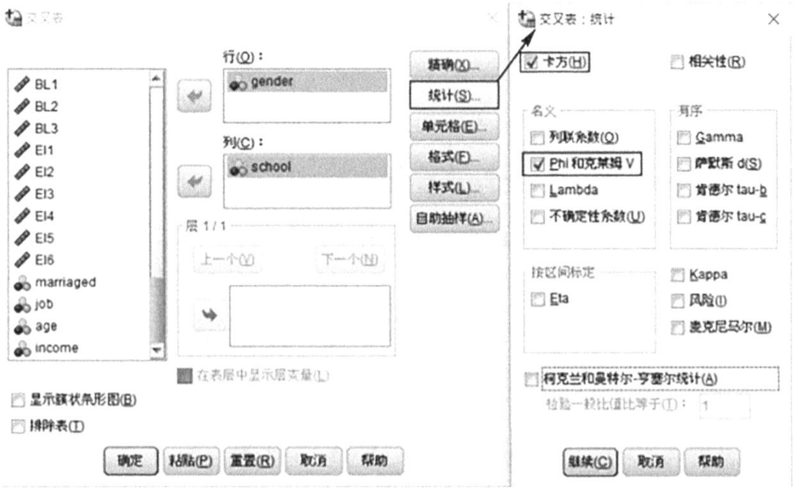

图 9.46

Step3： 选中“单元格”→在“交叉表：单元格显示”对话框中勾选“实测”“总计”→“继续”→“确定”（图9.47）。

图 9.47

输出结果如图9.48所示。个案处理摘要表中，有效样本为295个，此表也可再次检查是否有缺失值。而交叉列表中如有任何一个观察值小于5，则需利用重新编码指令将变量合并后，再进行卡方检验。卡方检验和Phi和克莱姆V可检查两个变量之间有无关系。卡方检验仅说明是否显著，而Phi和克莱姆V可以说明相关差异有多少。

个案处理摘要

	个案					
	有效		缺失		总计	
	N	百分比	*N*	百分比	*N*	百分比
gender 性别 * school 学历	295	100.0%	0	0.0%	295	100.0%

gender 性别 * school 学历 交叉表

			school 学历			
			1.0 高中以下	2.0 本科	3.0 硕士以上	总计
gender 性别	1.00 男生	计数	14	60	21	95
		占总计的百分比	4.7%	20.3%	7.1%	32.2%
	2.00 女生	计数	40	130	30	200
		占总计的百分比	13.6%	44.1%	10.2%	67.8%
总计		计数	54	190	51	295
		占总计的百分比	18.3%	64.4%	17.3%	100.0%

卡方检验

	值	自由度	渐进显著性（双侧）
皮尔逊卡方	2.889[a]	2	0.236
似然比(L)	2.852	2	0.240
线性关联	2.760	1	0.097
有效个案数	295		

a. 0 个单元格 (0.0%) 的期望计数小于 5。最小期望计数为 16.42。

对称测量

		值	渐进显著性
名义到名义	Phi	0.099	0.236
	克莱姆 V	0.099	0.236
有效个案数		295	

图 9.48

2．交叉表的写作方法

由表9.3性别与学历交叉分析表可知，在女生部分学历的布局情况，高中以下为40人，比例13.6%；本科为130人，比例44.1%；研究生以上为30人，比例10.2%；女生人数总计200人，比例67.8%。男生部分的学历布局情况，高中以下为14人，比例4.7%；本科为60人，比例20.3%；研究生以上为21人，比例7.1%；男生人数总计为95人，比例32.2%。若是学历中的高中以下程度进行比较，合计为54人，占比18.3%，分别为女生40人，占比13.6%，男生14人，占比4.7%。

表9.3　性别与学历交叉分析表

gender 性别 *school 学历			school 学历			总计
			高中以下	本科	硕士以上	
gender 性别	女生	计数	40	130	30	200
		占比 / %	13.6	44.1	10.2	67.8
	男生	计数	14	60	21	95
		占比 / %	4.7	20.3	7.1	32.2
总计		计数	54	190	51	295
		占比 / %	18.3	64.4	17.3	100.0

9.6　复选题分析（Multiple Responses）

一般在实务性研究中复选题是常用的调查方法，有时对于一个问题研究对象未必只有一个答案，亦即答案本身并不互斥，如果强迫只能选择其一，易造成研究偏误。例如，调查影响消费者到百货公司消费的因素，显然消费者会受到多种因素的影响，如果强迫消费者只能选一个，会造成信息不齐全，此时复选题就会派上用场。研究者也可以通过复选题分析得到每个选项的权重，了解每个选项的重要性，有利于排定公司经营策略的优先顺序。

在学术研究中，复选题就不是常用的问卷设计方式了，除了分析上相较于单选题会复杂些外，主要原因是学术论文通常探讨的是显著性的检验，如均值差异或变量影响是否显著，而复选题分析不具有统计的检验能力，因此，学术研究上应用较少。

SPSS分析复选题使用频率表与交叉数据表进行说明。复选题使用的频率表主要是了解样本的频率、百分比；而交叉分析是将类别变量纳入复选题的分析中。例如想知道不同时代的消费者选择百货公司所关注的重点是否有所不同，此时就可以使用交叉表的功能。复选题的频率表与复选题的交叉分析表操作步骤如下。

1．复选题建档

每个调查的题目数据占有一个栏位，复选题建档步骤请参考8.3.1定义变量中的详细说明。

2．复选题[1]频率表界面操作

Step1： 开启“Multiple Responses.sav”文件→选中“变量视图”→确认类别变量的“值”是否设定完成。

Step2： 选中“分析”→“多重响应”→“定义变量集”（图 9.49）。

图 9.49

注：SPSS 中默认一个栏位是一个题目，而复选题是许多栏位为一个题目，因此要先进行定义。

Step3： 在“定义多重响应集”对话框中选中“c7m1～c7m14”至“集合中的变量”的对话框中→选中“二分法”，“计数值”对话框中录入“1”→“名称”对话框中录入“c7”→选中“添加”→“多重响应集”对话框中会出现“$ c7”→“关

[1] 详细操作视频，请关注公众号张伟豪量化学院，点击“量化服务”→SPSS 专书→复选题操作视频。

闭”（图9.50）。

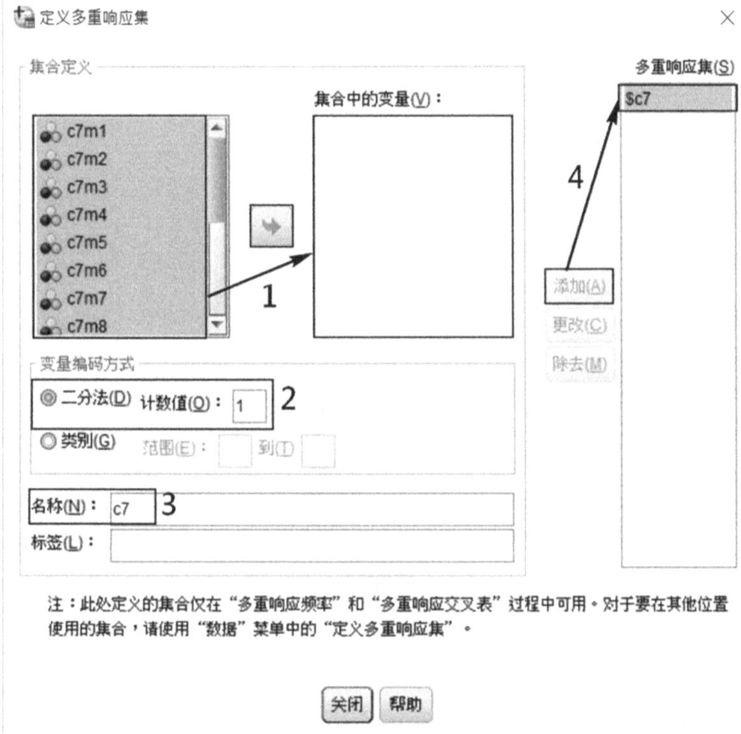

图9.50

完成Step1～Step3的步骤就完成了复选题变量的定义。此时再重新回到复选题选项时，会发现“频率”与“交叉表”，就可以选中了（图9.51）。

图9.51

Step4： 选中“分析”→“多重响应”→“频率”（图9.52）。

Step5： 在“多重响应频率”对话框中选中“$ c7”至“表”对话框→“确定”（图9.53）→数据输出界面中会出现频率表。

图 9.52

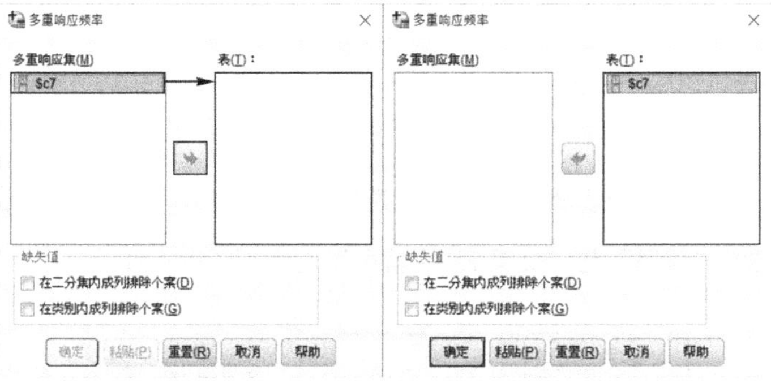

图 9.53

3. 复选题交叉表界面操作

执行复选题交叉分析前，先检查复选题变量的定义是否完成，如未完成操作步骤请参考复选题频率表界面操作中Step1～Step3的步骤（图9.49、图9.50）。

Step1： 开启“Multiple Responses.sav”文件→选中“分析→“多重响应”→“交叉表”（图9.54）。

图 9.54

Step2："多重响应交叉表"对话框中选中"$ c7"至"行"对话框→选中"gen（时代）"至"列"对话框→选中"定义范围"→在"复选题交叉数据表：定义范围"对话框，"最小值"对话框中录入"1"，"最大值"对话框中录入"4"→"继续"→"确定"（图9.55）。

数据输出界面会出现交叉表[1]。

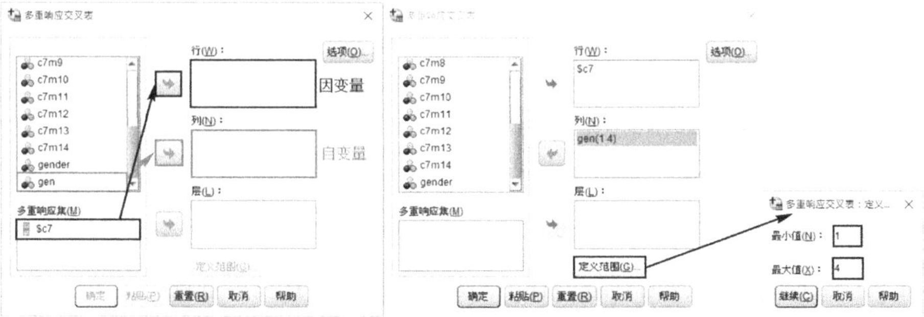

图 9.55

❶ 详细操作视频，请关注公众号张伟豪量化学院，点击"量化服务"→ SPSS 专书→交叉表操作视频。

上述步骤所产生的报表，是依据填答人次做分析，须注意若每群之间样本值差异太大，仅看数值的大小会容易产生推论上的偏误。因此，需再配合“行”与“列”的百分比来做说明。“行”与“列”的操作步骤如下：

（1）“列”百分比操作步骤。

Step3： 选中“分析→“多重响应”→“交叉表”。

Step4： 在“多重响应交叉表”对话框中选中“$ c7”至“行”对话框→选中“gen（世代）”至“列”对话框→选中“定义范围”→在“多重响应交叉表：定义范围”对话框，“最小值”的对话框中录入“1”，“最大值”的对话框中录入“4”→选中“选项”→在“复选题交叉数据表：选项”对话框中勾选“列”（图 9.56）→“继续”→“确定”。

数据输出界面会出现交叉表。

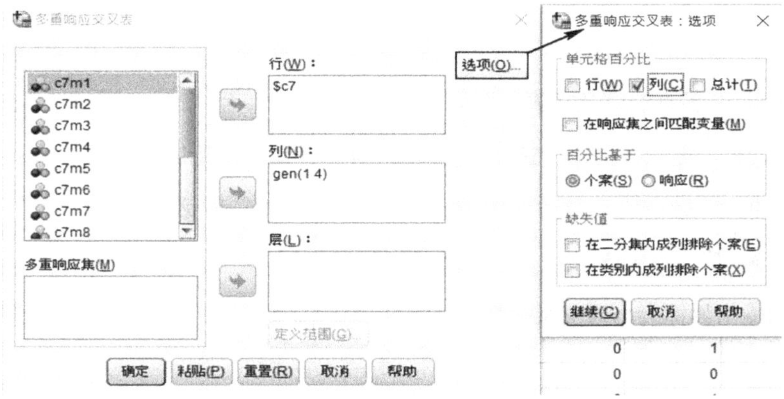

图 9.56

（2）“行”百分比操作步骤。

Step5： 选中“分析”→“多重响应”→“交叉表”。

Step6： 在“多重响应交叉表”对话框中选中“$ c7”至“行”对话框→ 选中“gen（世代）”至“列”对话框→选中“定义范围”→在“多重响应交叉表：定义范围”对话框，“最小值”的对话框中录入“1”，“最大值”的对话框中录入“4”→选中“选项”→在“复选题交叉数据表：选项”对话框，勾选“行”（图 9.57）→“继续”→“确定”。

数据输出界面会出现交叉表的报表。

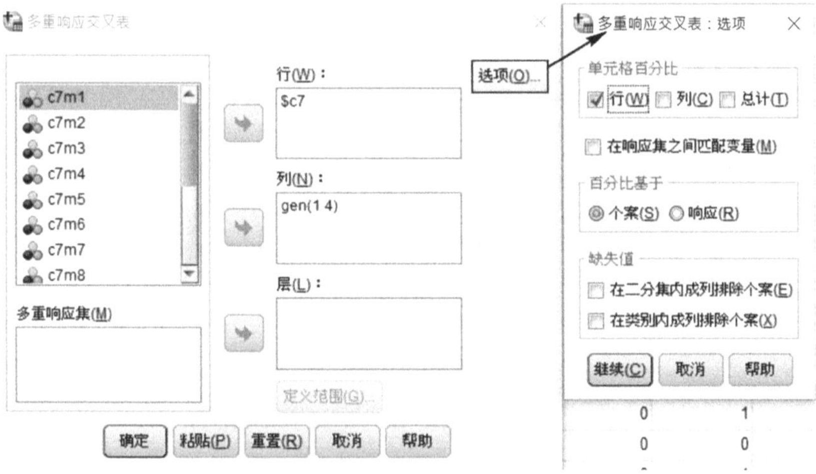

图 9.57

4．复选题报表界面

复选题报表界面分为两个部分，分别为复选题频次表与复选题交叉表，以下分别说明。

（1）复选题频次表。

复选题频次表报表界面（图9.58）包含两个部分，分别为：个案摘要与频率。个案摘要表中，有效样本为312个，而复选题总计被勾选1324人次，表示平均一个人勾选了4～5个选项。而频率表中的个案数为所有受测者填答该因素的加总次数。

（2）复选题交叉表。

复选题交叉表报表界面包含四个部分，分别为：个案摘要、交叉表（图9.59）、列百分比（图9.60）与行百分比（图9.61）。个案摘要表中，有效样本为312个，此表也可再次检查是否有缺失值。而交叉表中的总计为所有受测者填答该因素的加总次数，例如“价格便宜”的选项有180人次勾选，“商品齐全”则有163人次勾选。一般而言，在交叉表中，如果自变量与因变量是有因果关系的，则自变量须放在“列”，因变量须放在“行”。不过由图9.59可知，只有看到勾选的总次数，如果想进一步知道选项在各行与各列的百分比，则要借助百分比的分析了。

个案摘要

	个案					
	有效		缺失		总计	
	个案数	百分比	个案数	百分比	个案数	百分比
$c7[a]	312	100.0%	0	0.0%	312	100.0%

a. 使用了值 1 对二分组进行制表。

$c7 频率

		响应		个案百分比
		个案数	百分比	
$c7[a]	价格便宜	180	13.6%	57.7%
	商品齐全	163	12.3%	52.2%
	装潢新颖	72	5.4%	23.1%
	品牌形象	91	6.9%	29.2%
	停车费率	140	10.6%	44.9%
	外语服务	22	1.7%	7.1%
	服务态度	84	6.3%	26.9%
	促销活动	106	8.0%	34.0%
	停车方便	12	0.9%	3.8%
	产品质量	154	11.6%	49.4%
	卖场面积	138	10.4%	44.2%
	售后服务	102	7.7%	32.7%
	账单可靠	51	3.9%	16.3%
	其他	9	0.7%	2.9%
总计		1324	100.0%	424.4%

a. 使用了值 1 对二分组进行制表。

图 9.58

个案摘要

	个案					
	有效		缺失		总计	
	个案数	百分比	个案数	百分比	个案数	百分比
$c7*gen	312	100.0%	0	0.0%	312	100.0%

$c7*gen 交叉表

			世代				总计
			60年代	70年代	80年代	90年代	
$c7[a]	价格便宜	计数	38	39	53	50	180
	商品齐全	计数	28	29	55	51	163
	装潢新颖	计数	2	7	29	34	72
	品牌形象	计数	16	19	29	27	91
	停车费率	计数	34	39	34	33	140
	外语服务	计数	5	10	4	3	22
	服务态度	计数	22	24	22	16	84
	促销活动	计数	16	22	41	27	106
	停车方便	计数	3	5	3	1	12
	产品质量	计数	37	50	37	30	154
	卖场面积	计数	26	37	38	37	138
	售后服务	计数	22	35	24	21	102
	账单可靠	计数	10	24	11	6	51
	其他	计数	4	5	0	0	9
总计		计数	80	74	84	74	312

a. 使用了值 1 对二分组进行制表。

图 9.59

百分比的分析有两种，分别为：列百分比与行百分比。图9.60的报表为列百分比，若想了解不同时代的消费者对于选择百货公司的原因，可依据列百分比来说明，例如“60年代”有80个样本，其中填写“价格便宜”的选项有38人次，勾选比例为47.5%，“70年代”有74个样本，其中填写“商品齐全”的选项有29人次，勾选比例为39.2%。

$c7*gen 交叉表

			世代				
			60年代	70年代	80年代	90年代	总计
$c7^a	价格便宜	计数	38	39	53	50	180
		占 gen 的百分比	47.5%	52.7%	63.1%	67.6%	
	商品齐全	计数	28	29	55	51	163
		占 gen 的百分比	35.0%	39.2%	65.5%	68.9%	
	装潢新颖	计数	2	7	29	34	72
		占 gen 的百分比	2.5%	9.5%	34.5%	45.9%	
	品牌形象	计数	16	19	29	27	91
		占 gen 的百分比	20.0%	25.7%	34.5%	36.5%	
	停车费率	计数	34	39	34	33	140
		占 gen 的百分比	42.5%	52.7%	40.5%	44.6%	
	外语服务	计数	5	10	4	3	22
		占 gen 的百分比	6.3%	13.5%	4.8%	4.1%	
	服务态度	计数	22	24	22	16	84
		占 gen 的百分比	27.5%	32.4%	26.2%	21.6%	
	促销活动	计数	16	22	41	27	106
		占 gen 的百分比	20.0%	29.7%	48.8%	36.5%	
	停车方便	计数	3	5	3	1	12
		占 gen 的百分比	3.8%	6.8%	3.6%	1.4%	
	产品质量	计数	37	50	37	30	154
		占 gen 的百分比	46.3%	67.6%	44.0%	40.5%	
	卖场面积	计数	26	37	38	37	138
		占 gen 的百分比	32.5%	50.0%	45.2%	50.0%	
	售后服务	计数	22	35	24	21	102
		占 gen 的百分比	27.5%	47.3%	28.6%	28.4%	
	账单可靠	计数	10	24	11	6	51
		占 gen 的百分比	12.5%	32.4%	13.1%	8.1%	
	其他	计数	4	5	0	0	9
		占 gen 的百分比	5.0%	6.8%	0.0%	0.0%	
总计		计数	80	74	84	74	312

a: 使用了值 1 对二分组进行制表。

图 9.60

图9.61的报表为行百分比，若想了解消费者选择百货公司的原因在不同时代的百分比，可依据行百分比来说明，例如“价格便宜”的选项总计有180人次勾选，其中于“60年代”的族群中有38人次，勾选比例为21.15%；于“70年代”的族群中有39人次，勾选比例为21.7%；于“80年代”的族群中有53人次，勾选比例为29.4%；于“90年代”的族群中有50人次，勾选比例为27.8%。

$c7*gen 交叉表

			世代				
			60年代	70年代	80年代	90年代	总计
$c7[a]	价格便宜	计数	38	39	53	50	180
		占 $c7 的百分比	21.1%	21.7%	29.4%	27.8%	
	商品齐全	计数	28	29	55	51	163
		占 $c7 的百分比	17.2%	17.8%	33.7%	31.3%	
	表演新颖	计数	2	7	29	34	72
		占 $c7 的百分比	2.8%	9.7%	40.3%	47.2%	
	品牌形象	计数	16	19	29	27	91
		占 $c7 的百分比	17.6%	20.9%	31.9%	29.7%	
	停车费率	计数	34	39	34	33	140
		占 $c7 的百分比	24.3%	27.9%	24.3%	23.6%	
	外语服务	计数	5	10	4	3	22
		占 $c7 的百分比	22.7%	45.5%	18.2%	13.6%	
	服务态度	计数	22	24	22	16	84
		占 $c7 的百分比	26.2%	28.6%	26.2%	19.0%	
	促销活动	计数	16	22	41	27	106
		占 $c7 的百分比	15.1%	20.8%	38.7%	25.5%	
	停车方便	计数	3	5	3	1	12
		占 $c7 的百分比	25.0%	41.7%	25.0%	8.3%	
	产品质量	计数	37	50	37	30	154
		占 $c7 的百分比	24.0%	32.5%	24.0%	19.5%	
	卖场面积	计数	26	37	38	37	138
		占 $c7 的百分比	18.8%	26.8%	27.5%	26.8%	
	售后服务	计数	22	35	24	21	102
		占 $c7 的百分比	21.6%	34.3%	23.5%	20.6%	
	账单可靠	计数	10	24	11	6	51
		占 $c7 的百分比	19.6%	47.1%	21.6%	11.8%	
	其他	计数	4	5	0	0	9
		占 $c7 的百分比	44.4%	55.6%	0.0%	0.0%	
总计		计数	80	74	84	74	312

a: 使用了值 1 对二分组进行制表。

图 9.61

5. 复选题的写作方法

（1）复选题频次表。

由表9.4可知，“价格便宜”填答的次数为180次、“商品齐全”填答的次数为163次、“产品质量”填答的次数为154次，为消费者选择百货公司原因的前三名，表示消费者选择百货公司时最优先考虑这三个因素。而“外语服务”“停车方便”填答的次数为消费者选择百货公司原因的倒数两名，表示消费者选择百货公司时，较不会考虑这两个因素。需要注意的是在复选题设计中为了预防研究者思虑不周详，会在最后选项写入“其他”，而此选项在所有选项中理应占有最少次数，如果次数过多，表示这个复选题考虑不够周延。

表 9.4　选择百货公司之因素的频率表

选择百货公司因素	N	百分比	观察值百分比
价格便宜	180	13.6%	57.7%
商品齐全	163	12.3%	52.2%
装潢新颖	72	5.4%	23.1%
品牌形象	91	6.9%	29.2%
停车费率	140	10.6%	44.9%
外语服务	22	1.7%	7.1%
服务态度	84	6.3%	26.9%
促销活动	106	8.0%	34.0%
停车方便	12	0.9%	3.8%
产品质量	154	11.6%	49.4%
卖场面积	138	10.4%	44.2%
售后服务	102	7.7%	32.7%
账单可靠	51	3.9%	16.3%
其他	9	0.7%	2.9%
总计	1324	100.0%	424.4%

（2）复选题交叉表。

交叉表报表界面（图9.59）汇整成表9.5，可知不同世代选择百货公司的因素占比，“60年代”的消费者优先考虑的因素为“价格便宜”“产品质量”；“70年代”优先考虑的因素为“产品质量”“价格便宜”“停车费率”；“80年代”优先考虑的因素为“商品齐全”“价格便宜”；“90年代”优先考虑的因素为“商品齐全”“价格便宜”，由此分析可以了解不同世代选择百货公司因素是不尽相同的。

表 9.5　不同世代消费者选择百货公司因素的交叉表

选择百货公司因素	世代				总计
	60 年代	70 年代	80 年代	90 年代	
价格便宜	38	39	53	50	180
商品齐全	28	29	55	51	163
装潢新颖	2	7	29	34	72
品牌形象	16	19	29	27	91
停车费率	34	39	34	33	140

续表

选择百货公司因素	世代				总计
	60 年代	70 年代	80 年代	90 年代	
外语服务	5	10	4	3	22
服务态度	22	24	22	16	84
促销活动	16	22	41	27	106
停车方便	3	5	3	1	12
产品质量	37	50	37	30	154
卖场面积	26	37	38	37	138
售后服务	22	35	24	21	102
账单可靠	10	24	11	6	51
其他	4	5	0	0	9
样本数	80	74	84	74	312

由列百分比结果（图9.60）汇整成表9.6，可知不同世代对选择百货公司因素，“60年代”中将近半数的人（47.5%）都对于百货公司“价格便宜”的因素较在意，“70年代”中超过半数的人（67.6%）都对于百货公司“产品质量”的因素较在意，“80年代”与“90年代”中超过半数的人（65.5%与68.9%）都对于百货公司“商品齐全”的因素较在意。

表 9.6　不同世代消费者选择百货公司因素的百分比交叉表

选择百货公司因素		世代				总计
		60 年代	70 年代	80 年代	90 年代	
价格便宜	计数	38	39	53	50	180
	占比 /%	47.5%	52.7%	63.1%	67.6%	
商品齐全	计数	28	29	55	51	163
	占比 /%	35.0%	39.2%	65.5%	68.9%	
装潢新颖	计数	2	7	29	34	72
	占比 /%	2.5%	9.5%	34.5%	45.9%	
品牌形象	计数	16	19	29	27	91
	占比 /%	20.0%	25.7%	34.5%	36.5%	
停车费率	计数	34	39	34	33	140
	占比 /%	42.5%	52.7%	40.5%	44.6%	

续表

选择百货公司因素		世代				总计
		60 年代	70 年代	80 年代	90 年代	
外语服务	计数	5	10	4	3	22
	占比 /%	6.3%	13.5%	4.8%	4.1%	
服务态度	计数	22	24	22	16	84
	占比 /%	27.5%	32.4%	26.2%	21.6%	
促销活动	计数	16	22	41	27	106
	占比 /%	20.0%	29.7%	48.8%	36.5%	
停车方便	计数	3	5	3	1	12
	占比 /%	3.8%	6.8%	3.6%	1.4%	
产品质量	计数	37	50	37	30	154
	占比 /%	46.3%	67.6%	44.0%	40.5%	
卖场面积	计数	26	37	38	37	138
	占比 /%	32.5%	50.0%	45.2%	50.0%	
售后服务	计数	22	35	24	21	102
	占比 /%	27.5%	47.3%	28.6%	28.4%	
账单可靠	计数	10	24	11	6	51
	占比 /%	12.5%	32.4%	13.1%	8.1%	
其他	计数	4	5	0	0	9
	占比 /%	5.0%	6.8%	0.0%	0.0%	
样本数		80	74	84	74	312

由行百分比结果（图9.61）汇整成表9.7，可知消费者选择百货公司的因素在不同世代的百分比，“价格便宜”的因素中，年轻人的世代“80年代”（29.4%）与“90年代”（27.8%）高于年长者的世代“60年代”（21.1%）与“70年代”（21.7%）；其中“装潢新颖”的因素中，年轻人的世代“80年代”（40.3%）与“90年代”（47.2%）明显高于年长者的世代“60年代”（2.8%）与“70年代”（9.7%）；表示年轻人对于“价格便宜”“装潢新颖”较为重视。值得注意是，在“产品质量”的因素中，年长者的世代“60年代”（24.0%）与“70年代”（32.5%）明显高于年轻人的世代“80年代”（24.0%）与“90年代”（19.5%）表示年长者对于“产品质量”较为重视。

表 9.7 消费者选择百货公司的因素在不同世代的百分比交叉表

选择百货公司因素		世代				总计
		60 年代	70 年代	80 年代	90 年代	
价格便宜	计数	38	39	53	50	180
	占比 / %	21.1	21.7	29.4	27.8	
商品齐全	计数	28	29	55	51	163
	占比 / %	17.2	17.8	33.7	31.3	
装潢新颖	计数	2	7	29	34	72
	占比 / %	2.8	9.7	40.3	47.2	
品牌形象	计数	16	19	29	27	91
	占比 / %	17.6	20.9	31.9	29.7	
停车费率	计数	34	39	34	33	140
	占比 / %	24.3	27.9	24.3	23.6	
外语服务	计数	5	10	4	3	22
	占比 / %	22.7	45.5	18.2	13.6	
服务态度	计数	22	24	22	16	84
	占比 / %	26.2	28.6	26.2	19.0	
促销活动	计数	16	22	41	27	106
	占比 / %	15.1	20.8	38.7	25.5	
停车方便	计数	3	5	3	1	12
	占比 / %	25.0	41.7	25.0	8.3	
产品质量	计数	37	50	37	30	154
	占比 / %	24.0	32.5	24.0	19.5	
卖场面积	计数	26	37	38	37	138
	占比 / %	18.8	26.8	27.5	26.8	
售后服务	计数	22	35	24	21	102
	占比 / %	21.6	34.3	23.5	20.6	
账单可靠	计数	10	24	11	6	51
	占比 / %	19.6	47.1	21.6	11.8	
其他	计数	4	5	0	0	9
	占比 / %	44.4	55.6	0.0	0.0	
样本数		80	74	84	74	312

第十章 测量模型分析

本章介绍测量模型分析。测量模型分析的目的，一是了解测量变量的信度、效度；二是避免调研时的一些错误；三是了解调查的变量是否真能测到需要的信息；四是观察与真实值的差距；五是检验这些变量是否真如假设的有各自的特性。常用的分析有因素分析、信度与效度、相关分析等。

10.1 因素分析（Factor Analysis）

因素分析在SPSS分析中占有重要地位，其通常是决定研究构念信、效度是否良好的第一个分析。如果研究者无法证明所调查的数据有足够的信、效度代表所测量的构念，那么后续的显著性检验也变得毫无价值。

什么样的研究会用到因素分析？通常有以下几种情形。

（1）问卷的发展未有清楚变量归类时；（2）研究中的变量很多，且变量之间有部分变量具有较高度的相关时；（3）某些特定的问卷，如生活型態量表（Activities，Interests，and Opinions Scale，简称AIO）或价值观及生活方式调查量表（Values and Lifestyle Survey, VALS）或性格特质量表等；（4）研究中有维度的概念，尤其是心理测量；（5）筛选维度中所有题目的好坏；（6）研究中需要计算Cronbach's α值。

“因素”在研究上有许多不同的名称，如构念（construct）、组件（component）、潜在变量（latent variable）、不可观察变量（unobserved variable）、维度（dimension）等。因素分析主要是用来辨识一组观察变量间的相关被因素解释的程度。一般研究调查的变量有很多，很难全部代入模型中分析，而且变量一多，相似变量就会增加，容易造成部分变量间相关较大，即共线性的问题，使得估计参数的大小、方向及显著性受到影响，进而导致错误的结论。因此，因素分析是一种可以把较多的变量，缩减成较少的几个因素，且能对变量解释能力极大化的一种统计方法。

如图 10.1 所示就是把 6 个变量，简化成两个变量的模型图，接下来的分析就直接用 F1 与 F2 进行分析即可。

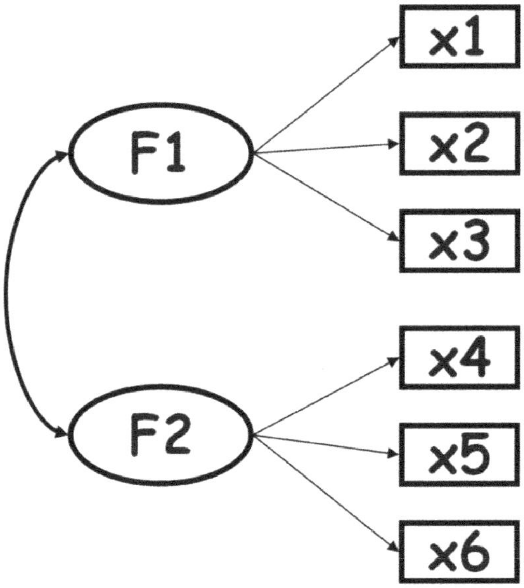

图 10.1　因素分析模型图

例如有 50 个人要拍照，如果想要把这 50 个人拍得清清楚楚，每个人各拍一张照片是最好的方式，但是却没有效率。一般会采取拍团体照的方式来节省时间和资源。但是一旦利用团体照的方式拍照，每个人在团体照中就可能无法照到最完整的正面。如果先用身高顺序将 50 个人分为三个群组，分别是 20 人、15 人、15 人，而且将拍到一个完整正面脸孔计为 1，拍到侧脸计为 0.5，依脸孔比例计数，再开始依次拍照，第一次照相中入镜的有 20 人，而这 20 个人中找到所有人的脸孔比例加总后得到 12，那么这张照片就可以解释 24% 的团体相貌（12/50）；同理，如果第二张照片入镜 15 人，在 15 人中找到所有人的脸孔比例加总后得到 13，那么第二张照片对团体相貌的解释比例就是 26%；第三张照片将剩下的 15 人再入镜，脸孔比例的加总为 6，那么第三张照片对团体相貌的解释比例为 12%。把三张照片对团体相貌的解释加总起来一共是62%，这个数字就是将原本可以100%解释所有人脸孔的50张照片简化成为三张照片后所得到的解释效果。

这就是因素分析在做的事情，因为无法将每个变量都拍出完整的照片，所以必须将这些变量依据相似的程度归类成数个因素，接着再看这些因素对于原本的变量可以有多少解释比例。只要因素分析的解释力超过50%，就视为能接受的结果。在统计工作中，“简化”与“精确”是个抵换的过程，两者只能取其大者来作为呈现的结果。

其实在日常生活中也常常用到因素分析法。例如，您到书店购买文具时，会发现书店会把铅笔归类成一区，圆珠笔归类成一区，橡皮擦归类成一区，这就是因素分析法的运用。再例如，您在整理家中的衣柜时，会将上衣类折好叠成同一堆，裤子折好叠成同一堆，袜子折好收在同一抽屉，外套吊起来挂在同一区，这也是因素分析法的运用。

因素分析包括探索式因素分析与验证式因素分析。

（1）探索式因素分析（Exploratory Factor Analysis, EFA）。探索式因素分析的适用情况有3种：构念因素数量未明、构念因素名称未知与问卷发展的探索。

探索式因素分析主要是将许多观察变量利用相关的大小归类成几个特定的因素。在探索式因素分析中常用的估计方法分别为主成分分析法（principal components analysis）及主轴因子法（principal axis factoring）。一般来讲，如果研究中主要考虑的是变量缩减，当重点放在萃取出最少的因素，得到最大的累积解释能力时，建议采用主成分分析法；相反，如果研究中主要考虑的是在变量中能找出多少个因素，则建议采用主轴法。然而这两种方法，产生的结果极为类似，一般建议采用主成分分析法即可（Hair et al., 2010）。

主成分分析法和主轴法都是把相关较高的变量设为一个因素，构念与构念之间假设是无相关，虽然感觉上这个假设似乎与现实有些脱节，但这是个很重要的特色，因为这样可以消除回归分析中共线性的问题。主成分分析法与主轴法把研究中的许多变量缩减成较少的因素，让模型变得比较简单易于解释。然而简化与准确之间存在着抵换关系，为了使研究尽可能地简化，只萃取出少数几个因素，同时又希望不要损失太多的信息，这样的两难需要在因素分析过程中做出恰当的决定，到底多少个因素需要被萃取？以下就探索式因素分析流程进行说明，如图10.2所示。

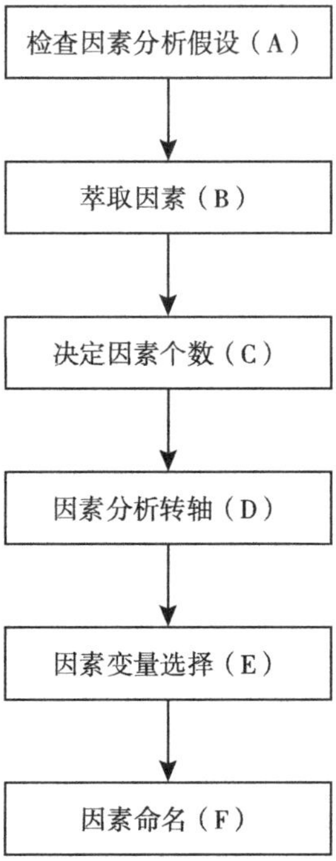

图10.2 探索式因素分析流程

A.检查因素分析假设。在进行因素萃取分析时，先考虑以下假设。

①分析数据形态应为区间尺度或比例尺度：在实务的应用中最常使用的是区间尺度，通常变量的类别越多越好，如果是李克特量表，建议至少是5点尺度，7点尺度更佳。如果是顺序尺度，必须符合等距要求。

②样本数：经验法则来看，有效的观察值至少是分析变量的10倍，不包含有缺失值的样本。例如，分析中有30个变量，至少需要300个有效样本。

③样本独立：所有观察值间无相关影响，通常只要不是重复测量，观察值为随机选取而来，独立性大多不会有问题。

④所有变量间要有足够的相关：由于因素分析是以皮尔森相关为基础，因此有足够的相关是很重要的，最常用的方法是进行相关分析，从相关矩阵可以看到变量之间两两的相关。一般而言，相关的绝对值至少要＞0.3，也就是至少要中度相关以上，若相关过低，变量应从分析数据中予以删除。当然，还有其他方法了解变量之间是否有足够的相关，如反映像矩阵。反映像矩阵描述的是一个变量的方差与其他变量方差独立的程度。如果希望相关越高越好，则反映像矩阵的值就越低越好。在做因素分析时，计算机软件会根据两个从反映像矩阵计算出来的指针来判断该资料文件是否适合做因素分析。一是Kaiser-Meyer-Olkin（KMO）统计量；二是巴雷特球形检验（Bartlett's test of sphericity）。KMO统计量又称为抽样适当测量值（measure of sampling adequacy, MSA），代表变量之间的相关被数据文件中其他变量解释的能力。Kaiser（1974）介绍KMO统计量并对门槛值提出建议，如表10.1所示。

巴雷特球形检验，则是先假设变量与变量之间的相关为0（虚无假设），由于在主成分分析中需要变量间具有较大的相关，因此在实务应用中，势必会拒绝虚无假设，因为变量间总会有一些相关存在，而相关越高，KMO值也越高，越适合进行因素分析。

表 10.1 KMO/ MSA 门坎对照

KMO/ MSA	相关适当性（Adequacy of the correlations）
＜0.50	无法接受（Unacceptable）
0.50 ~ 0.59	可悲的（Miserable）
0.60 ~ 0.69	普通的（Mediocre）
0.70 ~ 0.79	可接受（Middling）
0.80 ~ 0.89	有价值的（Meritorious）
＞0.90	非常好（Marvelous）

B.萃取因素。主要是将相关较高的几个变量归到一个因素，将其他相关次高的变量归到另一个因素，重复这个步骤直到所有的变量被适当归类为止。

一般以因素的特征值作为因素萃取的标准。何谓特征值？特征值是总方差中有多少的方差被因素所解释。例如，有20个变量，每个变量方差为1（因为标准化后每个变量的方差均为1），总方差为20，如果第1个因素特征值为5，表示这因素解释了5个方差，因此这个因素的解释能力为25%（5/20），接下来还剩余75%的总方差可以被其他因素解释；如果第2个因素的特征值为3，这个因素的解释能力为15%（3/20），累积方差达40%（25%+15%），总方差还有60%可以被其他的因素所解释，直到所有方差被解释完毕为止。

C.决定因素个数。萃取因素个数至总方差解释完毕即可，若因素数过多，则没有达到变量简化的目的。Kaiser（1960）提出建议准则，选取特征值＞1的因素。Jolliffe（1972）认为Kaiser的准则太大了，建议特征值0.7作为因素萃取的决断值，他认为用特征值为1可能使得有些有用的因素被排除。另外一种准则是，如果因素累积总方差量达到一定的解释力，就以当时的因素量为萃取因素的个数，一般建议标准为50%以上（Hair et al. 1998）。如果所萃取的因素连50%的解释方差量都无法达成，则应该放弃因素分析。Cattell（1966）建议采用陡坡图（scree graph）作为判定取得因素的标准，当某个因子的图形变得平坦后，以前一个作为萃取因素的标准。例如，第5个因素以后曲线就很平坦，则选择4个因素量做萃取的标准。

D.因素分析转轴。解释主成分分析法的结果要先了解因素萃取出来的因素负荷量。因素负荷量与因素的关系是回归，也就是变量与因素的皮尔森相关。因为是标准化的值，所以值会介于–1 ~ +1之间，因素负荷量越大，表示变量信度越高。为了使因素负荷量更容易解释，需进行因素转轴。转轴法常用的有两种，一是最大变异法（直交转轴法），二是直接斜交法。转轴的目的是为了让因素负荷量大的更大，小的更小，如此更易于观察。Mooi 与Sarstedt（2011）建议使用最大方差法来加强对结果的解释，只有在结果不容易解释时，才改用直接斜交法处理。

E.因素变量选择。因素分析时，所有因素要符合单一构念准则（uni–dimension），即因素所包含的变量只能属于该特定的因素，不可以与其他因素有关系。换句话说，变量除了与自有的因素有关系（因素负荷量）外，与其他因素相关（交叉负荷量）应该为0。但在实务上这是不可能的，Hair et al.（2010）建议，探索式因素分析中因素负荷量＞0.5的变量要保留，删除＜0.5的变量，因为因素负荷量太低表示该变量缺乏信度，因此予以删除；交叉负荷量不＞0.4，＞0.4表示该变量与另一个因素有较大的相关，违反单一构念准则，应予以删除。这些建议仅供参考，研究者可根据自己的需求决定。

F.因素命名。探索式因素分析通常不会知道有多少个因素被萃取，当然也无法先取名，待因素决定后，就必须加以命名。因素的命名要与变量的意义相接近，一般命名的依据是利用该构念题目的因素负荷量最高的3题作为命名的依据。

（2）验证式因素分析（Confirmatory Factor Analysis, CFA）。验证式因素分析适用情况有以下3种。一是构念因素数量已知；二是构念因素名称已知；三是理论发展的验证。验证式因素分析的流程如图10.3所示，因为所有的因素都有对应的构念，所以不需要萃取因素，也不需要重新命名。

探索式因素分析和验证式因素分析都需建立量表的建构效度、会聚效度及区别效度，如此问卷的分析才算完成。

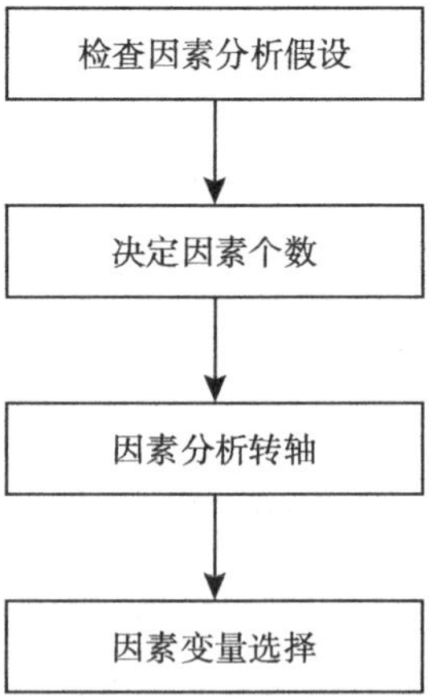

图 10.3　验证式因素分析流程

1. 因素分析的界面操作

Step1：开启“Practice model.sav”[1]文件→“分析”→“降维”→“因子”（图10.4）。

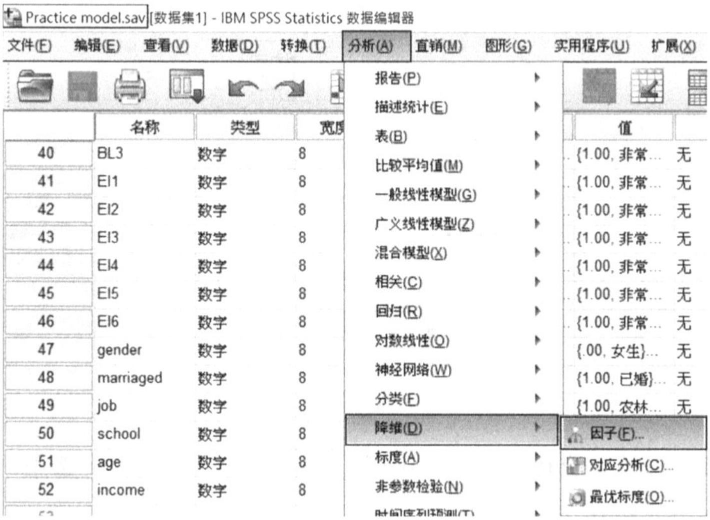

图 10.4

Step2：选择所有研究模型构念题目（CS1～CS7、SC1～SC5、AL1～AL3、BL1～BL3、EI1～EI6、tangible、reliable、response、assurence、empathy）至“变量”对话框（图10.5）。

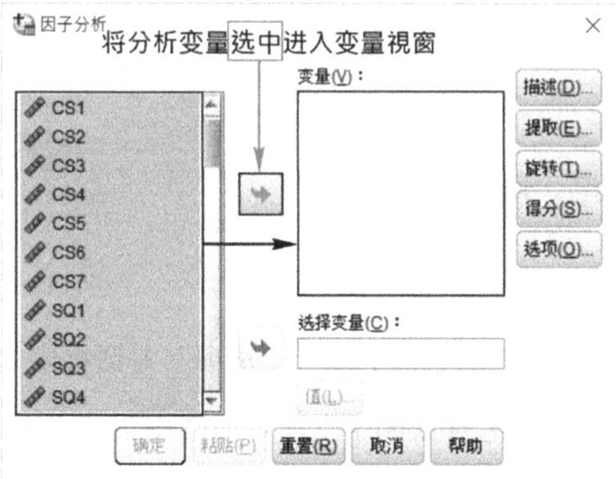

图 10.5

[1] 相关数据，请关注公众号张伟豪量化学院，点击“量化服务”→SPSS专书→第十章相关数据。

Step3: 选中“描述”→在“因子分析：描述”对话框中勾选“KMO 和巴特利特球形度检验”→“继续”（图 10.6）。

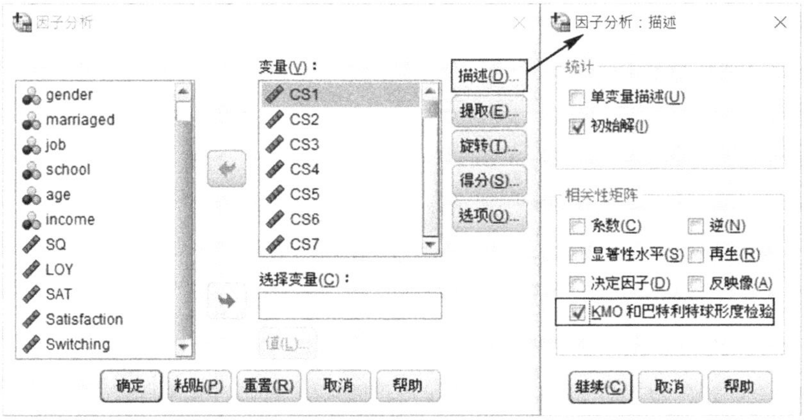

图 10.6

Step4: 选中“旋转”→在“因子分析：旋转”对话框中选中“最大方差法”→“继续”（图 10.7）。

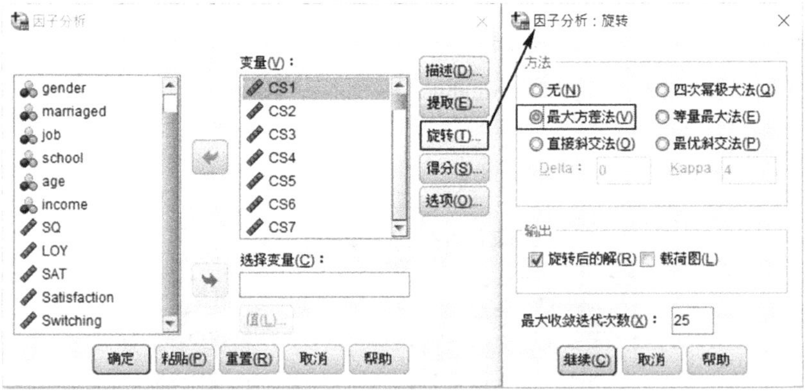

图 10.7

Step5: 选中“选项”→在“因子分析：选项”对话框中勾选“按大小排序”[1]及“排除小系数”[2]→在“绝对值如下”[3]对话框中设定 0.4→“继续”（图 10.8）

---

❶“按大小排序”，表示变量会依据因素负荷量的高低排列。
❷“排除小系数”，表示隐藏低于因素负荷量 0.4 的变量。
❸“绝对值如下”，设定 0.4 可以隐藏较小的交叉负荷量，使转轴后的因素易于观察。

→“确定”。

输出数据文件中会出现因素分析的报表。

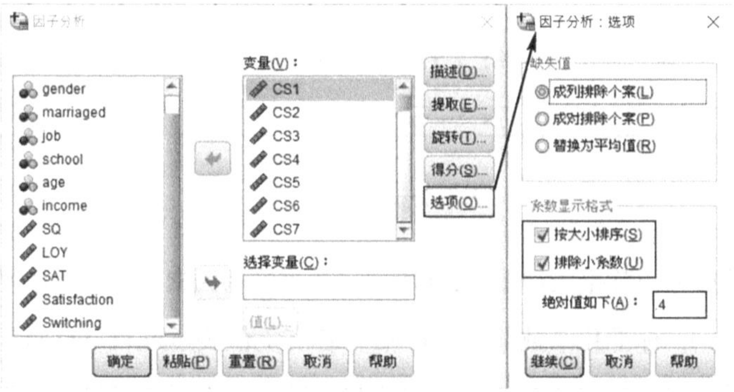

图 10.8

2．因素分析的解读

因素分析的报表界面分为3个部分，分别为KMO和巴特利特球形度检验、总方差解释、旋转后的成分矩阵。

KMO和巴特利特球形度检验报表界面如图10.9所示，KMO值越大，越适合执行因素分析，介于0.7～0.8可接受；介于0.8～0.9表示有价值；0.9以上表示非常适合（Hair, Anderson, Tatham, & Black, 2010）。若KMO值＜0.7，表示资料不适合作因素分析，可能因研究题目中有部分题目相关较低，研究者应先删除低度相关的题目相关系数（r＜0.3）后，再重新进行因素分析，即可改善KMO值。本研究的KMO值为0.9，表示非常适合执行因素分析。

KMO 和巴特利特检验

KMO 取样适切性量数。		0.900
巴特利特球形度检验	近似卡方	5421.906
	自由度	406
	显著性	0.000

图 10.9

总方差解释报表如图10.10所示，总方差解释的旋转载荷平方和方差百分比的值应高于60%，表示分析数据的信息损失应少于40%（Hair, Anderson, Tatham, & Black, 2010）。本研究因素分析总共萃取出6个因素，解释能力达67.946%。

总方差解释

成分	初始特征值			提取载荷平方和			旋转载荷平方和		
	总计	方差百分比	累积 %	总计	方差百分比	累积 %	总计	方差百分比	累积 %
1	10.384	35.806	35.806	10.384	35.806	35.806	3.994	13.774	13.774
2	2.777	9.577	45.384	2.777	9.577	45.384	3.860	13.311	27.085
3	2.266	7.813	53.196	2.266	7.813	53.196	3.623	12.494	39.579
4	1.716	5.916	59.112	1.716	5.916	59.112	3.206	11.054	50.633
5	1.438	4.959	64.071	1.438	4.959	64.071	2.810	9.689	60.322
6	1.124	3.875	67.946	1.124	3.875	67.946	2.211	7.624	67.946
7	.893	3.079	71.025						

图 10.10

旋转后的成分矩阵报表如图10.11所示，垂直列为因素负荷量，水平列为交叉负荷量（图10.11），标准化系数值介于0～1，若有负值表示题目有反向题未转向。因素分析的筛选必须遵循以下步骤，①删除与预设构念不同的题目；②删除因素负荷量过低（＜0.6）的题目；③删除交叉负荷量过高（＞0.4）的题目。

由旋转后的成分矩阵可知，题目CS7与CS构念的其他题目（CS1～CS6）进行因素分析归类后为不同预设构念，因此CS7应该删除（图10.12），删除后，再执行一次因素分析即可。

旋转后的成分矩阵[a]

	成分 1	2	3	4	5	6
EI2	.857					
EI3	.823					
EI1	.821					
EI4	.761					
EI5	.558					
EI6	.483					
SC4		.850				
SC2		.815				
SC1		.811				
SC3		.773				
SC5		.691				
response			.781			
reliable			.750			
assurence			.744			
tangible			.695			
empathy			.636			
CS1				.741		
CS5				.691		
CS2				.664		
CS6				.643		
CS3				.638		
CS4				.592		
BL2					.863	
BL3					.849	
BL1					.832	
AL2						.789
AL1						.758
AL3						.755

因素负荷量

交叉负荷量

提取方法：主成分分析法。
旋转方法：凯撒正态化最大方差法。
a. 旋转在 6 次迭代后已收敛。

图 10.11

旋转后的成分矩阵[a]

	成分 1	2	3	4	5	6
response	.782					
assurence	.757					
reliable	.746					
tangible	.691					
CS7	.647					
empathy	.615					
EI2		.849				
EI3		.827				
EI1		.814				
EI4		.764				
EI5		.574				
EI6		.503				
SC4			.849			
SC2			.814			
SC1			.808			
SC3			.772			
SC5			.690			
CS1				.740		
CS5				.684		
CS2				.664		
CS6				.641		
CS3				.624		
CS4				.582		
BL2					.862	
BL3					.849	
BL1					.832	
AL2						.787
AL1						.752
AL3						.751

与预设构面不同的题目应删除

提取方法：主成分分析法。
旋转方法：凯撒正态化最大方差法。
a. 旋转在 6 次迭代后已收敛。

图 10.12

3．因素分析的写作方法

本研究用因素分析法进行研究题目的简化，因素分析的结果如表10.2所示，KMO = 0.898，表示此份数据适合进行因素分析。研究模型问卷分析后，得到因素一为企业形象（EI），变量为EI1、EI2、EI3、EI4、EI5、EI6，其特征值为3.793，解释方差量13.547%；因素二为转换成本（SC），变量为SC1、SC2、SC3、SC4、SC5，其特征值为3.626，解释方差量12.949%；因素三为服务质量（SQ），变量为response、reliable、assurence、tangible、empathy，其特征值为3.549，解释方差量12.675%；因素四为满意度（CS），变量为CS1、CS2、CS3、CS4、CS5、CS6，其特征值为3.272，解释方差量11.687%；因素五为行为忠诚（BL），变量为BL1、BL2、BL3，其特征值为2.806，解释方差量10.023%；因素六为态度忠诚（AL），变量为AL1、AL2、AL3，其特征值为2.239，解释方差量7.998%；此6个因素的累积解释方差量达68.877%。根据Hair et.al.（2010）的标准，各因素累积解释方差量应在60%以上较佳，本研究结果符合标准。

表10.2　因素分析摘要表

变量名称	因素命名					
	企业形象 EI	转换成本 SC	服务品质 SQ	满意度 CS	行为忠诚 BL	态度忠诚 AL
EI2	0.857					
EI3	0.823					
EI1	0.821					
EI4	0.761					
EI5	0.558					
EI6	0.483					
SC4		0.850				
SC2		0.815				
SC1		0.811				
SC3		0.773				
SC5		0.691				
response			0.781			
reliable			0.750			

续表

变量名称	因素命名					
	企业形象 EI	转换成本 SC	服务品质 SQ	满意度 CS	行为忠诚 BL	态度忠诚 AL
assurence			0.744			
tangible			0.695			
empathy			0.636			
CS1				0.741		
CS5				0.691		
CS2				0.664		
CS6				0.643		
CS3				0.638		
CS4				0.592		
BL2					0.863	
BL3					0.849	
BL1					0.832	
AL2						0.789
AL1						0.758
AL3						0.755
特征值(总计)	3.793	3.626	3.549	3.272	2.806	2.239
解释方差量（方差的 %）	13.547	12.949	12.675	11.687	10.023	7.998
累积解释方差量（累加 %）	13.547	26.495	39.170	50.857	60.879	68.877
KMO = 0.898						

10.2 信度与效度（Reliability & Validity）

信、效度指的是研究所用的测量工具（如问卷），在排除可能的外来影响后的准确程度。信度指的是经过重复测量后，其结果相似的程度。关心自己体重的变化，因此每天定量饮食早晚测量体重是否保持在50kg左右，如果体重都维持在50kg上下，这表示磅秤具有信度。但如果50kg不是您的真实体重，是因为您将磅秤调成-5kg当作起始点，那么您的真实体重实际是55kg，此时可以说该磅秤不能有效地测出您真实的体重，就是不具有效度。所以效度是指测量的结果与真实值差异的程度，差异越小，表示效度越高。

一般来说，如果研究是以问卷调查的方式进行，那一定要具备信度和效度，而如果是使用次级数据，又没有进行因素分析，则不存在信度和效度问题。

当引用前人的测量工具或自行发展问卷题目时，并不知道这些题目是否完全适用于研究，因此必须测量其信度。测量的过程中可能发现某些题目信度不好，并不属于这个构念，此时应予以删除。部分研究者可能会想测量工具已是引用自知名学者或有信、效度评估的测量工具，为何还要重新检测信、效度的问题呢？其实影响测量工具的信、效度原因有很多，如测量工具本身没有一般性，不能适用所有情形，跨文化不同、翻译过程中问卷的意义没有完全传达、产业不同、时间不同、调查对象不同等，都可能造成测量工具衡量结果与原先的不一致，因此需重新验证信效度。

Cronbach's Alpha（Cronbach's α）又称为内部一致性的测量。Cronbach's α 在探索性目的下，0.6被视为可接受，在验证性目的下，0.7被视为可接受，0.8以上被认为是比较好的。信度分析问卷构念题目的筛选建议符合以下要求（Hair et al., 2010）。

①内部一致性（Cronbach's α）检验最好 >0.7；

②题目之间的相关 >0.3；

③修正项目总相关 >0.5。

不过Cronbach's alpha的计算公式有一个缺点，即构念题目越多，信度会越高。为了补正这个缺点，就要检查题目间相关系数是否 >0.3。如果相关系数 <0.3，该题应予以删除。另外，修正项目总相关则是以构念中的任一个题目与其他题目的总和做相关，如果相关系数 <0.5，表示该题目与其他题目不一致，仍然建议删除。

效度包含会聚效度与区别效度。会聚效度指的是构念本身都会有几个题目，它自身的相关应该要大于它跟其他构念之间的相关。事实上，人与人之间的互动就存在会聚和区别效度，例如：在学校中，您所属团体中的彼此关系非常好，说明团体成员之间具有会聚效度，但是您和其他团体中的人却没有那么要好，这叫作有区别效度。

（1）会聚效度（Convergent Validity）。

会聚效度是利用同一构念中变量之间相关程度的大小加以评估，指的是构念对测量题目的平均解释能力，主要是确保一个构念的变量之间至少有中度的相关。一个构念要如何才能称为有会聚效度？要符合以下几个标准（Hair et al., 2010）。

A. 因素负荷量（Factor Loading）≥0.7；

B. 多元相关系数平方（Square Multiple Correlations, SMCs）≥0.5；

C. 组成信度（Composite Reliability, CR）≥0.7；

D. 平均方差萃取量（Average Variance Extracted, AVE）>0.5。

（2）区别效度（Discriminant Validity）。

区别效度分析是验证不同的两个构念的相关在统计上是否有差异，不同质面的题目应该不能呈现高度相关，如有高度相关（如0.85以上），就表示这些题目是衡量同一件事，这种现象通常这会发生在构念的定义有过度重叠时。如何检验构念之间是否有区别效度，常用的方法为平均方差萃取量（AVE）与相关系数（Coefficient of Correlation）的比较。相关（Correlation）是用以检验双变量线性关系的统计技术，以相关系数来表示其相关程度，又称为皮尔森积差相关系数。相关系数是一个标准化的系数，介于-1～1之间，任何分析所得的相关系数都小于皮尔森相关系数，因此皮尔森相关系数是两变量间最大相关。AVE是构念对其题目解释力的平均，AVE也是会聚效度的标准之一，AVE越高代表该构念题目之间的相关越高，如果构念与构念之间具有区别效度，不同质面之间的题目相关就会低于同一构念的题目相关。由于AVE是个平方的指标，因此要与相关系数比较，必须将相关系数先调成同样的平方单位。若该构念的AVE大于不同质面相关系数的平方，或者AVE的平方根值大于相关系数，这就证明区别效度存在（Fornell and Larcker, 1981）。

经过以上的说明，相信对于为何要做信效度分析，应该有一定的了解，构念信效度分析有一定的顺序，下列介绍信效度分析的标准与步骤。

（1）利用因素分析确定构念的题目数：

A. 删除因素负荷量（Factor Loading）<0.6的题目；

B. 删除交叉负荷量（Cross Loading）>0.4的题目；

C. 删除不在设定构念的题目。

（2）计算构念的Cronbach's Alpha：

A. Cronbach's Alpha>0.7。

B. 修正后项目总相关（Corrected Item to Total）＞0.5；

C. 项目之间的相关（Items Correlation）＞0.3。

（3）计算构念平均分数Summate Scale（Item Parcel）：构念所有题目取平均值，用来代表该构念作为后续分析的题目。

（4）执行相关分析：相关分析是为了了解变量之间关系程度的大小。相关分析大致可分为：皮尔森相关（Pearson）、肯德尔相关（Kendall's tau-b）、斯皮尔曼相关（Spearman），一般连续变量之间会执行皮尔森相关（Pearson），而顺序尺度（Ordinal）变量会执行肯德尔相关（Kendall's tau-b）或斯皮尔曼相关（Spearman）。

A. 理想上构念相关系数应介于0.3~0.7且显著；

B. 相关＞0.7，表题目间容易有共线性问题且区别效度不易通过；

C. 相关＜0.3，表题目之间容易产生不显著的问题。

（5）执行会聚效度分析：即执行平均方差萃取量（AVE）分析，平均方差萃取量（AVE）为构念对题目的平均解释能力，平均方差萃取量（AVE）＞0.5。

（6）执行区别效度分析：构念AVE之均方根值需大于该构念与其他构念的相关系数。

1. 信度分析的界面操作

Step1： 开启“TAM .sav”文件→“分析”→“标度”→“可靠性分析”（图10.13）。

图 10.13

Step2：将研究模型所有构念题目选入右侧对话框（图 10.14）。

注：若想得出EOU构念、UF构念、ATT构念、BI构念的个别Cronbach Alpha值，就是将该构念的题目选入即可。例如：想知道ATT构念的信度，只需选入ATT1～ATT3，进行信度分析。

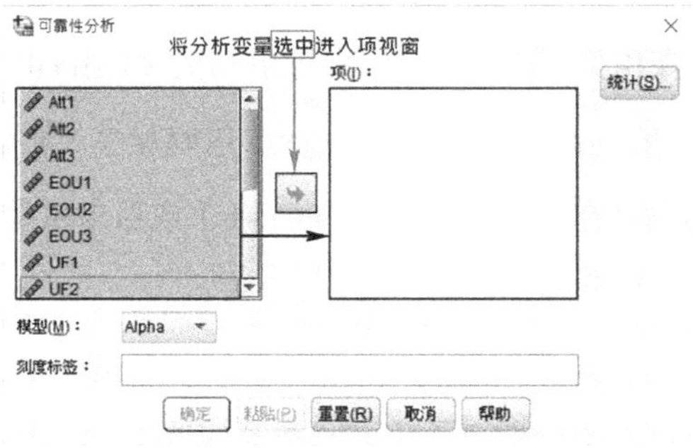

图 10.14

Step3：选中“统计”→在“可靠性分析：统计”的对话框下，勾选“删除项后的标度”“相关性”→“继续”（图 10.15）→“确定”→于输出数据文件中会出现信度分析的报表。

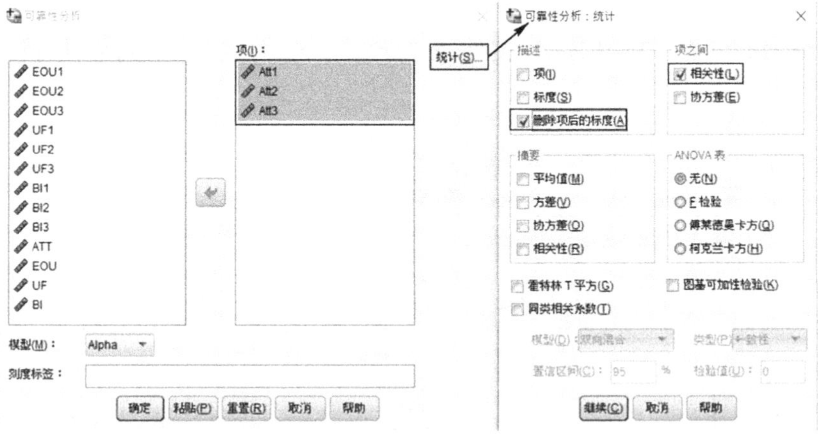

图 10.15

2．信度分析的报表界面

信度分析的报表界面分为三个部分，分别为可靠性统计、项间相关性矩阵和项总计统计，以下分别说明。

由可靠性统计报表界面结果可知（图10.16），克隆巴赫值（Cronbach's Alpha）为0.750，一般问卷分析信度的克隆巴赫值采用非标准化值，根据Hair（2009）建议，α值在0.7以上可接受，0.8以上为理想。

可靠性统计

克隆巴赫 Alpha	基于标准化项的克隆巴赫 Alpha	项数
.750	.750	3

一般问卷分析信度采用非标准化值

图 10.16

由项间相关性矩阵报表界面结果可知（图10.17），项目之间的相关性矩阵数值皆大于0.3。一般项间相关性矩阵需大于0.3，相关值高于0.7为高度相关，低于0.3为低度相关，介于0.3～0.7之间为中度相关。

项间相关性矩阵

	Att1	Att2	Att3
Att1	1.000	0.503	0.485
Att2	0.503	1.000	0.514
Att3	0.485	0.514	1.000

项目之间的相关性矩阵>0.3以上

图 10.17

由项总计统计报表界面结果可知（图10.18），修正后的项与总计相关性皆大于0.5。一般修正后的项与总计相关性，是运用Pearson 积差相关系数，计算每一个题项与总分的相关，需大于0.5。

项总计统计 修正后的项与总计相关性>0.5以上

	删除项后的标度平均值	删除项后的标度方差	修正后的项与总计相关性	平方多重相关性	删除项后的克隆巴赫 Alpha
Att1	10.4746	4.713	.567	.322	.679
Att2	9.5559	4.506	.590	.348	.652
Att3	10.2610	4.336	.576	.333	.669

图 10.18

本研究各构念的Cronbach's Alpha值、项间相关性矩阵及项总计统计量，均达到标准值，可得知信度在可靠水平。

信度报告常有的“三大迷思”。

（1）信度越高越好？信度达0.7以上，表示可接受，0.8以上，表示良好，但是

0.9以上反而信度太高（测量误差太小，不符合现实情况），背后隐含的意义是一个人填了很多份问卷或测量题目相似性过高。

（2）总信度：一般研究都会有至少两个构念以上在模型中，有些研究除报告个别构念的信度外，还会将所有测量变量合起来“跑”一个总信度。如果注意一下就会发现总信度一定会大于个别信度，如此岂不是告诉别人一个构念就够了，为何要分好几个构念呢！因为Cronbach’s α公式会导致构念题目越多在其条件不变的情况下，信度越高。

（3）信度排序：在许多研究报告中会看到有些研究者会将信度排序，这是没有必要的。其实，信度只要达到建议的水平即可，排序是没太大意义的。因为每个构念的测量问项可能都不同，计算基础也是不一样的，越多题目信度越高，反之越低。

3．效度分析的界面操作

效度分析的界面操作分为两个部份，包含会聚效度的界面操作与区别效度的界面操作，以下分别说明。

（1）会聚效度的界面操作。

Step1：开启“CR & AVE2016 .xlsx”文件。

Step2：将TAM .sav数据档执行因素分析后（操作步骤请参考9.2.6因素分析）的报表界面中，所得构念BL的标准化因素负荷量值为0.877、0.854、0.816，键入CR & AVE2016.xlsx程序文件中，可求出BL构念的AVE值（图10.19）。以此类推，可得EOU、UF、ATT的AVE值分别为0.587、0.568、0.541。

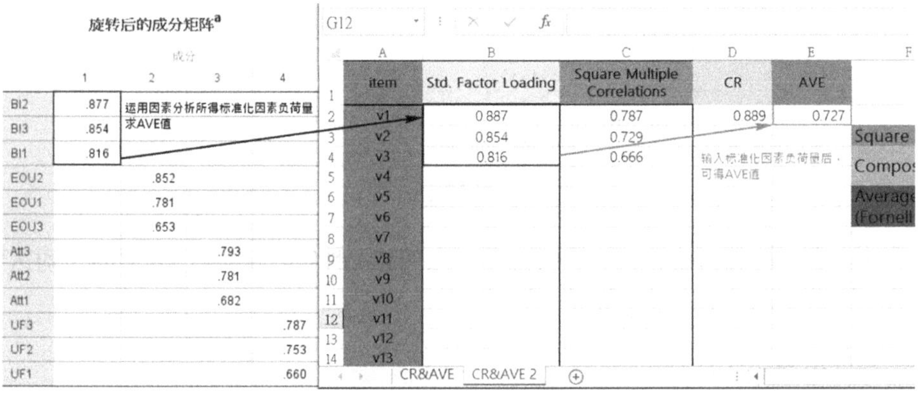

图 10.19

如何求出AVE值[1]？AVE值为因素负荷量（Factor loading）的平方根加总的均值，如图所示（图10.20），$[(0.877)^2+(0.854)^2+(0.816)^2]/3=0.721$。

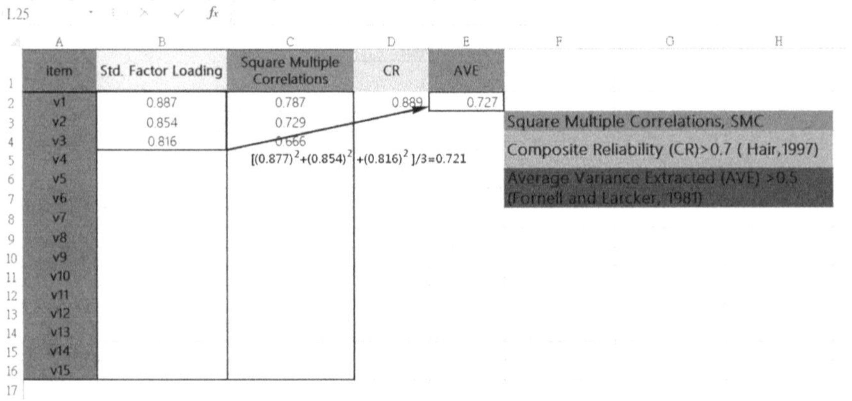

图 10.20

（2）区别效度的界面操作

区别效度的计算方式一般以皮尔森相关来运算，步骤如下。

Step1：开启“TAM .sav”[2]文件→“分析”→“相关”→“双变量”（图10.21）。

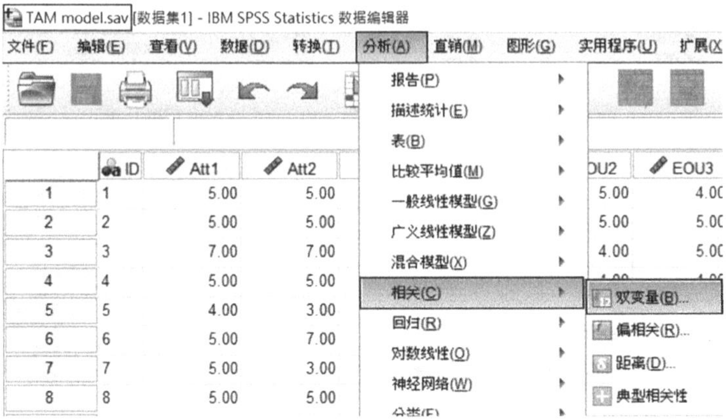

图 10.21

❶ AVE的平方根值也可以运用Excel中的函数公式做计算。选取函数指令*fx*→录入“SQRT”后→“确定”→选择0.568，即可求出态度（ATT）的AVE均方根值。

❷ 详细操作视频，请关注公众号张伟豪量化学院，点击“量化服务”→SPSS专书→会聚效度操作视频。

Step2： 将所有研究模型构念题目EOU、UF、ATT、BI选入右侧对话框（图10.22）。

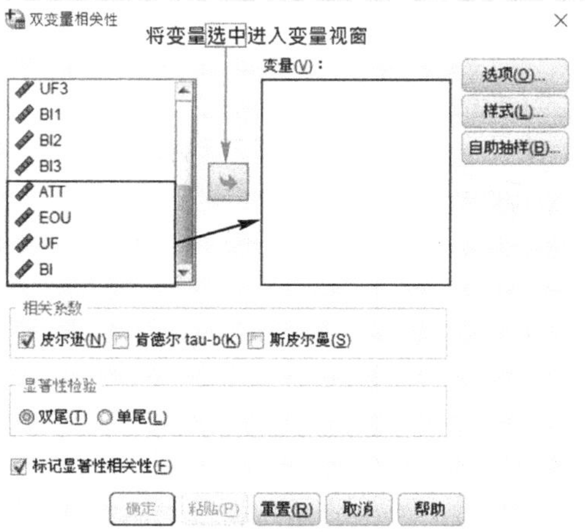

图 10.22

Step3： 选中“选项”→勾选“平均值和标准差”→“继续”（图10.23）。

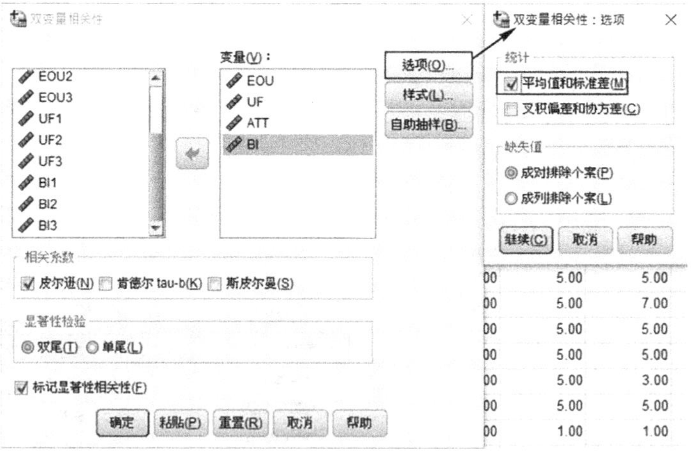

图 10.23

4．区别效度的报表界面

区别效度的界面操作分为两部分，包含描述统计与相关性，以下分别说明。

由描述统计报表界面结果可知（图10.24），EOU、UF、ATT、BI各构念的平均值与标准差值。

由相关性报表界面结果可知（图10.25），ATT、EOU、UF、BI各构之间的相关系数值，倒三角为相同数值。

描述统计

	平均值	标准差	个案数
EOU	5.1175	0.84545	295
UF	4.9311	0.91274	295
ATT	5.0486	1.00203	295
BI	4.9672	1.01466	295

图10.24

相关性

		EOU	UF	ATT	BI
EOU	皮尔逊相关性	1	0.574**	0.521**	0.412**
	显著性（双尾）		0.000	0.000	0.000
	个案数	295	295	295	295
UF	皮尔逊相关性	0.574**	1	0.510**	0.542**
	显著性（双尾）	0.000		0.000	0.000
	个案数	295	295	295	295
ATT	皮尔逊相关性	0.521**	0.510**	1	0.460**
	显著性（双尾）	0.000	0.000		0.000
	个案数	295	295	295	295
BI	皮尔逊相关性	0.412**	0.542**	0.460**	1
	显著性（双尾）	0.000	0.000	0.000	
	个案数	295	295	295	295

**. 在0.01级别（双尾），相关性显著。

图10.25

5．信度与效度分析的写作方法

Cronbach's alpha是最常用来建立内部一致性的方法，在探索性目的下，0.5被视为可接受，在验证性目的下，0.6被视为可接受，0.7被认为是比较好，0.8～0.9则是很理想。由表10.3的结果可知，各构念的信度，介于0.750～0.888之间，表示问卷信度是良好的。将EOU、UF、ATT、BI，分别依据图10.14执行，可汇整结果见表10.3。

表10.3　信度分析表

项间相关性矩阵				修正后的项与总计相关性	Cronbach's α
	EOU1	EOU2	EOU3		0.784
EOU1	1.000			0.642	
EOU2	0.573	1.000		0.625	
EOU3	0.548	0.525	1.000	0.605	
	UF1	UF2	UF3		0.758
UF1	1.000			0.586	
UF2	0.522	1.000		0.600	
UF3	0.498	0.516	1.000	0.582	

续表

项间相关性矩阵				修正后的项与总计相关性	Cronbach's α
	Att1	Att2	Att3		0.750
Att1	1.000			0.567	
Att2	0.503	1.000		0.590	
Att3	0.485	0.514	1.000	0.576	
	BI1	BI2	BI3		0.888
BI1	1.000	0.706	0.649	0.709	
BI2	0.706	1.000	0.822	0.842	
BI3	0.649	0.822	1.000	0.795	

由表10.4的结果可知，①各构念描述性统计量的平均值在5左右，标准差在1左右；②各构念的信度Cronbach's α值均＞0.7，表示问卷信度是良好的；③各构念的AVE值均＞0.5，表示构念具有会聚效度；④Fornell and Larcker（1981）认为每个构念平均方差萃取量（AVE）的均方根大于各成对变量间的相关系数，可称构念与构念之间具有区别效度。区别效度对角线放的是每个构念的AVE值的均方根，其他对角线外的下三角区域为皮尔森相关，所有AVE的平均方根皆大于该构念与其他构念的标准化相关系数。各构念的分述如下。

（1）易用性（EOU）的AVE均方根值为0.766，皆大于下列皮尔森相关值。

A. 有用性（UF）对易用性（EOU）的皮尔森相关值为0.574；

B. 态度（ATT）对易用性（EOU）的皮尔森相关值为0.521；

C. 行为意图（BI）对易用性（EOU）的皮尔森相关值为0.412。

（2）有用性（UF）的AVE均方根值为0.736，皆大于下列皮尔森相关值。

A. 易用性（EOU）对有用性（UF）的皮尔森相关值为0.574；

B. 态度（ATT）对有用性（UF）的皮尔森相关值为0.510；

C. 行为意图（BI）对有用性（UF）的皮尔森相关值为0.542。

（3）态度（ATT）的AVE均方根值为0.754，皆大于下列皮尔森相关值。

A. 易用性（EOU）对态度（ATT）的皮尔森相关值为0.521；

B. 有用性（UF）对态度（ATT）的皮尔森相关值为0.510；

C. 行为意图（BI）对态度（ATT）的皮尔森相关值为0.460。

（4）行为意图（BI）的AVE值均方根值为0.849，皆大于下列皮尔森相关值。

A. 易用性（EOU）对行为意图（BI）的皮尔森相关值为0.412；

B. 有用性（UF）对行为意图（BI）的皮尔森相关值为0.542；

C. 态度（ATT）对行为意图（BI）的皮尔森相关值为0.460。

表 10.4　信度、会聚效度与区别效度分析表

构念	描述性统计量		信度	会聚效度	区别效度			
	均值	标准差	Cronbach's α	AVE	EOU	UF	ATT	BI
EOU 易用性	5.118	0.845	0.784	0.587	0.766			
UF 有用性	4.931	0.913	0.758	0.541	0.574	0.736		
ATT 态度	5.049	1.002	0.750	0.568	0.521	0.510	0.754	
BI 行为意图	4.967	1.015	0.888	0.721	0.412	0.542	0.460	0.849

注：区别效度的对角线粗体字为 AVE 的均方根值，例如，ATT 的均方根值为 0.754；下三角区域为构念的皮尔森相关系数。

10.3　相关分析（Correlation）

相关分析可用来了解变量与变量之间的关联性，一般执行相关分析时以皮尔森相关为主。

皮尔森相关的目的是用来判断模型好不好的一个重要基准。皮尔森相关值是变量最大相关值，后续研究的回归分析或路径分析等都是偏相关值，也就是回归系数是在排除其他自变量影响后剩下的相关，因此不可能会比皮尔森相关值大，最多是相等而已。

假设X_1与Y的关系是0.5，那么后续做回归分析的时候，这个X_1与Y的相关值最多只可能等于0.5，一般都会比0.5小，因此可以判断回归或路径分析模型是否有共线性（自变量之间高度相关）问题。

相关分析是一个标准值，它是介于−1～+1之间。1代表完全正相关，0代表无相关。最常用的相关是皮尔森相关（Pearson Correlation），皮尔森相关是指所有变量之间的最大相关，也就是说，做任何一项研究一定会做皮尔森相关。

1．相关分析界面操作

Step1： 开启“Practice model.sav”文件→选中“分析”→“相关”→“双变量”（图 10.26）。

图 10.26

Step2： 在“双变量相关性”中选中“CS1～CS7”至“变量”→确定（图 10.27）。

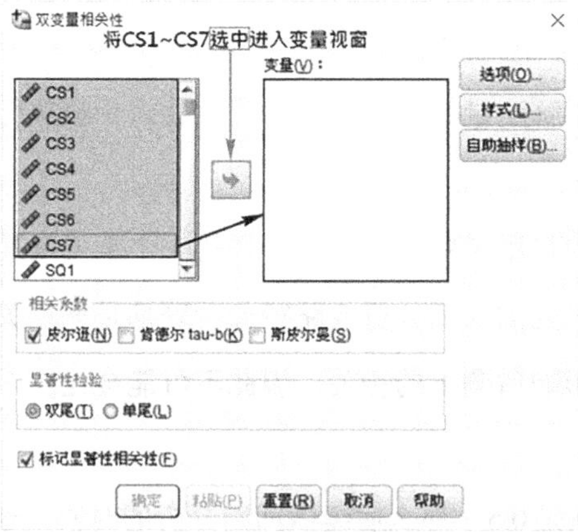

图 10.27

2．相关分析报表界面

相关分析报表界面如图 10.28 所示。一般建议，相关系数为 1，表示完全相关；相关系数为 0.70～0.99，表示高度相关；相关系数为 0.40～0.69，表示中度相关；相关系数为 0.10～0.39，说明低度相关；0.1 以下，这说明微弱或无相关。也有学者将

0.3以下叫作低度相关，0.3～0.7叫作中度相关，0.7以上叫作高度相关。那么，在做研究的时候，希望变量的相关值大概在多少之间呢？一般建议维持在中度相关的水平，如果相关太高的话，变量会存在共线性的问题（也就是测量两个变量好像是在测量同一个变量）；如果相关太低的话，可能会有研究结果不显著的问题。做研究最不希望遇到两个的问题，一是存在共线性问题，这容易造成估计出现偏误；二是结果不显著致使研究假设不成立。所以，在做相关分析的时候，不希望相关太高，也不希望相关太低，维持在中度相关是最理想的状态。在得到相关表的时候，基本上就可以知道这个研究未来的命运了。

相关性

		CS1	CS2	CS3	CS4	CS5	CS6	CS7
CS1	皮尔逊相关性	1	0.555**	0.472**	0.392**	0.422**	0.452**	0.268**
	显著性（双尾）		0.000	0.000	0.000	0.000	0.000	0.000
	个案数	295	295	295	295	295	295	295
CS2	皮尔逊相关性	0.555**	1	0.464**	0.280**	0.394**	0.301**	0.252**
	显著性（双尾）	0.000		0.000	0.000	0.000	0.000	0.000
	个案数	295	295	295	295	295	295	295
CS3	皮尔逊相关性	0.472**	0.464**	1	0.503**	0.485**	0.403**	0.422**
	显著性（双尾）	0.000	0.000		0.000	0.000	0.000	0.000
	个案数	295	295	295	295	295	295	295
CS4	皮尔逊相关性	0.392**	0.280**	0.503**	1	0.514**	0.409**	0.313**
	显著性（双尾）	0.000	0.000	0.000		0.000	0.000	0.000
	个案数	295	295	295	295	295	295	295
CS5	皮尔逊相关性	0.422**	0.394**	0.485**	0.514**	1	0.530**	0.334**
	显著性（双尾）	0.000	0.000	0.000	0.000		0.000	0.000
	个案数	295	295	295	295	295	295	295
CS6	皮尔逊相关性	0.452**	0.301**	0.403**	0.409**	0.530**	1	0.287**
	显著性（双尾）	0.000	0.000	0.000	0.000	0.000		0.000
	个案数	295	295	295	295	295	295	295
CS7	皮尔逊相关性	0.268**	0.252**	0.422**	0.313**	0.334**	0.287**	1
	显著性（双尾）	0.000	0.000	0.000	0.000	0.000	0.000	
	个案数	295	295	295	295	295	295	295

**. 在 0.01 级别（双尾），相关性显著。

图 10.28

3．相关分析的写作方法

利用Pearson相关分析法检验CS1～CS7相关程度，相关系数为0.70～0.99，表示高度相关；相关系数为0.40～0.69，表示中度相关；相关系数为0.10～0.39，说明低度相关。由表10.5结果显示，CS1～CS7各层面为低度到中度正相关。CS1对CS2

相关值为0.555（$p<0.01$），表CS1与CS2有中度正相关；CS1对CS3相关值为0.472（$p<0.01$），表CS1与CS3有中度正相关；CS1对CS4相关值为0.392（$p<0.01$），表CS1与CS4有中度正相关；CS1对CS5相关值为0.422（$p<0.01$），表CS1与CS5有中度正相关；CS1对CS6相关值为0.452（$p<0.01$），表CS1与CS6有中度正相关；CS1对CS3相关值为0.268（$p<0.01$），表CS1与CS7有低度正相关，其余变量依此类推。

表 10.5　相关分析表

	CS1	CS2	CS3	CS4	CS5	CS6	CS7
CS1	1	0.555**	0.472**	0.392**	0.422**	0.452**	0.268**
CS2	0.555**	1	0.464**	0.280**	0.394**	0.301**	0.252**
CS3	0.472**	0.464**	1	0.503**	0.485**	0.403**	0.422**
CS4	0.392**	0.280**	0.503**	1	0.514**	0.409**	0.313**
CS5	0.422**	0.394**	0.485**	0.514**	1	0.530**	0.334**
CS6	0.452**	0.301**	0.403**	0.409**	0.530**	1	0.287**
CS7	0.268**	0.252**	0.422**	0.313**	0.334**	0.287**	1

** 表示 $p<0.01$。

第十一章 结构模型分析

结构模型分析主要是研究假设的证明，在前面的测量分析中已证明数据的信、效度，接下来便是进一步证明研究假设是否显著存在。

统计的研究假设主要分两种，一是平均值差异比较；二是回归分析，主要是斜率（自变量对因变量的影响）检验。

11.1 平均值差异检验

一般研究中常用的平均值差异检验方法有4种，分别为单一样本t检验、独立样本t检验、成对样本t检验及单因子方差分析。在进行检验前，需要符合5个基本假定，一是因变量必须是连续变量；二是因变量需符合正态分布；三是分组方差必须齐一（同质性检验要通过）；四是样本必须独立；五是没有极端值存在。

如图11.1所示，单一样本t检验适用于调查的某一群体是否符合某一总体的指标（M=?），如某城市的所得调查结果是否等于全国的平均所得。独立样本T检验是指不同的两个群体的平均值是否有差异，如某公司的工资水平是否存在性别歧视，因此，搜集了该公司男女员工的工资水平纪录，检验男女两个群体各自的平均工资有无显著差异，如果男员工工资显著高于女员工，则该公司有工资性别歧视（$M_1=M_2$）。如果研究的群组扩大到三组以上，用独立t检验就不适当了，此时就需采用单因子方差分析（one way ANOVA），ANOVA先针对所有群组做整体性的检验（$M_1=M_2=M_3$），如有显著差异，再进行事后比较（$M_1=M_2$, $M_2=M_3$, $M_1=M_3$），了解到底是那两组有显著差异。成对样本T检验指的是同一组样本但衡量两次（$M_{前}=M_{后}$），如参加减重班，研究者想要了解减重班到底有没有效？参加减重班的人先测量一下体重（$M_{前}$），接下来可能经过一个月的疗程，再测量体重（$M_{后}$），然后检验前后体有无显著降低，有的话表示减重班有效果。

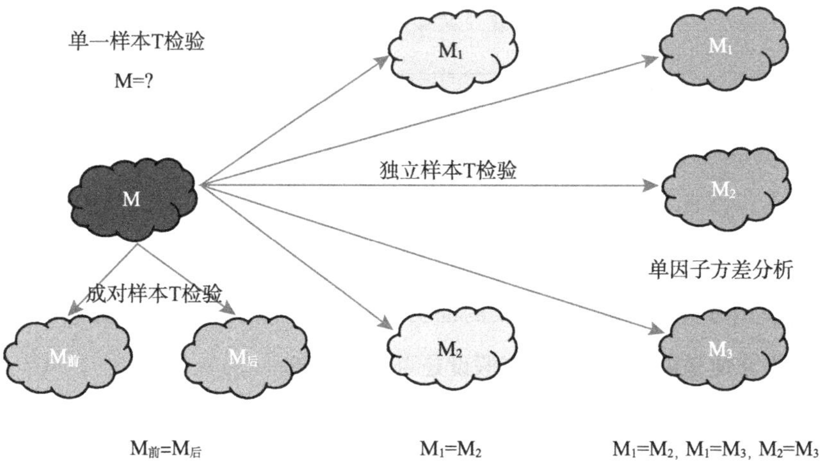

图 11.1　平均值差异检验概念图

11.1.1　独立样本*t*检验（*t*-test）

1．独立样本*t*检验的概念

*t*检验是一种平均值的差异分析，什么是差异分析呢？如果要知道男女生的平均值是否有显著差异，就要用*t*检验。从生活上来说，您走到一家店买东西，假设该物品定价为100元，您会想也许别家店会便宜一点，因此您会去另一家比较偏远的店看看，结果您发现它卖105元，这时候您会思考是直接买105元的，还是走回去买100元的，如果您的决定是在这家买下105元的，代表5块钱对您没有显著差异，但是如果您觉得5块钱很重要，您要回去买100元的，那么表示5块钱对于您来说就具有显著差异。当您在跨行提款1000元时，需要缴纳手续费10元，假设您不在乎手续费，就表示手续费对您未达显著差异，如果您觉得无法接受手续费，就表示手续费对您有显著差异。因此，有没有显著差异和数值的大小没有关系。所以在统计学中，是否有显著差异并不是用眼睛看的，而是用要计算p值或T值来证明，如果T值够大，就是达到显著水准，如果不够大，就是未达显著水准。例如：某研究样本中有男生95人，女生200人，从数值的平均值来看男生平均值5.2012高于女生平均值

5.1006，但是不能说5.2012显著大于5.1006，因为还无法确定两者的差异是否到达显著的水平。

*t*检验是两个变量的关系，一个自变量X（二分类），一个因变量Y（连续变量）。自变量必须是类别变量，且只能分两类。如男生或女生，高或低，成功或失败，愿意或不愿意，大学生或非大学生。而它要比较什么呢？因为变量要分为两个群体，例如男生和女生两个群体，因此每个群体会有一个平均值，就是要比较两个群体的平均值是否有显著差异。

2．独立样本*t*检验界面操作

这次要进行独立样本*t*检验，自变量是性别，因变量是服务质量（SQ）、忠诚度（LOY）、满意度（SAT）。将满意度、忠诚度等放入“检验变量”中，将自变量（性别）放入“分组变量”中，分组定义1和2。

为什么要进行分组定义呢？因为有时候所做的组别未必是两组，比如以学历组别，有1.初中、2.高中、3.大学、4.研究生这4个选项，假设只是要比较研究生和大学，则将变量拉进来之后选择3和4即可，如果只是想比较某两组，也可以用*T*检验。因此，*T*检验只能检验两组的平均值差异，但不代表分类变量只能有两组。

Step1：开启“Practice model.sav”文件→“分析”→“比较平均值”→“独立样本T检验”（图11.2）。

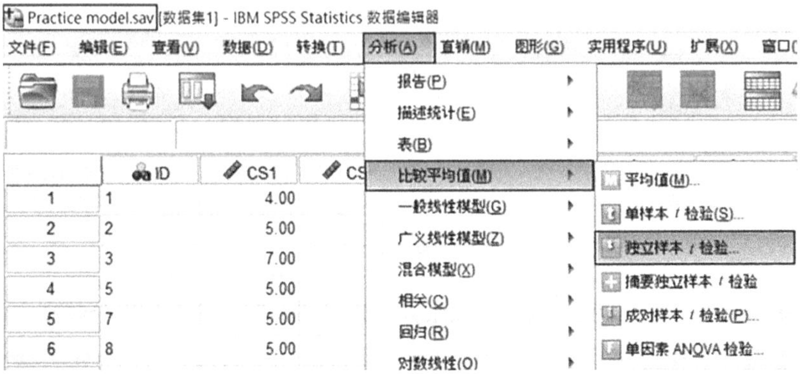

图 11.2

Step2：在“独立样本*t*检验”的对话框下，将“SQ、LOY、SAT”选中进入“检验变量”的对话框中，将“gender”选中至“分组变量”→选中“定义组”。

Step3：在“定义组”的对话框下→组 1 录入“0”、组 2 录入“1”→继续→确定（图 11.3）。

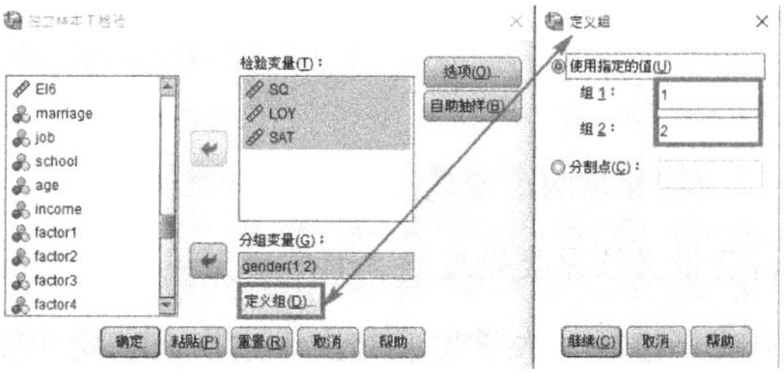

图 11.3

3. 独立样本 *t* 检验报表界面

t 检验报表如图 11.4 所示。如果显著性小于 0.05，*t* 值就会大于 1.96，这个数字是在 95% 置信区间下计算出来的值。*t* 值如果大于 1.96，显著性就会小于 0.05，说明显著性成立，而这个分析必须在 30 个样本以上才能够成立。*t* 值是正负没有意义的，因为 *t* 值看的是绝对值。由于原假设是男生和女生两群平均值没有差异，所以 *t* 值的绝对值要小于 1.96，*p* 值就一定会大于 0.05，代表不能够拒绝原假设（H_0），即男生和女生在服务品质、忠诚度、满意度的看法没有显著差异。

组统计

	gender 性别	个案数	平均值	标准差	标准误差平均值
SQ 服务质量	1.00 男生	95	5.2012	0.65474	0.06718
	2.00 女生	200	5.1006	0.71670	0.05068
LOY 忠诚度	1.00 男生	95	4.9018	0.95758	0.09825
	2.00 女生	200	4.9983	1.04157	0.07365
SAT 满意度	1.00 男生	95	4.9937	0.99036	0.10161
	2.00 女生	200	5.0290	0.87727	0.06203

独立样本检验

		莱文方差等同性检验		平均值等同性 *t* 检验						
									差值 95% 置信区间	
		F	显著性	*t*	自由度	显著性（双尾）	平均值差值	标准误差差值	下限	上限
SQ 服务质量	假定等方差	1.387	0.240	1.158	293	0.248	0.10066	0.08690	-0.07037	0.27169
	不假定等方差			1.196	200.735	0.233	0.10066	0.08415	-0.06527	0.26659
LOY 忠诚度	假定等方差	1.116	0.292	-0.763	293	0.446	-0.09658	0.12652	-0.34558	0.15243
	不假定等方差			-0.787	199.567	0.432	-0.09658	0.12279	-0.33870	0.14555
SAT 满意度	假定等方差	0.479	0.489	-0.310	293	0.757	-0.03532	0.11402	-0.25972	0.18909
	不假定等方差			-0.297	166.221	0.767	-0.03532	0.11905	-0.27036	0.19972

图 11.4

为什么要进行 *t* 检验呢？例如，以服务质量来讲，服务质量的得分越高，代表被测者认为服务质量越好，如果想要知道男生所感受到的服务质量和女生所感受到的服务质量有没有差异，就要把男生和女生分开，用他们各自的平均值进行检验。如果男生感受到的服务质量高于女生，或许能解释为：女生心思细腻，比较挑剔，所以女生对服务质量的要求比男生高，因此不会给予太高的满意度评价。男生可能比较粗枝大叶，对服务质量的要求并没有那么高，所以感受到的服务质量比较高，这就是所谓的消费者行为的调查，即了解不同的消费者群之间的想法是否不一样。又比如，商场举行周年庆，部分商品打折，我们会发现去抢购特价品的女生比男生多，所以大部分特价品都是化妆品、衣服等女生用品。因为男生和女生是有差异的，在人口统计学中，称之为分割变量，所以会进行t检验，检验性别差异是否真的存在。如果检验结果显示没有不同，就不必针对男生和女生做不同的营销计划。如果显示不同，得去做不同的营销计划。因此，t检验的适用范围用于两组的类别变量，在某一个被解释变量（连续变量）上的差异，这个差异指的是平均值的差异。

4．独立样本t检验的写作方法

性别于“服务质量”构念上可知“方差相等的Levene检验”之F值未达显著（$F=1.387$，$p=0.240>0.05$），表示两组方差同质。由表11.1可知，服务质量构念的检验结果未达显著水平（$t=-1.158$，$p=0.248>0.05$），表示男生与女生对于服务质量的感受没有显著不同。

表 11.1　不同性别的差异比较分析表

	性别	N	平均值	标准差	t 值	p 值
服务质量	男生	95	5.201	0.655	1.158	0.248
	女生	200	5.101	0.717		
忠诚度	男生	95	4.902	0.958	–0.763	0.446
	女生	200	4.998	1.042		
满意度	男生	95	4.994	0.990	–0.310	0.757
	女生	200	5.029	0.877		

以上为一份论文最常使用的t检验介绍。

11.1.2　独立样本t检验与成对样本t检验混合

1．成对样本t检验

除了使用独立样本t检验（Independent sample t–test）之外，研究也经常会使用成对样本t检验（Paired sample t–test）。举个简单的例子说明，如图11.5所示，想调查高血压新药是否有效，于是找了60人来进行实验，将样本拆成两组，实验组30

人，控制组30人。实验组吃高血压新药，控制组吃安慰剂。两组人在服药前测一次血压，服药后再测一次血压（图11.5）。

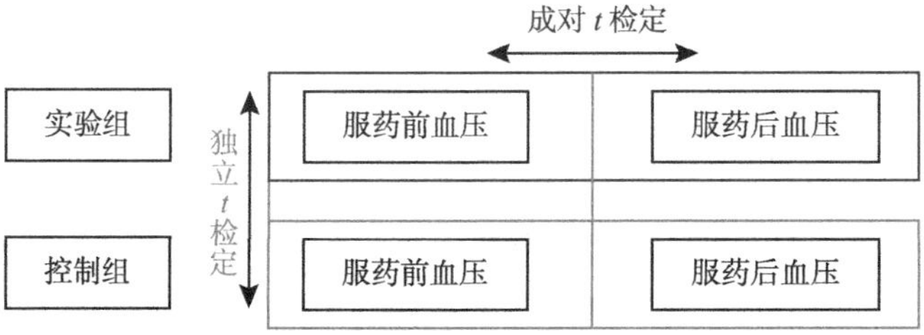

图 11.5　实验设计服药前与服药后的实验组与控制组

此时，可以利用以下两种t检验的方法来检验高血压新药是否有效。

（1）独立样本t检验。

由于实验组与控制组两群样本不重复，所以使用独立样本t检验，分析：①实验组与控制组在服药前的血压差异；②实验组与控制组在服药后的血压差异。

（2）成对样本t检验。

由于服药前与服药后，两群样本重复，所以这个阶段使用成对样本t检验，分析：①实验组服药前的血压与服药后的血压的差异；②控制组服药前的血压与服药后的血压的差异。

如果要证明这个高血压的新药是有用的，那么应该要得到以下四种结果：

A. 实验组服药前与控制组服药前的血压没有差异。

B. 实验组服药后与控制组服药后的血压有差异。

C. 实验组服药前与实验组服药后的血压有差异。

D. 控制组服药前与控制组服药后的血压没有差异。

如果新药物的开发可以符合以上四种情况（两个有差异，两个没有差异），就可以宣称药物是有效的。举这个例子的用意是告诉大家，并不是所有的研究都期待显著差异，而是要视情况而定。

不仅在医学领域会同时使用独立样本t检验与成对样本t检验来检验新疗程或新药物的疗效，在教育的领域也经常使这两种方法来验证某种教学方式是否对于学生的学习有所帮助。以下再举一个例子。

研究新的教学方法是否比旧的教学方法有效？两组不同的学生，实验组：给予新的教学方法（有训练）；控制组：使用旧的教学方法（无训练）。

研究假设可以写成（图 11.6）：

A. 实验组与控制组前测分数相同，H_0：$\mu_{1p}=\mu_{2p}$

B. 实验组与控制组后测分数相同，H_0：$\mu_{1a}=\mu_{2a}$

C. 实验组前、后测分数相同，H_0：$\mu_{1p}=\mu_{1a}$

D. 控制组前、后测分数相同，H_0：$\mu_{2p}=\mu_{2a}$

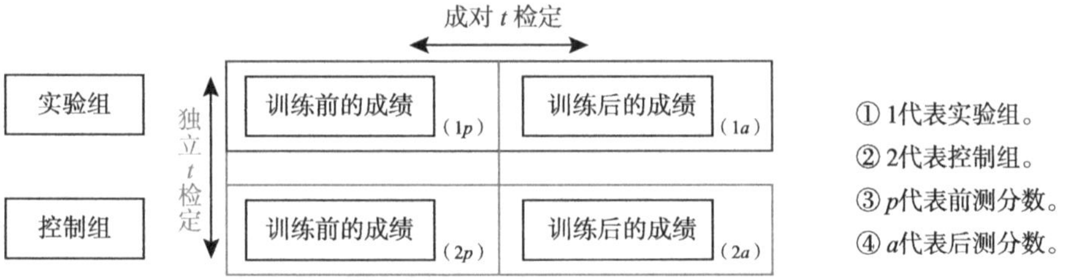

图 11.6　实验设计训练前与训练后的实验组与控制组

2. 两种 t 检验的界面操作

数据建文件方式：只需要建三栏，前侧分数、后侧分数与组别。实验组与控制组数据建文件方式说明图如图 11.7 所示。

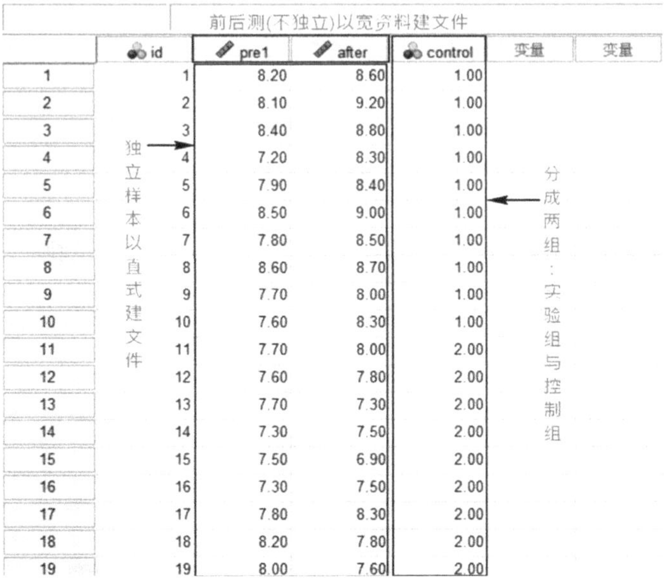

	id	pre1	after	control	变量	变量
1	1	8.20	8.60	1.00		
2	2	8.10	9.20	1.00		
3	3	8.40	8.80	1.00		
4	4	7.20	8.30	1.00		
5	5	7.90	8.40	1.00		
6	6	8.50	9.00	1.00		
7	7	7.80	8.50	1.00		
8	8	8.60	8.70	1.00		
9	9	7.70	8.00	1.00		
10	10	7.60	8.30	1.00		
11	11	7.70	8.00	2.00		
12	12	7.60	7.80	2.00		
13	13	7.70	7.30	2.00		
14	14	7.30	7.50	2.00		
15	15	7.50	6.90	2.00		
16	16	7.30	7.50	2.00		
17	17	7.80	8.30	2.00		
18	18	8.20	7.80	2.00		
19	19	8.00	7.60	2.00		

图 11.7　实验组与控制组数据建文件方式说明图

（1）独立样本t检验（Independent sample t–test）。

Step1： 文件名："Independent and Paired t test.sav"。

Step2： "分析"→"比较平均值"→"独立样本t检验"（图 11.8）。

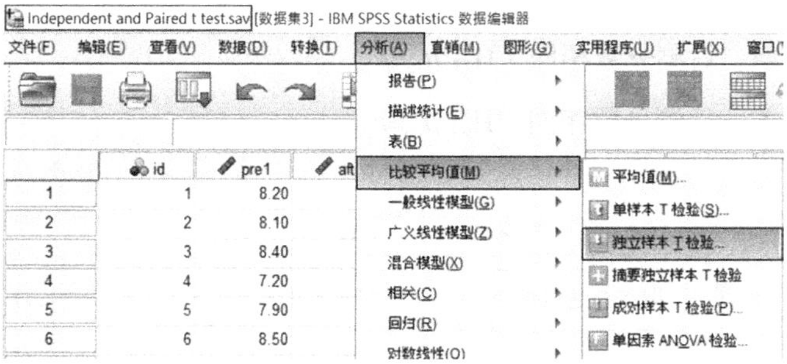

图 11.8

Step3： 将 pre1 训练前分数与 after 训练后分数选中入检验变量，将 control（实验组与控制组的类别变量）选中至分组变量（图 11.9）。

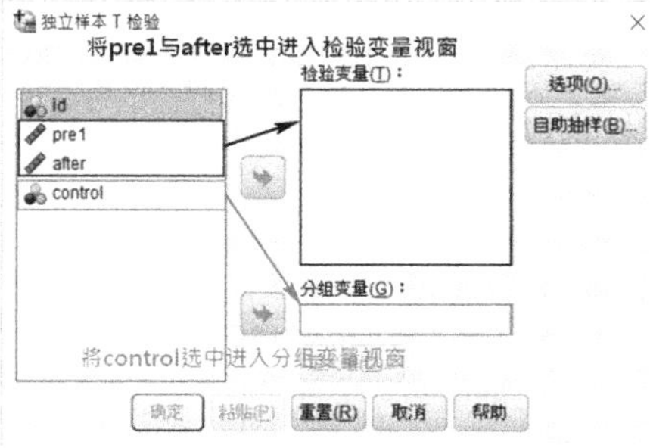

图 11.9

Step4： 定义组→组 1 录入"1"、组 2 录入"2"→"继续"→"确定"（图 11.10）。

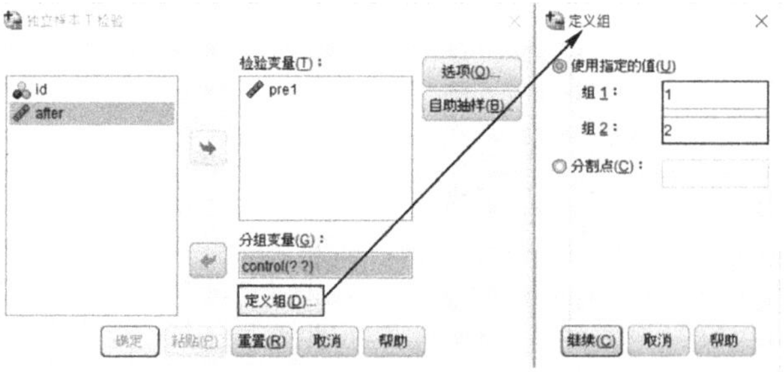

图 11.10

（2）成对样本t检验（Paired sample t–test）

Step1：文件名："Independent and Paired t test.sav"❶。

Step2："数据"→"拆分文件"（图11.11）。

Step3：选中"比较组"，将control选中至"分组依据"的对话框内→确定（图11.12）。

图 11.11

图 11.12

Step4："分析"→"比较平均值"→"成对样本t检验"（图11.13）。

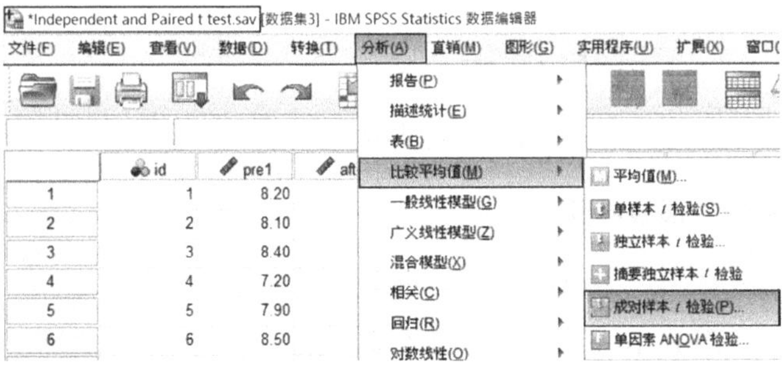

图 11.13

❶ 相关数据，请关注公众号张伟豪量化学院，点击"量化服务"→SPSS 专书→成对样本t检验操作视频。

Step5：将pre1与after连选至“配对变量”的对话框内→确定（图11.14、图11.15）。

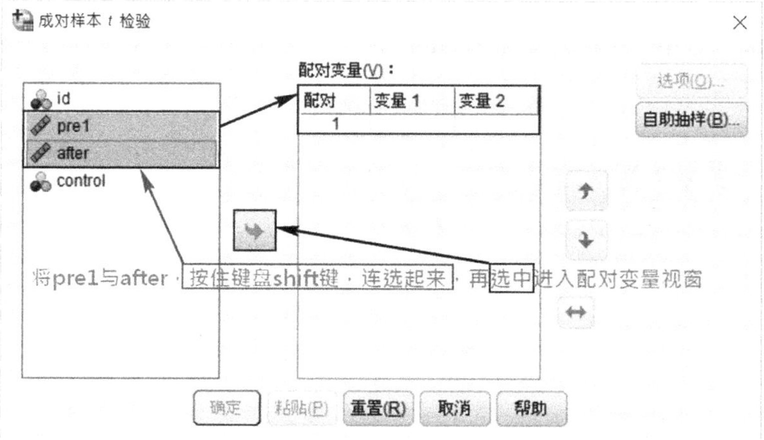

图 11.14

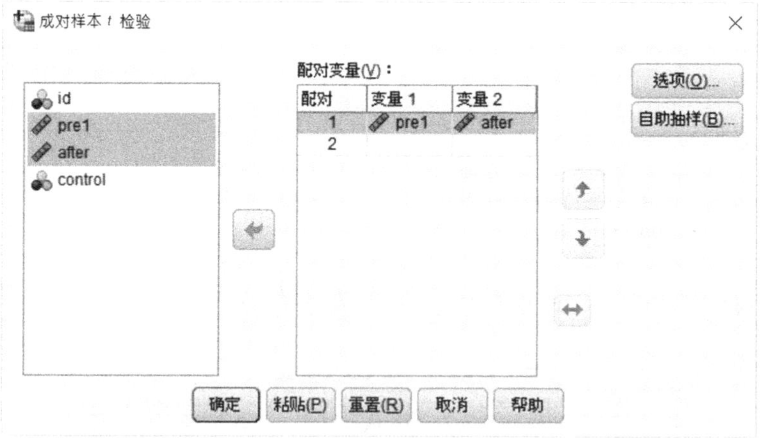

图 11.15

3．两种*t*检验的报表界面

（1）独立样本*t*检验（Independent sample t–test）。

报表中呈现（图11.16）训练前成绩在实验组与控制组的平均值、标准差，以及两组的平均值有无显著差异；训练后成绩在实验组与控制组的平均值、标准差，以及两组的平均值有无显著差异。

组统计

	control	个案数	平均值	标准差	标准误差平均值
pre1	1.00	10	8.0000	0.44222	0.13984
	2.00	10	7.6600	0.28752	0.09092
after	1.00	10	8.5800	0.35839	0.11333
	2.00	10	7.6100	0.39001	0.12333

独立样本检验

		莱文方差等同性检验		平均值等同性 t 检验							
									差值 95% 置信区间		
		F	显著性	t	自由度	显著性（双尾）	平均值差值	标准误差差值	下限	上限	
pre1	假定等方差	2.436	0.136	2.038	18	0.056	0.34000	0.16680	-.01043	0.69043	第一行
	不假定等方差			2.038	15.456	0.059	0.34000	0.16680	-.01462	0.69462	第二行
after	假定等方差	0.015	0.905	5.791	18	0.000	0.97000	0.16750	0.61810	1.32190	第一行
	不假定等方差			5.791	17.873	0.000	0.97000	0.16750	0.61792	1.32208	第二行

p>0.05看第一行 · p<0.05看第二行

图 11.16

（2）成对样本 t 检验（Paired sample t-test）。

报表中呈现（图 11.17）实验组在训练前的成绩与训练后的成绩有无显著差异；控制组在训练前的成绩与训练后的成绩有无显著差异。

配对样本统计

control			平均值	个案数	标准差	标准误差平均值
1.00	配对 1	pre1	8.0000	10	0.44222	0.13984
		after	8.5800	10	0.35839	0.11333
2.00	配对 1	pre1	7.6600	10	0.28752	0.09092
		after	7.6100	10	0.39001	0.12333

配对样本检验

			配对差值							
						差值 95% 置信区间				
control			平均值	标准差	标准误差平均值	下限	上限	t	自由度	显著性（双尾）
1.00	配对 1	pre1 - after	-0.58000	0.32592	0.10306	-0.81315	-0.34685	-5.628	9	0.000
2.00	配对 1	pre1 - after	0.05000	0.37786	0.11949	-0.22030	0.32030	0.418	9	0.685

图 11.17

4．两种 t 检验的写作方法

（1）独立样本 t 检验（Independent sample t-test）。

由表 11.2 可知，实验组与控制组的训练前的成绩差异是不显著的（p=0.056），表示实验组与控制组在一开始程度是相同的。而实验组与控制组的训练后成绩差异是显著的（$p < 0.001$），表示新的教学方法对实验组与控制组是有差异的，且实验组的平均分数（8.58）高于控制组的平均分数（7.61），表示新的教学方法比旧的教学方法效果好。

表 11.2　独立样本 t 检验分析表

		独立样本统计量			独立样本差异检验				
		平均值	样本 N	标准差	平均值差异	标准差差异	t 值	自由度 df	p 值（双尾）
预试成绩	实验组	8.00	10	0.44	0.34	0.17	2.04	18	0.056
	控制组	7.66	10	0.29					
训练后成绩	实验组	8.58	10	0.36	0.97	0.17	5.79	18	0.000
	控制组	7.61	10	0.39					

（2）成对样本 t 检验（Paired sample t–test）。

由表 11.3 可知，控制组的训练前的成绩与训练后成绩是不显著的（p=0.685），表示旧的教学方法对控制组的成绩并无差异，而实验组的训练前成绩与训练后成绩是显著的（$p < 0.001$），表示新的教学方法对实验组的成绩是有差异，且训练后成绩的平均分数（8.58）高于预试成绩的平均分数（8.00），表示新的教学方法对于实验组效果较好。

表 11.3　成对样本 t 检验分析表

		成对样本统计量			成对样本差异检验				
		平均值	样本 N	标准差	平均值差异	标准差差异	t 值	自由度 df	p 值（双尾）
实验组	预试成绩	8.00	10	0.442	–0.580	0.326	–5.628	9	0.000
	训练后成绩	8.58	10	0.358					
控制组	预试成绩	7.66	10	0.288	0.050	0.378	0.418	9	0.685
	训练后成绩	7.61	10	0.390					

11.1.3　单因子方差分析（One Way ANOVA）

方差分析（ANOVA）是由著名的统计专家费雪（Fisher）所提出，费雪与他的老师皮尔森（Pearson）一起做统计的实验，费雪最大的兴趣就是写文章挑战皮尔森的理论，此举引起皮尔森的反感，因此皮尔森将费雪赶出实验室，并运用自身影响力，致使英国各大学研究室都不敢聘用费雪，并要求各期刊不准接受费雪的投稿。费雪因此就失业了，但为了生活，他只好到肥料公司上班，费雪为了证明他调配出的肥料是有效的，开始进行实验设计，A区使用A肥料，B区使用B肥料，C区使用C肥料等，接着观察作物的成长状况，最后发明了一个检验方法，检验A、B、C三区的产量是否有显著差异，即所谓的ANOVA方差分析检验。费雪将其研究结果写成一篇论文去投稿，当时所有期刊都不敢接受，因此他只好找了皮尔森的影响力到不了的园艺期刊投稿，结果该论文被接受刊登了。该期刊也因为费雪的文章迅速蹿红，使得大家开始注意费雪，费雪也因此重新被大家认识。

1．单因子方差分析的概念

ANOVA方差分析是多群组比较，因此，若是结果有显著的话，会再进行多重比较（事后比较），一般在F检验达显著后才进行，比较的方式为两两比较，但也可因研究目的的不同，只做平均值的多重比较，不必考虑整体性F检验的结果。

而多重比较的检验分类可依据Hilton& Armstrong（2006）提出的分类方法，共7类，如下。

（1）Bonferroni法：校正LSD多群比较产生的型一错误，校正方法为LSD的p-value $\times N(N-1)/2$，若在0.05以下结果显著。

（2）Scheffe method（雪费法）：一般研究较为常用，适用于各组之间人数不同或较复杂的比较时使用；对违反正态与同质假设不敏感，检验结果有强韧性，是最严格的方法。

（3）Tukey HSD method（诚实显著差异法）：较保守的检验方法，适用于各组人数相同时进行比较。

（4）S-N-K（Student-Newman-Keuls）：比Tukey较不会犯型Ⅱ错误。

（5）Duncan：类似于S-N-K，比较的群组越多越容易显著。

（6）Games-Howell method：适用于群组间 N 不相等，异质性及非正态，是较新的检验法且结果具有强韧性。

（7）Dunnett检验：所有群组均与控制组平均值比较，一般适用于实验设计，一个控制组对多个实验组之比较，但实验组之间不互相比较。

2. 单因子方差分析的界面操作

Step1：开启“Practice model.sav”文件→“分析”→“比较平均值”→“单因素ANOVA检验”（图11.18）。

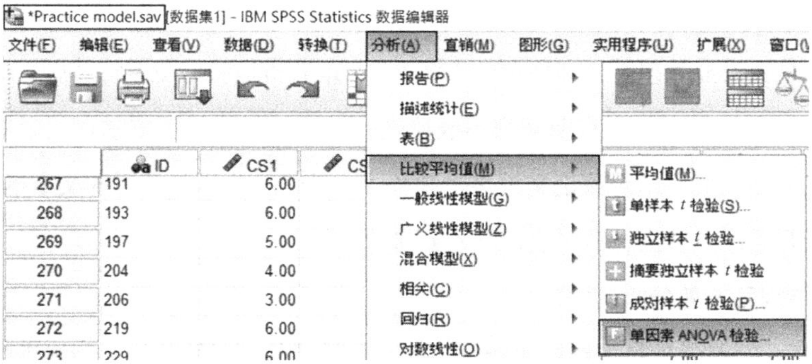

图11.18

Step2：在“单因素ANOVA检验”的对话框下→选中SQ、LOY、SAT至“因变量列表”→选中school至“因子”（图11.19）。

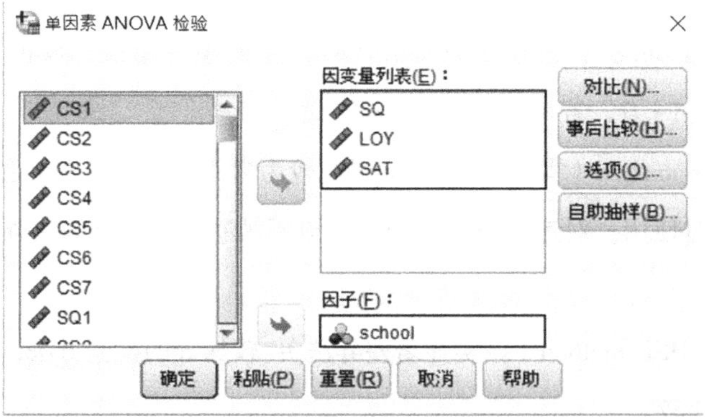

图11.19

Step3：选中“事后比较”→勾选“雪费”→“继续”→“确定”（图11.20）。

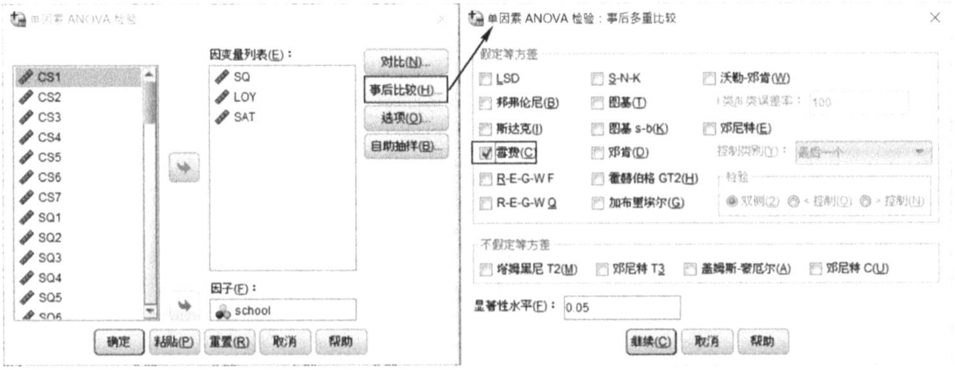

图 11.20

3．单因子方差分析的报表界面

单因子方差分析（one way ANOVA）的报表中（图11.21），仅需注意*F*值是否有达显著，若变量达显著，则表示进行多重比较之中至少有两组的平均值会有显著差异。例如：满意度（SAT），*F*值为5.217，*p* 值为0.006（$p < 0.05$），表示学历对满意度构念中，至少有两组平均值是有显著差异的，再看多重比较分析报表（图11.22、图11.23）可知，高中以下与硕士以上*p*值为0.006（$p < 0.05$）达显著，表示学历高中以下的受测者对服务品质的认知与硕士以上的受测者有差异，因为值为正数，表示学历较低认知的满意度较高。

ANOVA

		平方和	自由度	均方	*F*	显著性
SQ 服务质量	组间	2.291	2	1.146	2.374	0.095
	组内	140.878	292	0.482		
	总计	143.169	294			
LOY 忠诚度	组间	2.930	2	1.465	1.427	0.242
	组内	299.753	292	1.027		
	总计	302.683	294			
SAT 满意度	组间	8.468	2	4.234	5.217	0.006
	组内	236.960	292	0.812		
	总计	245.428	294			

$p<0.05$表示学历至少有两组的平均值，有显著差异

图 11.21

多重比较

雪费

因变量	(I) school 学历	(J) school 学历	平均值差值 (I-J)	标准误差	显著性	95% 置信区间 下限	95% 置信区间 上限
SQ 服务质量	1.0 高中以下	2.0 本科	0.11328	0.10712	0.572	-0.1503	0.3768
		3.0 硕士以上	0.29198	0.13563	0.100	-0.0417	0.6257
	2.0 本科	1.0 高中以下	-0.11328	0.10712	0.572	-0.3768	0.1503
		3.0 硕士以上	0.17870	0.10954	0.266	-0.0908	0.4482
	3.0 硕士以上	1.0 高中以下	-0.29198	0.13563	0.100	-0.6257	0.0417
		2.0 本科	-0.17870	0.10954	0.266	-0.4482	0.0908
LOY 忠诚度	1.0 高中以下	2.0 本科	0.14360	0.15625	0.656	-0.2408	0.5280
		3.0 硕士以上	0.33297	0.19783	0.244	-0.1538	0.8197
	2.0 本科	1.0 高中以下	-0.14360	0.15625	0.656	-0.5280	0.2408
		3.0 硕士以上	0.18937	0.15979	0.496	-0.2038	0.5825
	3.0 硕士以上	1.0 高中以下	-0.33297	0.19783	0.244	-0.8197	0.1538
		2.0 本科	-0.18937	0.15979	0.496	-0.5825	0.2038

$P>0.05$，表示服务质量、忠诚度，在学历上没有差异

图 11.22

SAT 满意度	1.0 高中以下	2.0 本科	0.23509	0.13892	0.241	-0.1067	0.5769
		3.0 硕士以上	0.56471*	0.17590	0.006	0.1319	0.9975
	2.0 本科	1.0 高中以下	-0.23509	0.13892	0.241	-0.5769	0.1067
		3.0 硕士以上	0.32962	0.14207	0.069	-0.0199	0.6792
	3.0 硕士以上	1.0 高中以下	-0.56471*	0.17590	0.006	-0.9975	-0.1319
		2.0 本科	-0.32962	0.14207	0.069	-0.6792	0.0199

$p<0.05$ 表示学历高中以下的受测者对满意度的认知与学历硕士以上的受测者有差异，因为(I-J)为正，表示学历较低认知的满意度较高

图 11.23

4．单因子方差分析的写作方法

由表11.4 可知，不同“学历”在“满意度”构念的F检验达显著水平，表示“学历”在“满意度”构念上是有显著差异的。经雪费法（Scheffe）进行事后比较可知，“高中以下程度”对“满意度”的认知与“硕士以上”的有差异，学历较低的受测者认知的满意度较高。

表 11.4　单因子方差分析表

构面	学历	各组描述性统计量			Post hoc test		
		N	平均值	标准差	F	显著性	Scheffe 法
服务质量 SQ	1. 高中以下	54	5.256	0.824	2.374	0.095	none
	2. 本科	190	5.143	0.655			

续表

构面	学历	各组描述性统计量			Post hoc test		
		N	平均值	标准差	*F*	显著性	Scheffe 法
服务质量 SQ	3. 硕士以上	51	4.964	0.690			
	总计	295	5.133	0.698			
忠诚度 LOY	1. 高中以下	54	5.117	0.993	1.427	0.242	none
	2. 本科	190	4.974	1.049			
	3. 硕士以上	51	4.784	0.889			
	总计	295	4.967	1.015			
满意度 SAT	1. 高中以下	54	5.267	0.910	5.217	0.006	1>3
	2. 本科	190	5.032	0.864			
	3. 硕士以上	51	4.702	1.020			
	总计	295	5.018	0.914			

11.2　回归分析（Regression）

回归分析即研究自变量（Independent Variable）对因变量（Dependent Variable）的影响。在回归分析中，自变量与因变量皆为连续尺度，评估两变量之间的线性关系（Linear Relationship），意指两个变量的关系可以用一条最具代表性的直线来解释，以求出自变量对因变量解释能力的大小。然而，回归分析的结果不会解释x和y之间是否有因果关系。因为因果关系涉及时间先后，而一般的研究所搜集来的数据都是同一时间搜集的，并没有时间先后的问题。解释因果关系须满足3个条件：一是因果关系要有时间差，因（X）一定要发生在果（Y）之前；二是每个自变量对因变量的影响力都在控制其他变量的情况下；三是X、Y要有显著相关。

回归分析中如果只有一个自变量影响因变量，称为简单回归，其标准化回归系数等同于自变量和因变量的皮尔森相关，如果自变量为两个以上，则称为多元（复）回归，一般研究自变量不宜过多，为了符合统计的精简（parsimonious）原则，即使有很多自变量，仍可找出最重要的7个自变量对因变量进行解释，但这只是建议，不是绝对。当模型的因变量超过两个以上时，每个因变量都要进行一次回归，因此如果有三个因变量，便要进行三次回归，因此这种模型分析称为路径分析。

回归分析主要是了解自变量（可以有很多个）对因变量（只能一个）的影响是否存在，自变量选择的是否合适由R^2（决定系数）来决定，R^2越高表示自变量选择越理想。Hair et. al.（2010）建议0.25（小的影响力）、0.50（中的影响力）、0.75（大的影响力），不同的学者有不同的建议值，在后续的分析中，本书采较宽松的版本进行。回归分析假定的条件类似于T检定，一是自变量与因变量都必须是连续变量并符合正态分布；二是自变量与因变量为线性关系；三是样本要独立，在SPSS中可选择“Durbin-Watson”检验样本是否有自我相关；四是估计残差要同质。进行回归分析时，需依据如下步骤。

（1）检查自变量之间有无共线性：$X_1 \cdots X_n$共线性问题，例如：TAM模型（图11.24）中，需先证明态度、易用性、有用性三者之间没有共线性。所谓共线性即指相关不能太高（Pearson相关＜0.7），若相关太高就可能有共线性问题，造成分析结果产生误差。SPSS回归分析提供了VIF作为检验自变量之间有无共线性问题的侦测依据，Hair建议以10以下作为判断的准则，但实务上一般认为太宽松了，大概都是以5以下或严格一些采3.3以下（Kock & Lynn ,2012）。

（2）检查回归系数显著性：检查回归分析的非标准化系数是否显著，代表影响力是否存在，显著则代表影响力存在，假设成立；反之，则影响力不存在，即假设不成立。例如：图11.24 TAM模型中，态度对行为意图（a）、易用性对行为意图（b）、有用性对行为意图（c）的回归系数。

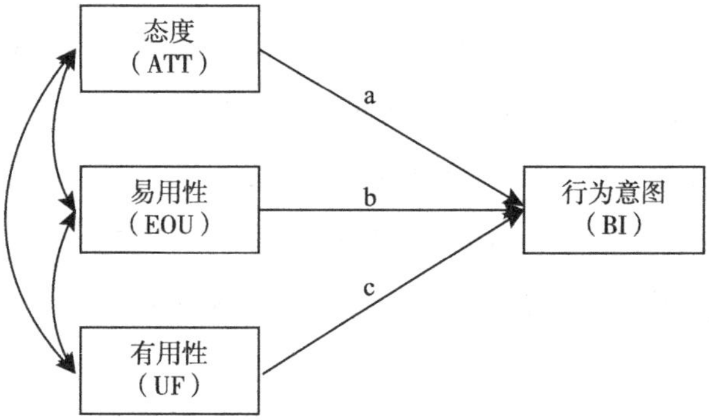

图 11.24　TAM 模型

（3）检查自变量影响因变量的重要性：检查回归分析的标准化系数，标准化的值越大，代表其影响力越大。一般而言，标准化的值都不会超过1，如果超过1表示回归系数受到共线性的影响导致错误的估计值，不可以直接报告结果，表明至少有两个自变量有问题，需重新检查，删除问题自变量后再重新分析。

（4）检查因变量的解释能力有多大：一般而言，若解释能力为0.19称为解释能力小，0.33为解释能力中等，0.67为解释能力大。

1. 回归分析的界面操作

Step1：开启“TAM .sav”文件→“分析”→“回归”→“线性”（图11.25）。

图 11.25

Step2：将自变量与因变量选入右侧对话框（图11.26）。

注：自变量选择变量名称：EOU、UF、ATT；因变量选择变量名称：BI

Step3：选中“统计”→在“线性回归：统计”的对话框中，勾选“估算值”“置性区间”级别设定95、“模型拟合”“共线性诊断”“德宾－沃森”→“继续”→“确定”（图11.27）。

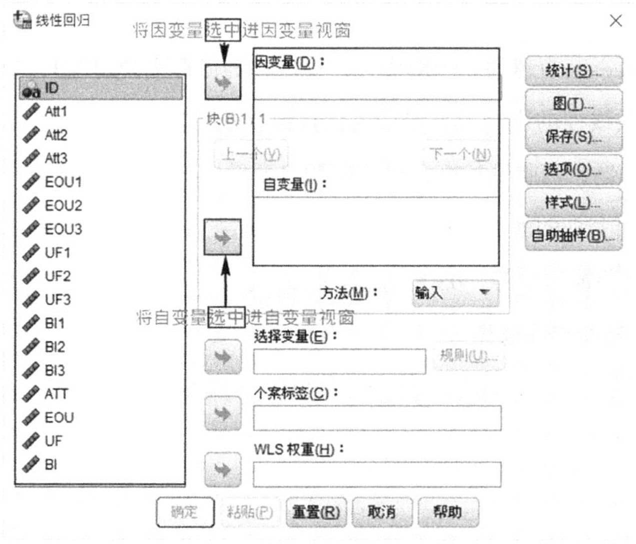

图 11.26

图 11.27

2．回归分析的报表界面

回归分析的报表如图 11.28 所示，报表呈现的状态与检查的步骤不相同，建议遵循下列检查步骤：

Step1：先进行“共线性诊断”检验，于“系数”表中→检查“共线性统计”中的“VIF”值与“容差”值。

（1）共线性诊断。

A.VIF：VIF=1/允差，若VIF＜10代表自变量之间无共线性存在（Hair, 2010）。如果有共线性存在，就需考虑删除共线性存在的变量。倘若VIF未达标准，报表上的VIF值会成对表示未符合标准，由此可判断是哪两个变量之间有共线性问题。

B.容差：允差=1–SMC=1–R^2。

C.共线性不是只发生在自变量之间，大部分的统计书或软件对共线检验的讨论重点都是放在自变量之间相关系检验，但共线性也可能发生在自变量与因变量之间，这又会造成什么影响呢？如果自变量与因变量有共线（可由相关矩阵看出）会造成只有自变量与因变量相关高的自变量会显著，并造成其他自变量全部不显著的结果，因为R^2是标准化的值，最大到1，如果有某个自变量与因变量相关很高，那么该自变量就会占了多数的解释能力，排挤了其他的自变量应该有的贡献。

D.回归分析时回归系数如果产生以下的状况，那表示需要检查一下是否受到共线性的影响：

①变量皮尔森相关系数＞0.75：属高度相关了，要加以注意，如果是大于0.85肯定会有问题；

②模型标准化回归系数＞变量相关：皮尔森相关是变量之间的最大相关，而回归系数是偏相关，不应该大于皮尔森相关；

③回归系数与变量相关不同号：如果变量之间是正相关，那么回归系数也应该是正向影响，不应该出现负向影响；

④回归系数与理论假设方向不同：虽然这并不是不可能，也有可能是研究的特殊发现，但大部分的情形都是自变量共线性造成；

⑤标准化回归系数＞1：这肯定是共线性造成的问题，因为标准化回归系数大于1是不合理的估计值，又称为违犯估计；

⑥标准化回归系数＞0.2但分析结果却不显著：除非研究样本很小，否则标准化回归系数＞0.2已经达到实务上的显著性，不太可能不显著，唯一的可能是共线性造成标准误过大而导致的不显著；

⑦R^2＜某一标准化回归系数的平方：在简单回归中，回归系数=皮尔森相关，R^2等于是皮尔森相关的平方，而任一条回归都不可能大于相关。所以，不可能有任

一条回归的平方会大于R^2，这也是因为共线性问题造成回归值高估，但又没超过1，这是容易被忽略的情况；

⑧R^2很大，大于0.67，但有显著的自变量可能只有一个，大多数都不显著，这是自变量与因变量有共线性所造成的，因为相关高的自变量占了大部分的解释能力，排挤了其他自变量的影响。

以上是共线性造成回归系数估计错误的原因，要审慎评估后再报告结果。

Step2：进行“德宾—沃森”检验，于“模型摘要”表中→检查“德宾-沃森”值。

（2）德宾—沃森：德宾—沃森值（Durbin-Watson）是检查样本是否独立、有无自我相关，1.5～2.5，代表样本无自我相关，在2左右是最理想的值，低于1.5或高于2.5，代表样本不独立，有自我相关，表示不能进行回归分析。

Step3：进行“ANOVA方差分析的显著性”检验，于“ANOVA”表中→检查“显著性”值与“平方和”值。

（3）ANOVA方差分析。

①显著性：检查自变量对因变量的影响是否显著，若达显著，则表示自变量对因变量“至少”有一个是有影响性的。若不显著，则表示回归模型中没有一个自变量是对因变量有影响的。

②平方和：代表因变量的总方差量为302.683，即295个样本所产生的总方差量，回归即为三个自变量的可解释方差量，其值为103.690，残差即为不可解释方差量，其值为198.994。

Step4：进行“R平方值”检验，于“模型摘要”表中→检查“R^2”值。

（4）R^2：R平方值是可解释方差量/总方差量得来的，亦即R^2=103.690/ 302.683=0.343。R^2值为模型的可解释方差量，代表模型的可解释能力。依据Chin（1998）建议标准如下：

A. $R^2<0.19$，代表低度解释能力，即表示自变量预测因变量的能力太薄弱；

B. R^2值介于0.19～0.33之间，代表中低度解释能力，即表示自变量对因变量虽有解释能力，但有些其他的自变量在研究中被忽略；

C. R^2值介于0.33～0.67之间，代表中高度解释能力，即表示具有可接受的解释能力，可以考虑增加自变量来增加模型的R^2值。

D. R^2值＞0.67，代表高度解释能力，即表示自变量预测因变量的选择相当适合，后续可考虑将模型运用于其他领域上，以增加模型的延展性。

而Hall et.al.（2010）提出较为严谨的标准，$R^2<0.25$，代表低度解释能力，$R^2=0.5$，代表中度解释能力，$R^2>0.75$，代表高度解释能力。

Step5： 进行"t值"检验，于"系数"表中→检查"t"值与"显著性"值。

（5）t值。

①t值为非标准化系数/标准误所得的值，例如：图11.28，以ATT为例，t=0.228/0.059=3.849，所得t值3.849＞1.96表示显著，代表ATT对BI是具有显著性的。而EOU对BI的显著性为0.236，为不显著，代表EOU对BI是没有影响力的。若t值＞1.96，则p值＜0.05，表示研究假设成立。

模型摘要[b]

模型	R	R^2	调整后 R^2	标准估算的误差	德宾—沃森
1	0.585[a]	0.343	0.336	0.82694	1.922

a. 预测变量：(常量), ATT, UF, EOU

b. 因变量：BI

ANOVA[a]

模型		平方和	自由度	均方	F	显著性
1	回归	103.690	3	34.563	50.544	0.000[b]
	残差	198.994	291	0.684		
	总计	302.683	294			

a. 因变量：BI

b. 预测变量：(常量), ATT, UF, EOU

系数[a]

模型		未标准化系数		标准化系数			B的95.0%置信区间		共线性统计	
		B	标准误差	Beta	t	显著性	下限	上限	容差	VIF
1	(常量)	1.255	0.326		3.852	0.000	0.614	1.896		
	EOU	0.087	0.074	0.073	1.188	0.236	-0.057	0.232	0.600	1.667
	UF	0.429	0.068	0.386	6.337	0.000	0.296	0.562	0.609	1.641
	ATT	0.228	0.059	0.225	3.849	0.000	0.111	0.344	0.662	1.510

a. 因变量：^1

图11.28　TAM模型输出结果

②显著性：是指非标准化系数的显著性。

Step6：其余值报告，于“系数”表中→检查“非标准化系数（B）值、标准化值（B）值、B的置信区间值。

（6）未标准化系数（B）：未标准化系数值是可能＞1的，未标准化系数为置信区间（下限+上限）的平均值，例如：图11.28中，（0.614+1.896）/2=1.255。

①标准化系数（B）：表示自变量对因变量影响的重要性，即模型估计的结果。标准化系数值越大，表示自变量对因变量的影响越大。例如：图11.27中，UF与ATT会影响BI，且UF为最重要的影响因素，因为UF的标准化值最大。

②B的95%置信区间：为未标准化系数（B）的置信区间，下限与上限范围值，若有包含0，则代表自变量对因变量的影响不显著，没有包含0则代表自变量对因变量的影响显著。置信区间范围越小，代表研究越准确。

4．回归分析的写作方法

由表11.5的结果可知，态度（ATT）的非标准化系数为0.228、易用性（EOU）的非标准化系数为0.087、有用性（UF）的非标准化系数为0.429，表示态度（ATT）每增加一个单位，行为意图（BI）会增加0.228个单位。态度（ATT）的标准误为0.059、易用性（EOU）的标准误为0.073、有用性（UF）的标准误为0.068。态度（ATT）的t值为3.849（$p<0.001$）且显著、易用性（EOU）的t值为1.188（$p>0.05$）不显著、有用性（UF）的t值为6.337（$p<0.001$）且显著，表示态度（ATT）每增加一个标准差，行为意图（BI）会增加0.225个标准差，且自变量态度（ATT）与有用性（UF）对因变量行为意图（BI）的影响达显著水平，表示假设成立。易用性（EOU）对行为意图（BI）不显著表示假设不成立。共线性VIF值为1.510～1.667，均小于10，因此自变量无共线性问题。R^2为0.343，表示态度（ATT）、易用性（EOU）、有用性（UF）对行为意图（BI）的可解释方差量为34.3%，为中度的解释能力。Durbin-Watson值为1.922，介于1.5～2之间，表示样本独立无自我相关。因此可得回归方程式为：BI=1.255+0.228ATT+0.087EOU+0.429UF（回归方程式系数值为非标准化系数值）。

表 11.5　回归分析表

模式		未标准化系数		标准化系数	t	显著性	共线性统计量		R^2	样本独立
DV	IV	B	标准误	Beta			允差	VIF		D-W 检验
BI 行为意图	（常数）	1.255	0.326		3.852	0.000			0.343	1.922
	ATT 态度	0.228	0.059	0.225	3.849	0.000	0.662	1.510		
	EOU 易用性	0.087	0.074	0.073	1.188	0.236	0.600	1.667		
	UF 有用性	0.429	0.068	0.386	6.337	0.000	0.609	1.641		

11.3　路径分析（Path Analysis）

回归分析只能进行一个因变量的分析，因此，模型如果有超过两个以上的因变量要进行分析时，SPSS就得依因变量的个数而进行多次的回归分析，这样的过程我们称为路径分析。

一般应用到路径分析最佳时机是中介效果研究分析，因为中介效果分析为X→M→Y，中介变量（M）和因变量（Y）都是因变量，只是中介变量的另一个身份是因变量的自变量。因此，像这样的模型至少要进行两次回归才能算出每条回归系数。所以称为路径分析（path analysis）。

1．路径分析的概念

路径分析就是回归分析的扩展，如图11.29所示，需执行3次回归分析，一是易用性（EOU）对有用性（UF）；二是易用性（EOU）、有用性（UF）对态度（ATT）；三是态度（ATT）、有用性（UF）对行为意图（BI）。一般而言，若模型须执行两次以上的回归分析，就称之为路径分析。

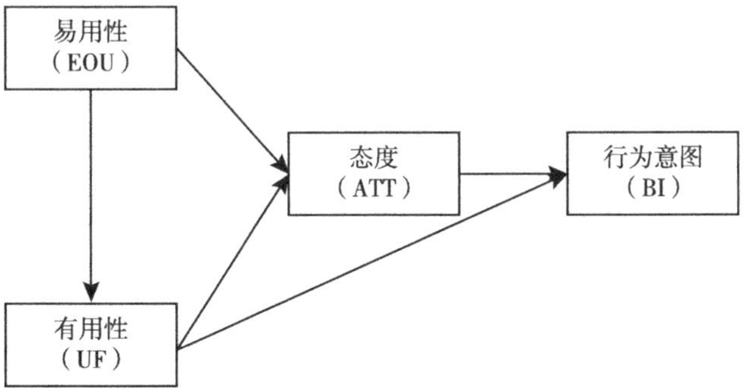

图 11.29　TAM 模型

2. 路径分析的界面操作

Step1： 开启“TAM .sav”文件→“分析”→“回归”→“线性”（图 11.30）。

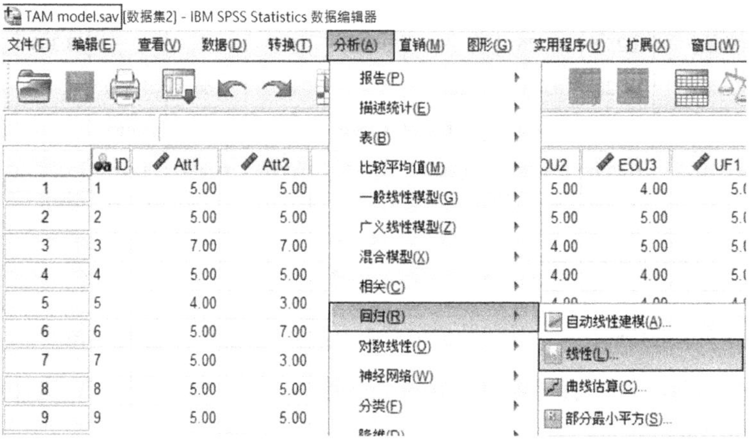

图 11.30

Step2： 将自变量 EOU 与因变量 UF 选入右侧对话框→“继续”→“确定”（图 11.31）。

图 11.31

Step3： 重复执行 Step2 ~ Step3 的步骤，将自变量 UF、EOU 与因变量 ATT 选入右侧对话框→“继续”→“确定”（图 11.32）。

图 11.32

Step4：重复执行Step2 ~ Step3的步骤，将自变量UF、ATT与因变量BI选入右侧对话框→继续→确定（图11.33）。

图 11.33

3．路径分析的报表界面

执行完成Step1 ~ Step5步骤后，可得下列3份报表（图11.34、图11.35、图11.36），再将此3份报表整合成表11.6路径分析表。

模型摘要

模型	R	R^2	调整后 R^2	标准估算的误差
1	0.574[a]	0.330	0.327	0.74853

a. 预测变量：(常量), EOU

ANOVA[a]

模型		平方和	自由度	均方	F	显著性
1	回归	80.764	1	80.764	144.145	0.000[b]
	残差	164.168	293	0.560		
	总计	244.932	294			

a. 因变量：UF

b. 预测变量：(常量), EOU

系数[a]

模型		未标准化系数		标准化系数		
		B	标准误差	Beta	t	显著性
1	(常量)	1.759	0.268		6.566	0.000
	EOU	0.620	0.052	0.574	12.006	0.000

a. 因变量：^1

图 11.34

模型摘要

模型	R	R^2	调整后 R^2	标准估算的误差
1	0.581[a]	0.338	0.333	0.81828

a. 预测变量：(常量), UF, EOU

ANOVA[a]

模型		平方和	自由度	均方	F	显著性
1	回归	99.676	2	49.838	74.432	0.000[b]
	残差	195.517	292	0.670		
	总计	295.192	294			

a. 因变量：ATT

b. 预测变量：(常量), UF, EOU

系数[a]

模型		未标准化系数		标准化系数		
		B	标准误差	Beta	t	显著性
1	(常量)	1.282	0.314		4.088	0.000
	EOU	0.404	0.069	0.340	5.853	0.000
	UF	0.345	0.064	0.314	5.404	0.000

a. 因变量：^1

图 11.35

模型摘要

模型	R^2	R^2	调整后 R^2	标准估算的误差
1	0.583[a]	0.339	0.335	0.82752

a. 预测变量：(常量), ATT, UF

ANOVA[a]

模型		平方和	自由度	均方	F	显著性
1	回归	102.725	2	51.363	75.005	0.000[b]
	残差	199.958	292	0.685		
	总计	302.683	294			

a. 因变量：BI

b. 预测变量：(常量), ATT, UF

系数[a]

模型		未标准化系数		标准化系数		
		B	标准误差	Beta	t	显著性
1	(常量)	1.421	0.294		4.826	0.000
	UF	0.463	0.061	0.416	7.528	0.000
	ATT	0.250	0.056	0.247	4.473	0.000

a. 因变量：^1

图 11.36

4．路径分析的写作方法

由上述3个报表，可得三个次回归分析的非标准化系数、标准化系数、t值、显著性、R平方值，整理成表11.6路径分析表，由表可知，自变量易用性（EOU）对因变量有用性（UF）的影响达显著，表示假设成立；自变量易用性（EOU）与有用性（UF）对因变量态度（ATT）的影响达显著，表示假设成立；自变量有用性（UF）与态度（ATT）对因变量行为意图（BI）的影响达显著，表示假设成立。因此可得三个回归方程式为：

UF=1.759+0.620EOU；

ATT=1.282+0.404EOU+0.345UF；

BI=1.421+0.463UF+0.250ATT。

表 11.6　路径分析表

模型		未标准化值		标准化值	t	显著性	R^2
因变量 DV	自变量 IV	系数 B	标准误 SE	系数 Beta			
UF	（常数）	1.759	0.268		6.566	0.000	0.330
	EOU	0.620	0.052	0.574	12.006	0.000	
ATT	（常数）	1.282	0.314		4.088	0.000	0.338
	EOU	0.404	0.069	0.340	5.853	0.000	
	UF	0.345	0.064	0.314	5.404	0.000	
BI	（常数）	1.421	0.294		4.826	0.000	0.339
	UF	0.463	0.061	0.416	7.528	0.000	
	ATT	0.250	0.056	0.247	4.473	0.000	

再将未标准化系数、显著性、标准误与标准化值，填入模型中，如图 11.37TAM 模型分析。

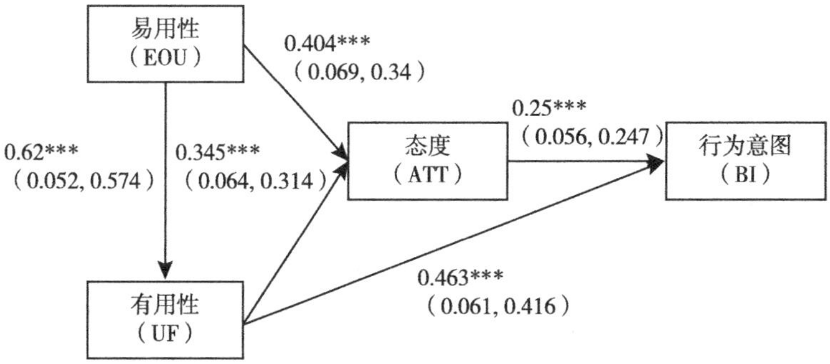

图 11.37　TAM 模型分析

注：非标准化系数 Unstd. Est.（标准误 SE，标准化系数 Std. Esr.）；　***：$p < 0.001$。

11.4　中介效果分析（Mediation Effects）

若某变量（Me）同时为自变量（X）与因变量（Y），也就是（X）透过（Me）影响（Y），此时 Me 在研究模型中就称为中介变量。

中介变量是比预测变量更接近结果变量的变量，中介变量本身也为一个因果

（内生）变量。中介（间接）效果是指自变量通过中介变量来影响因变量的效果，中介变量检验间接效果（Indirect Effect）的方式，包含：因果路径中介效果检验（Baron and Kenny, 1986）、间接效果系数乘积检验（Sobel, 1986）。

中介效果最常用的检验法为Baron and Kenny（1986）的因果路径法，假如模型中的a和b的路径具有统计显著性，而直接效果c'又接近于0，则Me表示在X和Y之间具有中介效果（图11.38）。

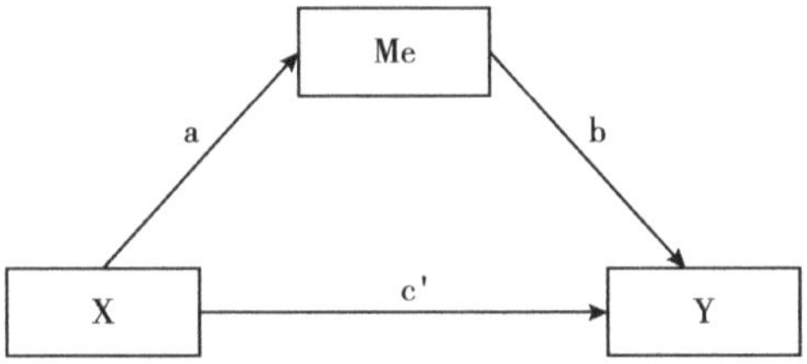

图 11.38　中介效果图

中介效果就是回归分析的扩展，如图11.39TAM模型分析，需执行2次回归分析：一是易用性（EOU）透过态度（ATT）对行为意图（BI）；二是有用性（UF）透过态度（ATT）对行为意图（BI）。

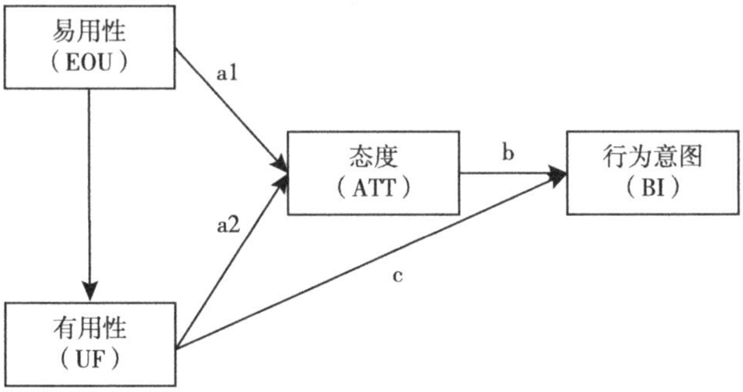

图 11.39　TAM 模型

1．中介效果的界面操作

Step1：开启“TAM .sav”文件→“分析”→“回归”→“线性”（图11.40）。

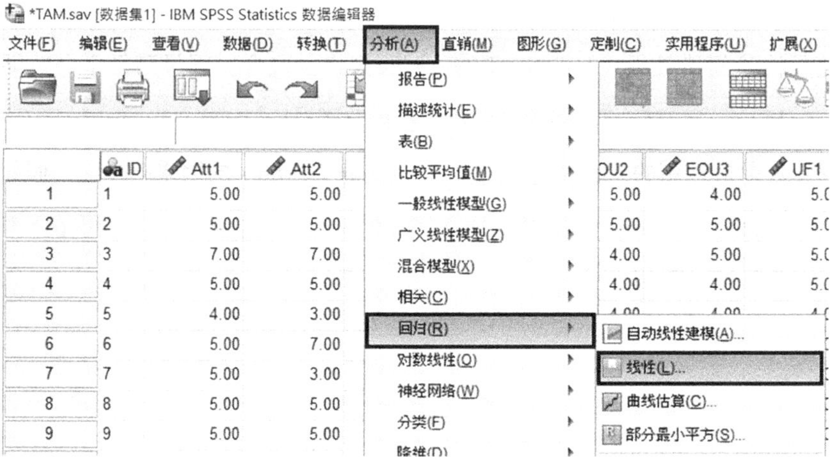

图 11.40

Step2： 将ATT选入因变量对话框→将EOU、UF选入块（B）1/1对话框→确定（图11.41）。

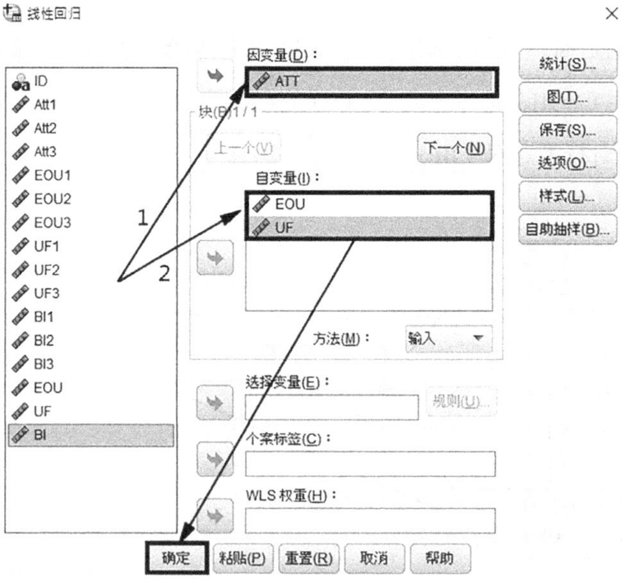

图 11.41

Step3： 将BI选入因变量对话框→将UF、ATT选入自变量对话框→确定（图11.42）。

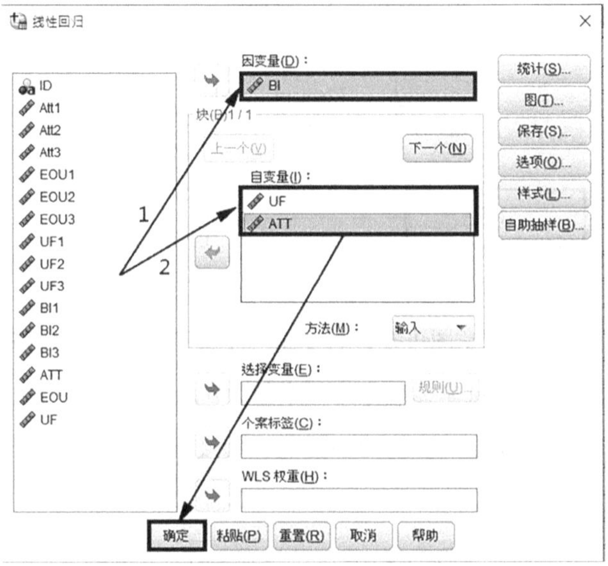

图 11.42

2．中介效果的报表界面

执行完成Step1 ~ Step4步骤后，可得下列两个报表（图11.43、图11.44），再将此两个报表整合成表11.7中介效果表。

系数[a]

模型		未标准化系数 *B*	标准误差	标准化系数 Beta	*t*	显著性
1	(常量)	1.282	0.314		4.088	0.000
	EOU 易用性	0.404	0.069	0.340	5.853	0.000
	UF 有用性	0.345	0.064	0.314	5.404	0.000

注：a. 因变量：ATT 态度

图 11.43

系数[a]

模型		未标准化系数 *B*	标准误差	标准化系数 Beta	*t*	显著性
1	(常量)	1.421	0.294		4.826	0.000
	UF 有用性	0.463	0.061	0.416	7.528	0.000
	ATT 态度	0.250	0.056	0.247	4.473	0.000

注：a. 因变量：BI 行为意图

图 11.44

3．中介效果的写作方法

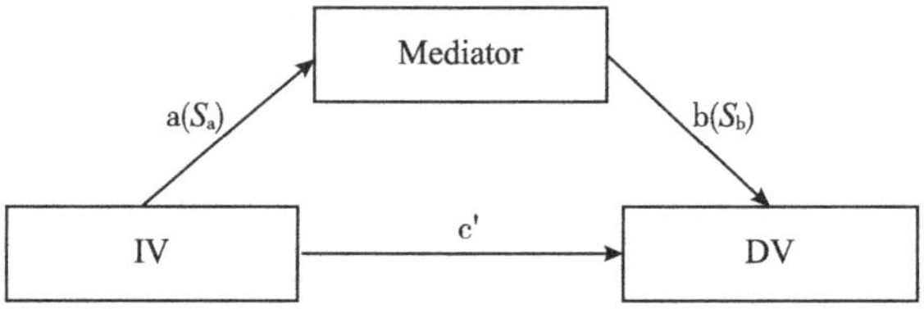

图 11.45

由图11.45中介模型示意图可知，自变量→中介变量非标准化路径系数为a标准误为S_a，中介变量→因变量非标准化路径系数为b标准误为S_b，中介效果的是否显著，需看Sobel z值是否显著，Sobel z test是假设间接（中介）效果乘积（$a\times b$）符合常态分配，公式如下：

$$\text{Sobel } z = a\times b/\sqrt{b^2\times S_a^2 + a^2\times S_b^2}$$

其中，a为自变量与中介变量之间的非标准化回归系数；S_a为系数a的标准误；b为中介变量与因变量之间的非标准化回归系数，在自变量控制的情况之下；S_b为系数b的标准误。

表11.7中介效果的做法是将每个因变量分开执行，形成model 1及model 2等，分别报告，有些研究称之为阶层式回归，这个名词是有点误解，阶层式回归主要用于调节效果的检验而非中介效果，作法将于下个单元“调节效果检验”中探讨。之所以名词被误解可能是因为每个因变量会跑一个模型，也许有控制变量又会多一个模型，分阶段进行，所以把它与阶层式回归合在一起，就变成利用阶层式回归计算中介效果。其实这方法就是路径分析，分析出每条路径的显著性。Baron和Kenny（1986）的建议，只要X→Me（a）及Me→Y（b）是显著的，则可宣称中介效果成立。但是比较严谨的做法会利用Sobel z test再进行检验$a\times b$是否显著。

一般报告间接效果可分成两种方式报告，一种是Baron and Kenny 的因果法；另一种为Sobel提出的系数乘积检验法。

（1）Baron and Kenny 的因果法。

由表11.7分析结果可知，一种中介效果为EOU→ATT（0.404, SE=0.068, t=5.583, $p<0.001$）及ATT→BI（0.25, SE=0.056, t=7.528, $p<0.001$），依据Baron和Kenny（1986）的建议，EOU→ATT→BI的两条路系数均达显著，表示中介效果成立；另

一种中介效果为UF→ATT（0.345, *SE*=0.064, *t*=5.404, *p*＜0.001）及ATT→BI（0.25, *SE*=0.056, *t*=7.528, *p*＜0.001），UF→ATT→BI的两条路系数均达显著，表示中介效果成立。因此本模型中两个中介效果均成立。

表 11.7　路径分析中介效果分析表

路径 path	Model 1		Model 2		*t*-value *t* 值	*p*-value *p* 值
	未标准化值		未标准化值			
	系数 *B*	标准误 *SE*	系数 *B*	标准误 *SE*		
EOU → ATT（a1）	0.404	0.069			5.853	0.000
UF → ATT（a2）	0.345	0.064			5.404	0.000
ATT → BI（b）			0.250	0.056	7.528	0.000
UF → BI（c）			0.463	0.061	4.473	0.000

（2）Sobel提出的系数乘积检验法

Baron和Kenny（1986）提出的方法仅证明两条路径显著，便宣称间接效果成立，Sobel认为间接效果大小为两条路径系数的乘积，未经过检验即认为有显著，显然不够严谨。因此，利用正态理论发展出Sobel *z* test来检验间接效果是否显著。

Sobel *z*检验结果如表11.8，EOU→ATT→BI间接效果为0.101，联合准误为0.0284，Sobel *z*=3.55，*p*＜0.001，显示EOU→ATT→BI间接效果成立；UF→ATT→BI间接效果为0.086，联合准误为0.025，Sobel *z*=3.438，*p*＜0.001，显示UF→ATT→BI间接效果成立。因此，研究的中介效果经显著性检验后成立，与因果路径法结果一致。

表 11.8　Sobel *z* test 中介效果分析表

path 路径	Indirect effect 间接效果 $a \times b$	Joint SE 联合标准误 $\sqrt{b^2 \times s_a^2 + a^2 \times s_b^2}$	Sobel *z* *z* 值	*p*-value *p* 值
	未标准化值			
	系数 *B*	标准误 *SE*		
EOU → ATT → BI	0.101	0.028	3.550	0.000
UF → ATT → B	0.086	0.025	3.438	0.000

11.5 调节效果分析（Moderator Effects）

调节变量（Moderator，简称Mo）又称为干扰变量，它是一个外来的变量，如果引进外来变量影响了自变量（X）与因变量（Y）的关系强弱，那么这个外来变量就称为调节变量（图11.46）。通常调节作用也是交互作用，即自变量（X）与因变量（Y）的关系会因为加入调节变量（Mo）而有所不同，由于自变量（X）与因变量（Y）的关系一般都是用斜率来衡量，因此加入调节变量（Mo）会改变自变量（X）对因变量（Y）的斜率，也就是说它的存在改变了自变量对因变量的路径强度或方向（Baron & Kenny, 1986）。有些文章的描述会把调节变量与交互作用混合使用。然而，两者在统计分析上是等值的，但在统计与研究模型上是不同的概念。

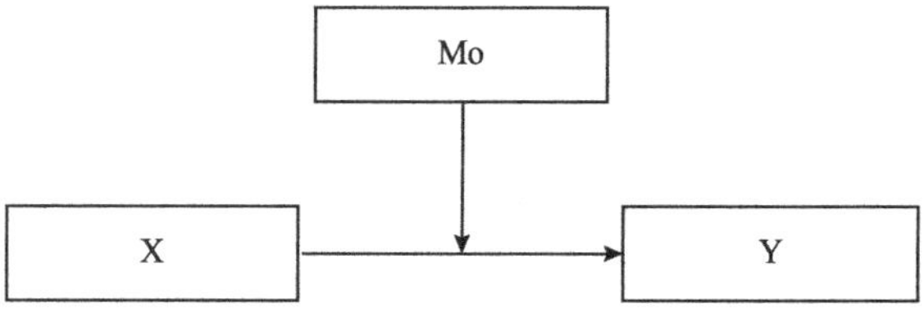

图 11.46　调节效果图

调节变量可以是类别变量（性别、国籍、血型），也可以是连续变量（涉入程度）；可以是潜在变量（态度或性格）或观察变量（成绩）。在统计分析中，研究调节变量在不同情况下，自变量（X）对因变量（Y）之间的关系的改变，比较之间的斜率差异是否达显著。

一般假设自变量对因变量的关系与调节变量之间是线性关系，因此调节效果为自变量与调节变量的交互项（Busemeyer and Jones, 1983）。如果自变量与调节变量的交互项对因变量的影响达显著水平，表示调节效果存在；若自变量与调节变量的交互项对因变量的影响未达显著水平，就表示调节效果不存在。

为了避免自变量与交乘项（交互作用项）产生共线性问题，自变量需先进行标准化（变量分数转为Z值）或中心化（变量本身减去自身的平均值），以降低自变量与调节效果之间的相关，再进行调节效果分析（Cohen, West, & Aiken, 2014）。

以图 11.47 TAM 模型进行调节效果分析：有用性为调节变量，易用性与态度为自变量，行为意图为因变量。有用性调节两条斜率，分别为易用性→行为意图，态度→行为意图。

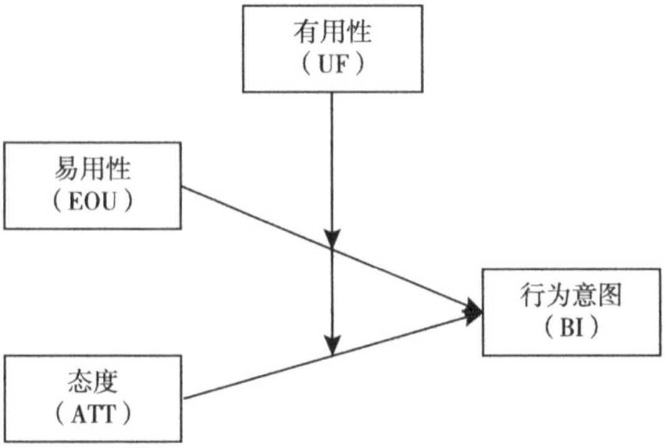

图 11.47　TAM 模型

统计分析时要把图转成多元回归的模式，如图 11.48，有用性、易用性与态度，两个交乘项均为自变量影响因变量（BI）。然后进行阶层式回归，第一层放自变量有用性、易用性与态度，第二层放两个交互作用项，UF × EOU 及 UF × ATT，如果模型中有控制变量的存在，控制变量应放在第一层，其余变量往后推一层。

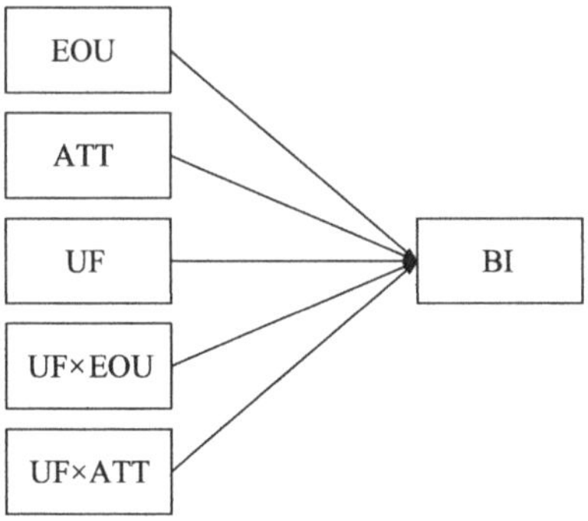

图 11.48　TAM 统计模型图

1．调节效果的界面操作

Step1： 开启“TAM .sav”文件→“分析”→“描述统计”→“描述”（图 11.49）。

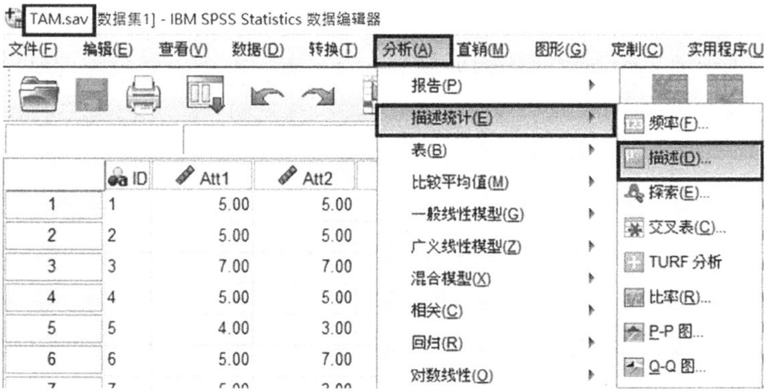

图 11.49

Step2：在“描述”的对话框中，将“ATT、EOU、UF、BI”选入变量对话框中→勾选“将标准化值存为变量”→“确定”（图 11.50）。

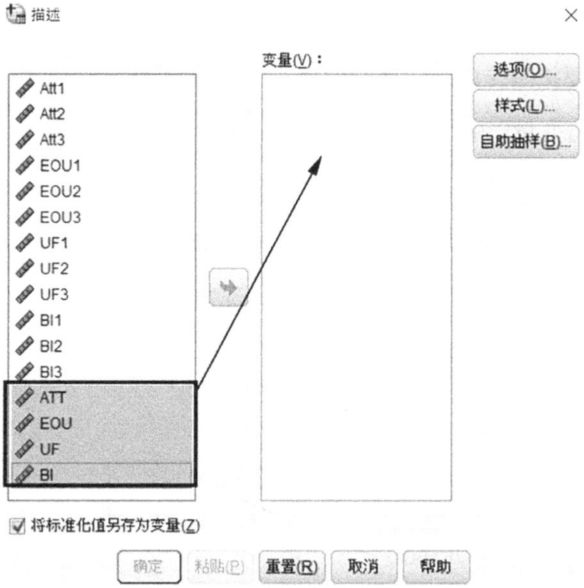

图 11.50

Step3：“转换”→“计算变量”，将目标变量命名为“ZATT × ZUF”，将数字表达式输入“ZATT × ZUF”→确定（图 11.51）。重复上述步骤，将目标变量命名为“ZEOU × ZUF”，将数字表达式输入“ZEOU × ZUF”→“确定”。

Step4：“分析”→“回归”→“线性”（图 11.52）。

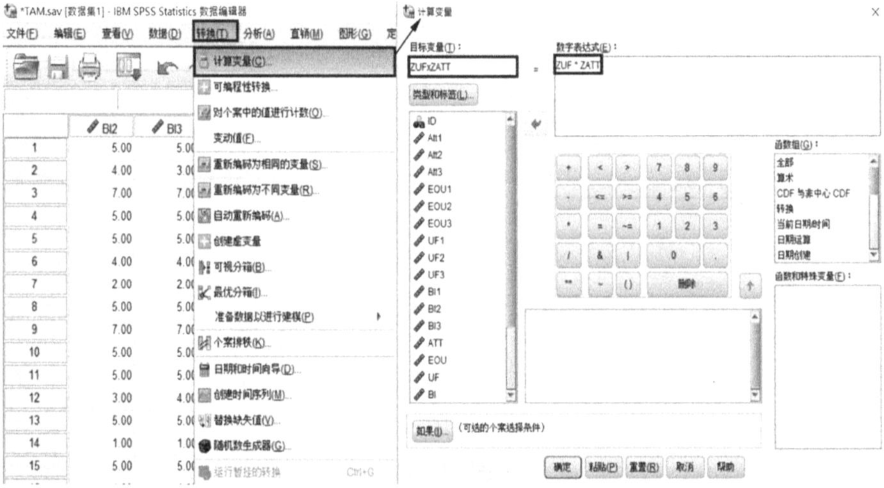

图 11.51

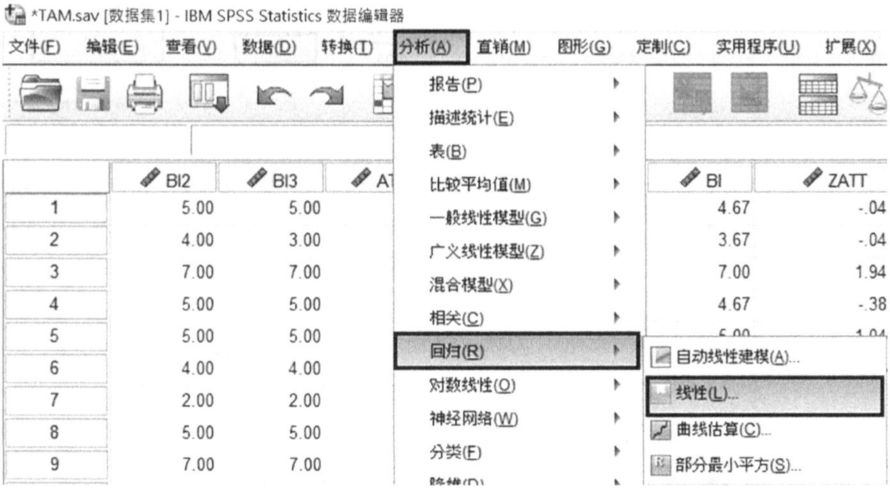

图 11.52

Step5：在“线性回归”的对话框中，将“ZBI”“选至“因变量”对话框中，→将“ZEOU、ZUF、ZATT”选至块（B）1/2对话框中→点击“下一个”→将“ZEOU × ZUF、ZATT × ZUF”选至块（B）2/2对话框中（图11.53），点击“统计”→勾选“估算值、模型拟合、R^2变化量”→“继续”→“确定”（图11.54）。

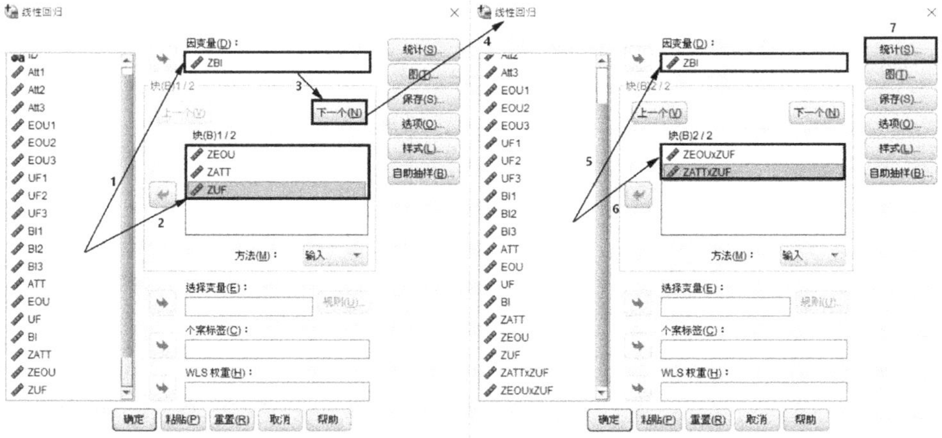

图 11.53

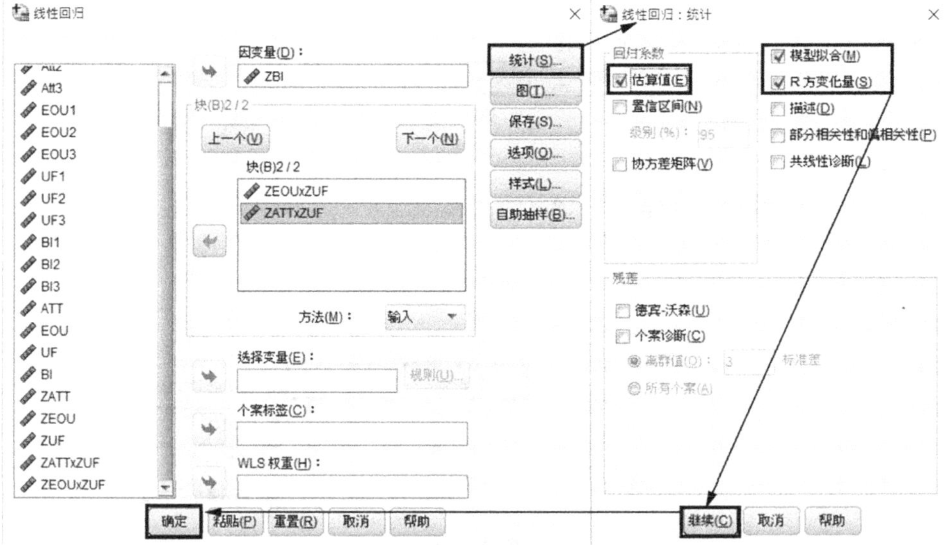

图 11.54

2. 调节效果的报表界面

执行完成Step1 ~ Step6步骤后，可得两个报表（图11.55），再将此两个报表整合成表11.9调节效果分析表。

模型摘要

模型	R	R^2	调整后 R^2	标准估算的误差	更改统计				
					R^2 变化量	F 变化量	自由度 1	自由度 2	显著性 F 变化量
1	0.585[a]	0.343	0.336	0.81499043	0.343	50.544	3	291	0.000
2	0.623[b]	0.388	0.377	0.78910746	0.045	10.701	2	289	0.000

注：a. 预测变量：(常量), ZUF, ZATT, ZEOU

b. 预测变量：(常量), ZUF, ZATT, ZEOU, ZEOUxZUF, ZATTxZUF

系数[a]

模型		未标准化系数		标准化系数		
		B	标准误差	Beta	t	显著性
1	(常量)	-7.133	0.047		0.000	1.000
	ZEOU	0.073	0.061	0.073	1.188	0.236
	ZATT	0.225	0.058	0.225	3.849	0.000
	ZUF	0.386	0.061	0.386	6.337	0.000
2	(常量)	-0.047	0.050		-0.945	0.346
	ZEOU	0.181	0.064	0.181	2.805	0.005
	ZATT	0.182	0.059	0.182	3.105	0.002
	ZUF	0.334	0.061	0.334	5.504	0.000
	ZEOUxZUF	0.165	0.036	0.269	4.609	0.000
	ZATTxZUF	-0.094	0.040	-0.136	-2.313	0.021

注：a. 因变量：ZBI

图 11.55

3. 调节效果的写作方法

在整体模型检验中，模型共有两个调节效果，对行为意图（ZBI）的可解释方差与对主效果相比共增加4.5%（$F_{2,289}$=10.701，$p<0.05$）的解释力，p值显著表示两个调节效果中至少有一个是显著的。

由表11.9调节效果分析中可知，有用性（ZUF）为调节变量。易用性（ZEOU）× 有用性（ZUF）对行为意图（ZBI）的调节效果为0.165（t=|–4.609|＞1.96，$p<0.05$），表示调节效果存在，代表调节变量有用性（ZUF）每增加1个单位，易用性（ZEOU）对行为意图（ZBI）的斜率会增加0.165个单位；态度（ZATT）× 有用性（ZUF）的交互作用项对行为意图（ZBI）的调节效果为–0.094（t=|–2.313|＞1.96，$p<0.05$），表示调节效果存在，代表调节变量有用性（ZUF）每增加1个单位，态度（ZATT）对行为意图（ZBI）的斜率会减少0.094个单位，因此，两个调节效果均显著，调节效果存在。有用性（ZUF），易用性（ZEOU）及态度（ZATT）三个主效果对行为意图（ZBI）的可解释方差为34.3%（F=50.544，$p<0.05$），为中度的解释能力。

表 11.9 调节效果分析表

DV 因变量	IV 自变量	B 非标准化	S.E. 标准误	Beta 标准化	t-value t 值	p-value p 值	ΔR^2 R^2 变化量	$F_{2,289}$ F 值	p-value p 值
常量		−0.047	0.050		−0.945	0.346			
ZBI	ZEOU	0.182	0.059	0.182	3.105	0.002	0.343	50.544	0.000
	ZUF	0.181	0.064	0.181	2.805	0.005			
	ZATT	0.334	0.061	0.334	5.504	0.000			
	ZEOU × ZUF	0.165	0.036	0.269	4.609	0.000	0.045	10.701	0.000
	ZATT × ZUF	−0.094	0.040	−0.136	−2.313	0.021			

交互作用是指两个自变量产生相互的影响，而调节变量是指外来的自变量与原来的自变量产生相互的影响。这有何差别呢？举例说明：有两个男生（A、B）在追同一个女生（Y），如果这两个男生都不知道有另一个对手的存在，那就是A男和B男各自影响Y女，这就是一般的回归。如果，此时A男知道有个B男竞争对手存在，那么，A男势必会因为B男采取某些动作而改变自己的行为，而B男也会因A男的改变而改变自己的行为，此时就产生了交互作用。如果，原来只有A男在追Y女，后来B男介入，自然也改变了A男追Y女的方式，这时因为B男的介入改变了A男对Y女的影响，这时B男就对A男产生调节作用。如果是交互作用，A、B、Y是模型的一部分，如果是调节效果，原来模型只有A和Y，B是后来才进入的，原来不在模型中。

变量均值中心化与标准化。在调节效果分析中，一般都会要求在调节变量与自变量相乘之前，应先进行均值中心化或标准化的动作（Cohen, Cohen, West, & Aiken, 2013），主要目的是为了降低自变量与交乘项之间的相关性。但往往有研究者自行加入另外一些看法，如共线性会使得调节效果估计产生偏误、标准误估计会因此高估，使得调节效果产生型II错误、降低调节效果的统计检定力、结果无法解读、研究导致错误的推论等。Hayes（2013）针对这些问题提出除了降低自变量与交乘项之间的相关性是对的以外，其余的都是错的。首先，自变量均值中心化或标准化两种程序是等值的，调节效果的估计结果及显著性不会变。即使不进行任何中心化或标准化，调节效果的估计结果及显著性仍然是一样的，更不会降低统计检定力及产生错误的解读及推论。所以，进行调节效果交乘项之前变量应先进行中心化或标准化会得到比较正确的调节效果仅只是统计上的迷思而已，实际上并不正确。

第五篇

在量化分析之后，深论究理

在做好数据分析并依此写好研究结果后，接下来就要完成论文的讨论、结论以及未来展望部分的写作。讨论的目的是解释现象、阐述观点，说明研究调查、研究结果的含义，并为后续研究提出建议。

第十二章

如何撰写研究讨论

讨论部分主要是回答引言中提出的问题，解释说明研究结果如何支持假设，假设如何与该主题现有的相关知识之间的关系。讨论部分通常被看作是衡量一篇论文优劣的标尺，只有通过讨论的研究过程得出的结论才有意义。结论部分是以研究成果为前提，经过严密的逻辑推理和论证得到新的学术观点和见解，最后结论指明论文研究的成果或观点，主要作用是对整篇论文进行总结和提升，未来展望不建议放在结论中，否则会冲淡论文的结论。未来展望部分的写作比较灵活，可以单独作为一个段落阐述研究的局限性，也可以阐述研究结论对当前该领域研究或实践有何启示作用，还可以两者兼有之。

12.1　讨论部分常见误区

论文的讨论部分常见误区：

1. 简单罗列研究数据，描述研究过程和结果。

2. 重复赘述“摘要”和“引言”中的内容，没有形成对研究结果的分析。

3. 大量引用国内外文献，但缺乏对文献观点与研究结果的比较和分析，没有提出自己的观点。

4. 对于研究结果的评价不够客观，或自吹自擂，或不痛不痒，亦或有意回避研究的局限性。

12.2　讨论部分必备要素

为避免以上误区，论文的讨论部分至少要包括以下要素。

1．对研究结果的高度归纳

论文中讨论部分的第一段一般是对研究结果的高度归纳，提纲挈领，可以先简述研究目的、研究过程和研究发现的结果，但不要重复在研究背景介绍中所提到的句子。具体可视投稿期刊的要求做相应调整。

2．围绕研究结果进行讨论

论文中讨论部分的重点在于对得到的数据结果展开讨论，要适当引用相关研究，用于支持在第一段中总结的研究发现。对于和过往研究产生不同的结果时，千万不能回避，更要深入讨论。

需要注意的是，在没有严格进行标准实验设计的情况下，一般通过统计分析所发现的变量之间的关系充其量只是一种共变关系，或者用大家更为习惯的术语来说，只是一种相关关系，而非因果关系。那么讨论就要围绕相关关系进行讨论。某两个变量之间具有相关性或者具有共变性，即使发现这两个变量之间在时间上有先后顺序，也不能就此断定它们之间是因果关系。要想判断具有相关性的两个变量之间是否真的具有因果关系，就必须进一步对它们之间的因果机制做出解释。那么，因果机制就成了文章讨论的重点。

因果机制讨论的实质是什么呢？就是要用权威文献或某理论形成具有逻辑性的解释链来阐明研究结果。在研究中，通常用较低层次结构成分之间的相互作用来解释由这些成分构成的较高层次（研究变量）整体的变化。例如，用细胞的运动来解释器官或肌肉组织的变化；用原子间的相互作用来解释分子的运动等。

在社科类的研究中，一般为了判断研究变量（多数时候是某种宏观现象或行为）之间是否确实存在因果关系，就需要将观察和分析的层次从宏观现象层面下降到更微观的现象层面去讨论，用构成这种宏观现象的结构成分之间的相互作用来对这两个宏观现象之间的关系状况来进行解释。由于各种宏观的社会现象和行为大都是通过大概率的个体行为构建出来的。因此，大概率的个体行为（指被文献论证过的或不会受到广泛质疑的普遍原理的个体行为）是构成宏观现象或行为（研究变量）的终极性结构成分。也就是说，社科类论文中的讨论部分要通过引用权威文献或普遍原理中的大概率的个体行为形成解释链，来阐明研究变量之间的关系。比如，成人榜样会影响儿童行为（社会现象），那么讨论部分就需要从儿童个体行为中对成人榜样的关注、保持，最后生成成人榜样行为的过程，即解释链来进行讨论。

3．论据分析的方法

在论文的讨论部分，论据分析是重中之重。将论据与研究结果有机融合起来是论据分析的必需过程，讨论中缺乏有效的论据分析，论证显得机械而不严谨，结构显得古板而不灵活。文章势必显得浅薄而不深刻，论证分析的方法一般包括以下三种，供大家参考。

正反推理法。从正反两方面的文献论据对研究结果进行讨论，并推出相应的研究结论，正例文献与反例文献互相映衬，可以通过比较，找出异同来强化所论述的观点，使研究结果的辩证关系更明晰，更有说服力。比如，有学者认为高中文理分科不利于学生全面发展应该取消，也有学者认为文理分科并非是影响学生全面发展的根本原因不应该取消，这时取消与不取消文理分科的文献就形成了正例与反例文献。如果研究者能够很好地搜集这两方面的文献，对比取消与不取消文理分科的理由，再根据自己的研究结果论述支持哪一方以及为什么不支持另一方的理由，就能够达到强化自己的文章观点的作用。

追因推果法。概述研究结果后，可以用多篇例证文献解释研究结果，当这些例证文献之间不是平行并列关系，而是存在因果关系时，就要借助追因推果法，将多篇例证文献经过排兵布阵形成解释链，最终达到解释研究结果潜含意义的效果。当然，也可以用某个或多个理论解释研究结果。从文献举证或理论举证升华为“就例说理”。例如，以往研究结果表明父母榜样与孩子行为之间存在正向相关，父母为孩子树立正面榜样的次数越多，孩子的行为也会越正面。那么，这一研究结果该如何进行讨论呢？可以引用观察学习理论作为媒介来解释研究结果，孩子通过对父母榜样的行为、动作以及它们所引起的结果进行观察，获取信息，而后经过孩子的大脑进行加工、辨析、内化，最终产生自己的行为。也可以引用多篇文献形成父母榜样与孩子行为之间的解释链，起到媒介作用也可以解释研究结果。

解析引申法。举证文献后不仅要考虑举证文献与观点的联系，还要考虑他人的研究结果和自己的研究结果是否一样。如果是一样的，那就可考虑正反推理法和追因推果法；如果不一样，就需要解释与他人的研究结果存在差异的原因以及他人研究结果与自己的观点之间的区别与联系。例如，计划行为理论认为态度可以有效预测行为意图，但研究发现受伤运动员的康复态度却无法有效解释其遵医嘱的行为意图，这与过去大部分研究结果不一致。这时候研究者就需要解释自己的研究结果为什么和他人的研究结果不一样。其原因可能是以往的研究大都是针对健康促进行为或健身运动行为的，被试者大多是为了进一步获得身心健康，进而产生行为意图。而受伤运动员的行为意图则来自要避免进一步遭受到健康威胁或风险以及要尽快恢复健康，否则就会对自己的训练和比赛造成不良后果，较不会因为康复的喜欢与否而做康复，进而产生行为意图。换句话说，健康威胁或风险的态度研究更多地不在于强调积极和消极的感情，而是强调健康促进行为为他们带来的感知成本和收益，受伤运动员的遵医行为亦是如此。因为行为性质不同，造成了研究结果的差异。最后，研究者还可以引用一些同质行为的文献来支持自己的研究观点。例如可以这样写：本研究的结果得到以往同类行为性质研究的支持，针对乳房自我检查研究结果也发现态度无法有效预测行为意图。

第十三章

如何撰写研究结论

结论是论文正文中的最后一部分内容，是论文工作的总结。因此，在论文结论中，不需要再重复论文背景、方法等内容。但要把研究结果、新颖性和意义更具体地总结概括出来。同时结论作为对研究新发现的总结，要注意“四不要”，一是不要把一般的认识和常识性的知识放入结论。二是不要把讨论性的文字放入结论。三是不要把研究目的放入结论。四是不要把研究的具体过程、方法以及流程放入结论。以下提出撰写研究结论的原则供大家参考。

1．需回应研究目的及问题

在论文的前言部分一定会提出该研究所要完成的目的及研究问题，为了使论文的内容前后呼应，研究结论应依据研究的目的及问题进行撰写。当然，在紧扣研究目的及问题的同时，还要依据研究结果的真实性发现来下结论，有几分证据就下几分结论，不可以将未发现的结果也作为结论。

2．应言简意赅且条理分明

研究结论是针对研究的结果讨论得来，研究结论不需要文献资料来佐证，仅针对本研究所发现的研究现象进行简要、重点式、条列式或整合式的说明。避免赘述太多或过于冗长。

3．避免有结无论的撰写

当研究者只列出一个不具有方向性或意义的结论条目时，读者也很难掌握文章的研究发现，还要仔细阅读条目下面的文字叙述才能掌握结论，甚至还要到文章中去寻找结论。像这样有结无论的写法要避免。在一些论文中常会看到类似这样的标题“不同性别在×××有显著差异”“不同教龄在×××有显著差异”“不同出生地的小学生在×××有显著差异”等等，这些都属于不具有方向性的结论，应调整为“男生（女生）的×××显著高于女生（男生）”“教龄越长的教师在×××方面表现较优异，尤其是任教5年以上者更是如此”“出生在城市的小学生的×××要显著高于出生在农村的小学生”。再比如，“×××教师的教学效能较高”，这样的结论没有指出哪项是重要的或较为优势的或表现不良的教学效能，其结论应改为“×××教师的教学效能较高，其中教学效果最高，其次为课堂气氛，最低为教学创新”。

第十四章 如何撰写未来展望

论文的大体构架的写作要点大家都比较熟悉了，比如前言的主要目的是说清楚研究问题是什么；研究方法是说明白用什么方法或方案解决研究问题，研究结果是数据陈列，研究结论是写明白研究问题的答案到底是什么。唯独未来展望部分很多人不是很明白应该怎么写。很多论文写作初学者容易把未来展望写的像自我检讨，比如本人学术水平有限，研究经验尚浅，样本收集受到局限，等等，导致研究存在很多不足，甚至很多错误需要纠正，期待未来得到改善。那么，未来展望应该怎么写呢？

1．从恰如其分的研究局限开始

未来展望部分大部分作者都会对研究存在的局限进行点评，点评的角度包括样本、研究过程、测量工具、统计学以及方法学等，如何做到恰如其分呢？既要说长也要道短。比如一篇采用结构方程模型作为统计手段的文章在统计学方面的点评可以尝试这样来撰写，“本研究尽管采用结构方程模型进行分析，在理论上也有较为严谨的推理，但本质上仍属于相关研究，无法取代严谨的真实验的因果研究。由于缺乏对自变量操弄以决定研究的结果是来自清楚的因变量。因此，本研究所形成的因果推论与结果是由相关资料衍生出来的事实”。再比如，一篇采用自陈式报告进行研究的文章在测量工具方面的点评可以这样撰写：“自陈式报告可能会提高变量间相关的问题，而出现共同方法偏差。所以，本研究特别对共同方法偏差进行检验，尽量避免此限制的发生。虽然研究努力控制了问项的歧义、量表格式以及问卷长度等问题，但仍存在一些不可控制的因素，如社会期待、受试者作答情绪等会影响研究结果。尽管使用的测量工具具有良好的信效度，许多研究者也使用……量表来测量……，但仍然希望未来研究者能使用更多的量表来评量……”。以上例子供大家参考。

2．唯一可煽情的部分

未来展望和论文其他部分不大一样，不一定需要严谨的数据支持，可以按照自己的风格以及观察进行展望，甚至这部分在撰写的时候可以适当增加个人情感。未来展望是作者和读者们在本篇论文中所做的最后一次交流，可以讲些研究结论在理论或实践中获得的启示，以便读者能够直接从文章中得到指导。也可以针对研究过程对未来想从事这个领域研究的人提供一些建议，比如告诉读者本篇论文解决了什么问题，还有哪些重要问题值得进一步探究，可供后续研究来解决。比如未来的环境、技术和理念会有什么变化，有可能会出现什么新的问题，哪些问题尤为突出，提醒后续研究关注；再比如可以分享针对未来新问题的解决思路。总之，作者可以在正文论证的理论、观点基础上，对其理论、观点的价值、意义、作用推至未来，预见其生命力。

3．不要轻率否定别人的研究或表扬自己的研究

未来展望撰写过程中，一定不要轻率否定或批评他人的结论，也不必用诸如“本研究具有国际先进水平”“本研究结果属国内首创”“本研究结果填补了国内空白”等语句对自己的研究作表扬评价。成果到底属何种水平，读者自会评说，不必由论文写作者写在未来展望中。

开篇我们讲到不少人把论文写作比作西西弗斯式的攀登，由于巨石太重，每每未到山顶就又滚下山去，前功尽弃，于是就永无止境地重复这件事。希望读完本书的大家可以把做科研和写论文的过程看作是马拉松式的长跑，在跑步的过程中，会给自己建立一系列的小目标，在不断达成设定的一个又一个的小目标后，最终胜利到达终点。相信只要大家善于思考、持续写作、大胆投稿，一定能够在论文写作的道路上顺利建立起自己的写作风格，逐步成长为各领域的大师。

附录　调查问卷

ID:______1______

您好:

感谢您的合作，协助我们进行问卷调查。这份调查是要了解影响消费者对百货公司品牌忠诚度的影响相关因素。您的意见对于我们的研究将提供非常重要的帮助。本研究是否成功，端赖您的支持，恳请惠予协助，谢谢!

第一部分

以下是您对最常去的百货公司的看法，请根据您的经验在适当的位置打勾。

一、满意度

问卷条目	非常不同意	不同意	稍微不同意	没意见	稍微同意	同意	非常同意
1. 在该百货公司中，我总能找到适合的商品或服务。	1 □	2 □	3 □	4 √	5 □	6 □	7 □
2. 对于该百货公司所提供的商品价格，我感到满意。	1 □	2 □	3 □	4 √	5 □	6 □	7 □
3. 我向该百货公司所提出问题需要解决时，能迅速得到处理。	1 □	2 □	3 □	4 □	5 √	6 □	7 □
4. 我觉得该百货公司所提供的服务设备，如洗手间、育婴台、休憩区很完备。	1 □	2 □	3 □	4 □	5 √	6 □	7 □
5. 该百货公司常举办一些令我惊喜的活动(如周年庆、生日礼)	1 □	2 □	3 □	4 □	5 √	6 □	7 □
6. 该百货公司所提供多样化的付款方式，如信用卡、金融卡、分期付款、礼券等，让我觉得很方便。	1 □	2 □	3 □	4 □	5 √	6 □	7 □
7. 与服务人员交谈时，我喜欢他们的响应方式。	1 □	2 □	3 □	4 √	5 □	6 □	7 □

二、服务质量

问卷题目	非常不同意	不同意	稍微不同意	没意见	稍微同意	同意	非常同意
1. 该百货公司楼层标示清楚，易于辨识。	1 □	2 □	3 □	4 □	5 □	6 √	7 □

续表

问卷题目	非常不同意	不同意	稍微不同意	没意见	稍微同意	同意	非常同意
2. 该百货公司的音乐、装潢、气氛舒适。	1 □	2 □	3 □	4 □	5 √	6 □	7 □
3. 该百货公司的位置易于停车或有停车场。	1 □	2 □	3 □	4 √	5 □	6 □	7 □
4. 该百货公司的商品分类陈列、卖场动线规划良好	1 □	2 □	3 □	4 □	5 □	6 √	7 □
5. 该百货公司的服务人员穿着整洁仪容端正。	1 □	2 □	3 □	4 □	5 √	6 □	7 □
6. 该百货公司所贩卖的商品质量良好。	1 □	2 □	3 □	4 √	5 □	6 □	7 □
7. 该百货公司提供所承诺的服务（如保固期限、事后维修等）	1 □	2 □	3 □	4 √	5 □	6 □	7 □
8. 在该百货公司买到不适合的商品，可以迅速更换	1 □	2 □	3 □	4 □	5 √	6 □	7 □
9. 该百货公司的服务人员对顾客一直很有礼貌	1 □	2 □	3 □	4 √	5 □	6 □	7 □
10. 该百货公司的服务人员很乐意为说明顾客	1 □	2 □	3 □	4 □	5 √	6 □	7 □
11. 该百货公司的服务人员会迅速响应顾客的要求	1 □	2 □	3 □	4 □	5 √	6 □	7 □
12. 该百货公司的服务人员有能力解决顾客的问题	1 □	2 □	3 □	4 √	5 □	6 □	7 □
13. 该百货公司会主动告知未来将要提供的服务（如何时有优惠）	1 □	2 √	3 □	4 □	5 □	6 □	7 □
14. 我相信该百货公司服务人员提供给我的讯息。	1 □	2 □	3 □	4 √	5 □	6 □	7 □
15. 我认为百货公司有给予员工适当的教育训练。	1 □	2 □	3 □	4 √	5 □	6 □	7 □
16. 该百货公司提供的产品及服务是有一致性。	1 □	2 □	3 √	4 □	5 □	6 □	7 □
17. 该百货公司会提供顾客个别化的服务	1 □	2 □	3 □	4 □	5 √	6 □	7 □
18. 该百货公司营业时间长、方便购物	1 □	2 □	3 □	4 √	5 □	6 □	7 □
19. 该百货公司服务人员会知道顾客的需求	1 □	2 □	3 □	4 □	5 □	6 √	7 □
20. 该百货公司会提供产品递送或修改的服务	1 □	2 □	3 □	4 □	5 √	6 □	7 □
21. 我喜欢百货公司有优先考虑顾客的利益。	1 □	2 □	3 □	4 □	5 √	6 □	7 □

三、转换成本

问卷题目	非常不同意	不同意	稍微不同意	没意见	稍微同意	同意	非常同意
1. 如果我到其他百货公司消费，我会需要花费很多时间重新与销售人员建立关系	1 □	2 □	3 □	4 □	5 √	6 □	7 □
2. 如果到其他百货公司消费，我会需要花费很多时间重新适应该业者所提供的服务项目。	1 □	2 □	3 □	4 √	5 □	6 □	7 □
3. 如果到其他百货公司消费，我将不再享有与前百货公司提供同等优惠。	1 □	2 □	3 √	4 □	5 □	6 □	7 □
4. 如果到其他百货公司消费，我认为新的百货业者无法提供等值的服务。	1 □	2 □	3 □	4 √	5 □	6 □	7 □
5. 我已习惯原来这家百货公司员工的服务方式，所以不想到别家购买	1 □	2 □	3 □	4 □	5 √	6 □	7 □

四、态度忠诚度

问卷题目	非常不同意	不同意	稍微不同意	没意见	稍微同意	同意	非常同意
1. 我会向其他人提及该百货公司的优点	1 □	2 □	3 □	4 √	5 □	6 □	7 □
2. 有人请您推荐时，您会推荐该百货公司	1 □	2 □	3 □	4 □	5 √	6 □	7 □
3. 我会主动向亲朋好友推荐这一家百货公司。	1 □	2 □	3 □	4 □	5 √	6 □	7 □

五、行为忠诚度

问卷题目	非常不同意	不同意	稍微不同意	没意见	稍微同意	同意	非常同意
1. 我在未来会与持续与该百货公司进行交易。	1 □	2 √	3 □	4 □	5 □	6 □	7 □
2. 即使该百货公司合理的调高价格，我仍愿意在该百货公司消费。	1 □	2 √	3 □	4 □	5 □	6 □	7 □
3. 在相同的服务下，即使该百货公司较其他业者贵，我仍愿意继续在百货公司消费。	1 □	2 √	3 □	4 □	5 □	6 □	7 □

六、企业形象

问卷题目	非常不同意	不同意	稍微不同意	没意见	稍微同意	同意	非常同意
1. 该百货公司具有高知名度	1 □	2 □	3 □	4 □	5 √	6 □	7 □

续表

问卷题目	非常不同意	不同意	稍微不同意	没意见	稍微同意	同意	非常同意
2. 该百货公司的企业识别形象鲜明易辨识	1 □	2 □	3 □	4 □	5 √	6 □	7 □
3. 该百货公司占有市场的领导地位	1 □	2 □	3 □	4 □	5 √	6 □	7 □
4. 该百货公司在我心目中占有相当的地位	1 □	2 □	3 □	4 □	5 √	6 □	7 □
5. 该百货公司热心参与或赞助社会公益活动	1 □	2 □	3 □	4 √	5 □	6 □	7 □
6. 我以身为该百货公司的顾客为荣	1 □	2 □	3 □	4 √	5 □	6 □	7 □

第二部分 基本资料

1. 您的性别：（1）√男 （2）□女

2. 婚姻状况：（1）□已婚 （2）√未婚

3. 您的行业：（1）□农林渔牧 （2）□军 （3）□公 （4）□教
（5）□工 （6）□社会服务 （7）□商 （8）√医护
（9）□家管 （10）□学生 （11）□餐饮
（12）□其他____________

4. 您的学历：（1）□初中 （2）√高中 （3）□专科及大学
（4）□硕士以上

5. 您的年龄：大约____35____岁

6. 家庭平均月收入：（1）□2.5万以下 （2）□2.5–6万以内
（3）√6–9万以内 （4）□9–15万以内
（5）□15万以上

7. 以下哪些因素能吸引您到百货公司消费（可复选）：

（1）√价格便宜（2）√商品齐全（3）□装潢新颖（4）√品牌形象（5）√停车费率（6）□外语服务（7）√服务态度（8）□促销活动（9）□停车方便（10）√产品质量（11）□卖场面积（12）√售后服务（13）□账单可靠（14）□其他

~ ~ 全卷完，谢谢您的合作 ~ ~

参考文献

Baron, R. M., Kenny, D. A, 1986. The moderator-mediator variable distinction in social psychological research: Conceptual, strategic, and statistical considerations. *Journal of Personality and Social Psychology, 51*, 1173–1182.

Busemeyer, J. R., Jones, L. E, 1983. Analysis of multiplicative combination rules when the causal variables are measured with error. *Psychological Bulletin, 93*, 549–563.

Chin, W. W, 1998. Commentary: Issues and Opinion on Structural Equation Modeling. *Management Information Systems Quarterly, 22*(1), 7–16.

Cohen, P., West, S. G., & Aiken, L. S.(2014). *Applied multiple regression/correlation analysis for the behavioral sciences*. Psychology Press.

Hair, J. F. Jr., Anderson, R. E., Tatham, R. L., & Black, W. C, 1998. *Multivariate data analysis*(5th ed.). New Jersey: Prentice–Hall International.

Hair, J. F. Jr., Anderson, R. E., Tatham, R. L., & Black, W. C, 2010. *Multivariate data analysis*(7th ed.). Englewood Cliffs, NJ: Prentice Hall.

Hair, J. F. Jr., Black, W. C., & Babin, B. J, 2010. *Multivariate data analysis: A global perspective*. New Jersey: Upper Saddle River. & London: Pearson Education.

Hilton, A. & Armstrong, R. A, 2006. Is one set of data more variable than another? *Microbiologist, 7*(2), 34–36.

Jolliffe, I. T, 1972. Discarding variables in a principal component analysis. *Applied statistics, 21*(2), 160–173.

Kline, R.B, 2005. *Principles and practice of structural equation modeling*(2nd ed.). New York: Guilford.

Kaiser, H. F, 1960. The application of electronic computers to factor analysis. *Educational and psychological measurement, 20*(1), 141–151.

Leech, L. N. Barrett, K. C. G. Morgan A, 2005. *SPSS for Intermediate Statistics: Use and Interpretation*(2th ed.). Lawrence Erlbaum Associates, Publishers, Mahwah, New Jersey.

Mooi, E., & Sarstedt, M, 2011. *A concise guide to market research: The process, data, and methods using IBM SPSS statistics*. Springer International Publishing.

Buhi, E. R., Goodson, P., & Neilands, T. B.(2008). Out of sight, not out of mind: Strategies for handling missing data. *American journal of health behavior, 32*(1), 83–92.

Cohen, J., Cohen, P., West, S. G., & Aiken, L. S.(2013). Applied multiple regression/correlation analysis for the behavioral sciences. Routledge.

Hayes, A. F.(2013). *Introduction to mediation, moderation, and conditional process analysis: A regression-based approach.* Guilford publications.

Kock, N., & Lynn, G.(2012). Lateral collinearity and misleading results in variance–based SEM: An illustration and recommendations. *Journal of the Association for Information Systems, 13*(7), 546–580.

苏荣海，徐茂洲，马运超等，2019. 受伤运动员康复遵医意图与行为的作用机制——基于计划行为理论的混合模型检验. 上海体育学院学报，*43*(6)，48–60.

谢立中，2018. 实证性量化研究和诠释性质化研究的联结：来自韦伯的启示. 武汉大学学报（哲学社会科学版），*71*(5)，164–174.